prometeo
libros

prometeo
libros

FIGURACIONES DE LA OTREDAD EN EL CINE CONTEMPORÁNEO

Mariano Veliz

FIGURACIONES DE LA OTREDAD EN EL CINE CONTEMPORÁNEO

prometeo
libros

Mariano, Veliz
    Figuraciones de la otredad en el cine contemporáneo / Veliz Mariano. - 11a ed . - Ciudad Autónoma de Buenos Aires : Prometeo Libros, 2021.
    230 p. ; 24 x 17 cm.

    1. Cine. I. Título.
    CDD 791.43

Corrección: Emilia Carabajal

Diagramación: Yanina Pérez

Diseño de tapa: María Sol Lavagnino

Foto de tapa: María Cecilia Suárez

© De esta edición, Prometeo Libros, 2021

Pringles 521 (C1183AEI), Buenos Aires, Argentina

Tel.: (54-11) 4862-6794 / Fax: (54-11) 4864-3297

editorial@treintadiez.com

www.prometeoeditorial.com

Hecho el depósito que marca la Ley 11.723.

Prohibida su reproducción total o parcial.

Derechos reservados.

Índice

Introducción 11

Figuras de la otredad: vampiros 17
    Vampiros 17
    Drácula 19

Monstruos contemporáneos
(Dracula: Pages from a Virgin's Diary) 25
    Arcaísmo y contemporaneidad 25
    La figura del monstruo 27
    La plaga oriental 31
    Localización fronteriza 34
    Los monstruos y la crisis del poder clasificatorio 38

Monstruos intersticiales (Criatura de la noche) 43
    Fantástico elusivo 43
    El monstruo intersticial 46
    Cuerpos mutantes 51
    La potencia del cuerpo monstruoso 55

Figuras de la otredad: fantasmas 61
    Fantasmas 61
    Otra vuelta de tuerca 63

Tiempos insurrectos (Los otros) 69
    Hibridación genérica 69

    Tiempo y arquitectura: la casa embrujada 72
    Disyunción y simultaneidad 75
    Punto de vista e insurrección 79

Tiempos huérfanos (La leyenda del jinete sin cabeza) 87
    Confluencia de géneros, tiempos y personajes 87
    El tiempo y los fantasmas 92
    Los huérfanos y el tiempo 97

Figuras de la otredad: autómatas 105
    Autómatas 105
    Frankenstein 107

Espacios reclusivos (El joven manos de tijera) 111
    La figura del autor 111
    Delimitaciones espaciales 115
    La guarida gótica 118
    Comunidad 121
    Reclusión invasiva 124

Espacios productivos (The PianoTuner of EarthQuakes) 127
    La cultura de la apropiación 127
    El espacio onírico 131
    Heterotopías 135
    Procesos de desubjetivación 140

Figuras de la otredad: dobles 147
    Dobles 147
    Dr. Jekyll y Mr. Hyde 149

Miradas dislocadas (*El secreto de Mary Reilly*) 155
   La caída de la función del Amo 155
   La crisis del dualismo 159
   La clase y el género 161
   Sujetos dislocados 166

Miradas discrepantes (*Institute Benjamenta*) 173
   Diálogos, referencias, linajes 173
   Disciplina y estructuras duales 177
   La mirada vigilante 182
   La mirada discrepante 186

Conclusiones 193

Bibliografía 207
   Fuentes de la literatura gótica 207
   Sobre literatura gótica 211
   Sobre cine gótico: 215
   Sobre otredad 218
   Sobre la filmografía analizada 222
   Sobre teoría estética y audiovisual 224

Introducción

La expansión de la narrativa gótica operada desde la clausura del siglo XX no puede desligarse de la preeminencia asignada en su interior a la problemática de la configuración de la otredad. Entre el goticismo y la alteridad se tensa una relación compleja y variable que puede funcionar como criterio periodizador de esta tradición narrativa y como punto de entrada para pensar la historicidad de las concepciones sobre la otredad. Este libro se aboca al escrutinio de esa doble potencialidad.

La actual emergencia del goticismo se entronca con la concepción de la narrativa gótica como un continuo *revival*. La literatura inglesa de la segunda mitad del siglo XVIII se propuso como una apropiación activa del acervo artístico y arquitectónico medieval y como una construcción imaginaria sobre este. Su fundación ya se encuentra atravesada por la idea de simulacro. La arquitectura y el arte de la Edad Media se nutrieron de recursos de la antigüedad nórdica, con lo cual se multiplican sus fuentes y se dificulta el rastreo de su origen. En este sentido, el cine gótico contemporáneo parte de una conciencia lúcida de su historia y un conocimiento erudito de su linaje. La ausencia de un origen preciso y el contacto fluido con sus diversas filiaciones subrayan la comprensión de la narrativa gótica como una deriva y conducen a la imposibilidad de delimitar una definición cerrada.

Cada nueva recuperación de la tradición gótica se encadena en un proceso de configuración, desconfiguración y reconfiguración. La movilidad de estos procesos se vincula con el estatus problemático de esta narrativa. Su resistencia a la rigidez taxonómica dificulta su sometimiento a las categorías habituales. Los intentos clasificatorios resultan inconsistentes frente a la complejidad del objeto. Por este motivo, en su estudio sobre el goticismo literario, Alastair Fowler (2008) puntualiza que la categoría de género no puede dar cuenta de la heterogeneidad de los textos que se suman a esta herencia. Ante este desafío, Chris Baldick sostiene que la literatura gótica puede ser definida por los problemas que aborda más que por la homogeneidad de su estilo, las recurrencias narrativas o la formación de un movimiento histórico. Un texto gótico, en su opinión, es aquel que "comprise a fearful sense of inheritance in time with a claustrophobic sense of enclosure in space, these two dimensions reinforcing one another to produce an impression of sickening descent into disintegration" (*apud* Spooner, 2006: 18)[1]. Anne Williams (2007) asume el carácter histórico de las convenciones góticas y propone pensarlas como conformadoras de una narrativa y no de un género o un modo. La amplitud de la categoría de narrativa se basa en la aceptación de lo impreciso, la defensa de la falta de límites rígidos y la valoración de la mezcla como principal atributo.

En los comienzos de la variante cinematográfica contemporánea sobresale la tendencia a realizar trasposiciones de textos claves de la literatura gótica. La valoración del antecedente literario se evidencia en la inclusión del nombre del autor o autora en el título del film: *Drácula de Bram Stoker* (*Bram Stoker´s Dracula*, Francis Coppola, 1992) o *Frankenstein* (*Mary Shelley's Frankenstein*, Kenneth Branagh, 1994) constituyen ejemplos de esta modalidad. La introducción de la autoría promueve una estrategia de legitimación e inscribe a los films en una tradición narrativa abierta a los diálogos intertextuales. El rodaje de films como *El silencio de los inocentes* (*The Silence of the Lambs*, Jonathan Demme, 1991), *La habitación del pánico* (*Panic Room*, David Fincher, 2002) o *La aldea* (*The Village*, M. Night Shyamalan, 2004) subraya el interés de la industria cinematográfica por el goticismo. Más allá del dominio del cine producido en Estados Unidos, en otras cinematografías se producen fenómenos semejantes, materializados en films del Reino Unido como *El descenso* (*The Descent*, Neil Marshall, 2005), de Francia como *Ils* (David Moreau y Xavier Palud, 2007) y de España como *Frágiles* (Jaume Balagueró, 2007). También debe mencionarse la aparición de films de terror gótico procedentes de Japón y sus posteriores trasposiciones norteamericanas: *El círculo* (*Ringu*, Hideo Nakata, 1998) y *La llamada* (*The Ring*, Gore Verbinski, 2002), *Honogurai mizu no soko kara* (Hideo Nakata, 2002) y *Agua turbia* (*Dark Water*, Walter Salles, 2005), entre otros.

En estos mismos años, el goticismo se expandió en el campo del arte contemporáneo. Distintos artistas recuperaron aspectos de la narrativa gótica de los siglos XVIII y XIX. Douglas Gordon retomó *Memorias privadas y confesiones de un pecador justificado* de James Hogg (*The Private Memoirs and Confessions of a Justified Sinner*, 1824) en su video instalación *Confessions of a Justified Sinner* (1995-1996) y en su instalación *24 Hour Psycho*, intervino sobre *Psicosis* (*Psycho*, 1960) de Alfred Hitchcock para modificar la cantidad de fotogramas proyectados por segundo y conseguir que la duración del film se extendiera a veinticuatro horas. David Altmedj propuso, en el marco de la Bienal de Whitney de 2004, una relectura de *Frankenstein* de Mary Shelley (*Frankenstein; or, the Modern Prometheus*, 1818) en su instalación *Delicate Men in Positions of Power*. Mark Dion también recurrió a la figura de Frankenstein en *Frankenstein in the Age of Biotechnology*, presentada en

---

[1] "abarca un aterrador sentido de herencia en el tiempo y un claustrofóbico sentido de encierro en el espacio, estas dos dimensiones reforzándose una a la otra para producir una impresión de descenso enfermizo hacia la desintegración" (mi traducción).

1991 en el castillo Frankenberg de Aachen, Alemania. Tony Oursler apeló a *El fotógrafo del pánico* (*Peeping Tom*, Michael Powell, 1960) en su instalación *4*. A su vez, Aida Ruilova basó sus videos en películas de terror y Paul Pfeiffer construyó una serie de piezas que recrean sets de films de terror de Hollywood, como *El exorcista* (William Friedkin, 1973) o *Aquí vive el horror* (*The Amityville Horror*, Stuart Rosenberg, 1979).

El fenómeno del renacimiento del goticismo también puede analizarse en el terreno de los medios masivos. En particular, la televisión llevó a cabo una voluminosa producción centrada en este acervo narrativo. A partir de mediados de la década de 1990, la repercusión inesperada de *Buffy, la cazavampiros* (*Buffy, the Vampire Slayer*, 1997-2003) evidenció el interés en este tipo de relatos. Su secuela, *Ángel* (*Angel*, 1999-2004), y la serie inglesa *Ultraviolet* (1998) confirman, entre muchos otros ejemplos posibles, el interés despertado por las historias de vampiros y sus perseguidores.

En la variabilidad de los textos mencionados sobresale una recurrencia, derivada de uno de los aspectos más consuetudinarios de la narrativa gótica: la importancia adjudicada a las figuras representativas de diferentes modalidades de la otredad. Si bien los personajes monstruosos fueron y son los habitantes privilegiados de esta narrativa, en ellos no se agota la formalización del territorio de lo otro. Por el contrario, la emergencia del cine gótico contemporáneo supuso una modificación radical en la forma de concebir la otredad. Este libro intenta demostrar que la actual recuperación de rasgos, tópicos y figuras de la tradición narrativa gótica implica distorsiones, transgresiones y subversiones de este linaje.

El corpus está integrado por un conjunto de textos fílmicos heterogéneos. En algunos casos, se trata de films con una fuerte impronta experimental y de escasa circulación comercial, como *Dracula: Pages from a Virgin's Diary* (Guy Maddin, 2002), *Institute Benjamenta, or This Dream People Call Human Life* (Stephen y Timothy Quay, 1995) y *The PianoTuner of EarthQuakes* (Stephen y Timothy Quay, 2005). En otros, se trata de films de gran repercusión pública, como *Criatura de la noche* (*Låt den rätte komma in*, Tomas Alfredson, 2008), *El joven manos de tijera* (*Edward Scissorhands*, Tim Burton, 1990), *El secreto de Mary Reilly* (*Mary Reilly*, Stephen Frears, 1996), *La leyenda del jinete sin cabeza* (*Sleepy Hollow*, Tim Burton, 1999) y *Los otros* (Alejandro Amenábar, 2001). Entre las variabilidades existentes en el interior del corpus, sobresalen las condiciones de producción, así como los múltiples orígenes de los cineastas y sus films. La existencia de esta heterogeneidad, sin embargo, no disminuye la cohesión del *corpus*. Por un lado, esto se debe a la recurrencia no generalizada de determinados procedimientos y concepciones (el intercambio entre el arcaísmo y la contemporaneidad, la tendencia a explorar los confines del modo fantástico, la emergencia de una cultura de la apropiación, la reescritura del acervo gótico inaugurada por la caída de la función del amo, la hibridación genérica). Por otro lado, la frecuencia de ciertos diálogos y referencias intertextuales permite proponer una cartografía de los antecedentes e influencias privilegiados en el cine gótico contemporáneo. La apelación al cine alemán del período de entreguerras, la incidencia del movimiento surrealista, los films de Alfred Hitchcock, la tradición del cine de terror, la literatura de Robert Walser, el cine inglés producido por la compañía Hammer y la animación de Jan Švankmajer constituyen algunos de sus principales referentes.

Los films a estudiar se centran en figuras consideradas claves en la tradición de la narrativa gótica (el vampiro, el autómata, el doble y el fantasma). Cada una de ellas articula dos de los films: el vampiro en *Dracula: Pages from a Virgin's Diary* y *Criatura de la noche*; el autómata en *El joven manos de tijera* y *The PianoTuner of EarthQuakes*; el doble en *El secreto de Mary Reilly* e *Institute Benjamenta*; y el fantasma en *Los otros* y *La leyenda del jinete sin cabeza*. A su vez, en cada uno de estos sub-grupos el análisis privilegiará un eje en particular (la figura del monstruo, el espacio, la mirada, el tiempo). Es necesario precisar que los diálogos que se establecen entre los films y determinadas teorías y categorías sobre la otredad se alejan de la concepción del cine como una ilustración de estas conceptualizaciones previas o simultáneas. Por el contrario, se postula que el cine puede constituirse como un territorio reflexivo acerca de la otredad. El diálogo entre el cine y estas teorías aborda una serie de interrogantes en torno a la mirada, el saber, el tiempo y el espacio del otro.

La escritura de este libro no hubiera sido posible sin el intercambio fluido con muchas personas. En 1998, un seminario de posgrado dictado por María Negroni en la Facultad de Filosofía y Letras de la Universidad de Buenos Aires me introdujo a la literatura gótica. Allí comenzó todo. Las clases y los ensayos de Negroni constituyen uno de los gérmenes más significativos de este libro. La Maestría en Análisis del Discurso de la UBA fue un terreno fructífero para esbozar las primeras hipótesis al respecto. Mi director de tesis, Jorge Panesi, debe estar sin dudas en los agradecimientos. Los miembros del jurado de la tesis del Doctorado en Historia y Teoría de las Artes de la UBA que constituyó la base de este libro, Ximena Triquell, Eduardo Russo y David Oubiña, realizaron las mejores lecturas posibles y perfeccionaron con sus sugerencias la escritura final. La labor docente desempeñada en estos años forma también un núcleo ineludible, tanto por el diálogo con los colegas como por el estímulo aportado por los alumnos. En Estructuras Narrativas Audiovisuales de la Facultad de Arquitectura de la UBA, Guillermo Kaufman, Clara Ambrosoni, Natalia Weiss, Jorgelina Fernández, Florencia Grassi y Matías Marra son unos aliados eternos. En Análisis de Películas y Crítica Cinematográfica (FFyL, UBA), la inolvidable y admirada Ana Amado, Marcela Visconti, Fernanda Alarcón y Lucas Martinelli me contagian siempre su pasión e inteligencia. En Problemas de Literatura Latinoamericana (FFyL, UBA), Marcela Croce, Lucas Panaia y Lucas Adur conforman un equipo que me ofrece aprendizaje continuo. A Croce y su grupo de investigación les debo también el descubrimiento tardío, pero a tiempo, del latinoamericanismo. En los últimos años, la dirección de un grupo de investigación sobre cine latinoamericano contemporáneo me permitió entrar en contacto con jóvenes investigadores que impulsan la voluntad de hacer cosas: Lucía Salas, Tomás Dotta, Julia Kratje, Débora Kantor, Paula Scheinkopf, Mercedes Alonso. Finalmente, mi madre Susana, mi hermana Mariela y mi sobrina Natalia están presentes en todo lo bueno. Mis amigos son siempre una fuente de inspiración. A Natalia Taccetta y a Ana les debo el sentido.

FIGURAS DE LA OTREDAD: VAMPIROS

"Lo humano ha buscado siempre comprender su propio mecanismo"
MARÍA NEGRONI

Vampiros

En coincidencia con el apogeo de la Ilustración, el siglo XVIII asistió a la emergencia del fenómeno del vampirismo. Si bien los vampiros ya estaban presentes en los cuentos de *Las mil y una noches*, sólo en ese momento se formalizó, tanto en la producción científica como en la poética, una reflexión particular al respecto. En gran medida, esto se debió a la publicación de *Vampiros de Hungría y alrededores* (*Dissertation sur les apparitions des demons et des esprits et sur las revenants et vampires de Hongrie, de Bohemie, de Moravie et de Silesie*, 1746) del abad benedictino Dom Agustín Calmet en 1746. En este análisis pionero se señalan los rasgos que, desde entonces, se atribuyen a los vampiros de manera frecuente[1].

Ya a inicios del siglo XIX, Collin de Plancy plantea la definición clásica del vampiro. Allí señala que

> Se da el nombre de *upiers*, *upires* o *vampiros* en Occidente; de *brucolacos*, en Medio Oriente, y de *katakhanes*, en Ceilán, a los hombres muertos y sepultados desde hace muchos días que regresan hablando, caminando, infectando los pueblos, maltratando a los hombres y a los animales y, sobre todo, sorbiendo su sangre, debilitándolos y causándoles la muerte. Nadie puede librarse de su peligrosa visita si no es exhumándolos, cortándoles la cabeza y arrancándoles y quemándoles el corazón.

---

[1] Algunos años antes, en 1733, el teólogo protestante e historiador Johann Christoph Harenberg había publicado *Pensamientos cristianos y sabios sobre el vampiro* (*Vernünftige und Christliche Gedancken über die Vampirs*, Wolfenbüttel). Pocos años después, en 1764, Voltaire ridiculiza a Calmet en su *Diccionario filosófico* (*Dictionnaire philosophique ou La Raison par alphabet*) y alude al vampirismo como una manera irónica de referirse a la explotación.

Aquellos que mueren por causa del vampiro, se convierten a su vez en vampiros (*apud* Robbins, 1999: 3-4).

En esta sintética definición se hallan presentes las características convencionalizadas en los estudios con pretensiones científicas y en las obras literarias.

Estas surgieron, como se señaló, a lo largo del siglo XVIII. Se atribuye al poeta alemán Gottfried August Bürger el primer tratamiento literario del vampirismo en su poema "Lenore", publicado en 1774. A partir de allí, los años comprendidos hasta la conclusión del siglo XIX estuvieron atravesados por sus infinitas apariciones. En 1797, Goethe publicó su célebre poema "La novia de Corinto". Ese mismo año, en Inglaterra se editó "Christabel", de Samuel Taylor Coleridge, el primer poema vampírico en lengua inglesa; y en 1800, Robert Southey publicó "Thalaba, el destructor" ("Thalaba, The Destroyer").

En el cruce del siglo XVIII al XIX se produjeron dos cambios significativos. Por un lado, el vampirismo se apropió de la narración en prosa. Por otro, en ese gesto de ocupación de la ficción narrativa moderna, como señalan Ricardo Ibarlucía y Valeria Castelló-Joubert (2007), la leyenda adquirió su dimensión mítica. La expansión del vampirismo en el siglo XIX manifestó una nueva sensibilidad ante la muerte. La presencia atroz del resucitado indica con precisión que los nuevos poderes asignados a la razón no pudieron destituir ni las viejas figuras arcaicas ni el poderío de las pulsiones más bestiales de la naturaleza.

Durante el siglo XIX, la presencia de los vampiros se manifestó en las distintas literaturas nacionales europeas. En 1819 se publicó el relato clave del vampirismo, *El vampiro* (*The Vampyre*) de Polidori. Su protagonista, Lord Ruthven, fue una presencia constante a partir de ese momento. El alemán E.T.A. Hoffmann publicó su cuento "Vampirismo" ("Vampirismus") en 1823. En 1841, Alexei Tolstoi publicó en Rusia su *nouvelle* "Upires". En Francia, Alexandre Dumas publicó "La dama pálida" en 1849 y en 1886 Guy de Maupassant publicó una de las cumbres del vampirismo decimonónico, "El horla".

En esa ola expansiva, uno de los relatos más sobresalientes es *Carmilla*, publicado por el irlandés Joseph Sheridan Le Fanu (1814-1873), entre 1871 y 1872, en la revista *The Dark Blue*. *Carmilla* implicó una de las instancias centrales en el proceso de establecimiento de las normas de la literatura vampírica. Le Fanu da forma a una vampira femenina que erradica, con sus prácticas transgresivas, la pasividad de generaciones de doncellas perseguidas de la literatura gótica. Si, como señala María Negroni, una de las recurrencias de la literatura de vampiros es que postula "una poética de la fusión que revela, en su revés, un pánico al deslizamiento del amor-pasión hacia la indefectible muerte" (1999: 217), *Carmilla* suma a esa fusión la desaparición de la diferencia genérica. En concordancia con la moral imperante en el siglo XIX, la *nouvelle* equipara el lesbianismo al destino trágico de las razas malditas, ejemplificadas a la perfección por la comunidad de los vampiros. El terror despertado por este modelo femenino, alejado de la debilidad de las doncellas de Ann Radcliffe, sólo puede ser conjurado si su historia, inicialmente narrada por la joven Laura, deslumbrada ante la seducción de Carmilla, es apropiada luego por los relatos de los representantes del orden social y cultural: el padre de Laura, el general Spielsdorf, el barón, el doctor y el cura. En contraposición a este frente del poder institucional, Carmilla encarna el desafío revulsivo al conservadurismo moral del siglo XIX. La unión propuesta por Le Fanu entre la sangre, la juventud y la enfermedad anticipa las múltiples lecturas del mito vampírico fundadas sobre la idea del vampiro como propagador de la peste.

Drácula

Suele atribuirse a Bram Stoker (1847-1912) la lectura del ensayo de Calmet antes de su escritura de *Drácula* en 1897. Más allá de esta presunción, sí había leído "El vampiro" de Polidori, *Carmilla* de Le Fanu y había indagado en la biografía de Vlad "Tepes" Drácula, gobernador de la región de Valaquia durante el siglo XV[2]. En la novela de Stoker, Drácula se representa como la encarnación del Mal absoluto, una fuerza que se encuentra presente a lo largo de los siglos esparciendo su poder destructivo. El Conde se enorgullece al decir "¡Ando por este mundo desde hace siglos y el tiempo está de mi lado!" (Stoker, 1997: 395). Frente a su fortaleza, las figuraciones del bien parecen siempre débiles e incapaces. Esa fuerza arcaica, procedente de la Edad Media, pero cuya sangre conserva la crueldad del linaje de Atila, pone en práctica los deseos más primitivos. Ese doble arcaísmo tiene como marco, a su vez, la región más salvaje de Europa: los montes Cárpatos, escenario codificado, a partir de la publicación de la novela de Stoker, como el marco geográfico privilegiado de las historias de vampiros. El límite con Oriente y el temido Imperio turco otomano

---

[2] La biografía de este personaje histórico despertó tanto interés como su recreación literaria. Nacido en 1430 en la ciudad de Schässburg, Transilvania, fue designado voivoda de Valaquia por Segismundo de Luxemburgo, emperador de Alemania y rey de Hungría y Bohemia. El gobernador ganó el apodo de Tepes (Empalador), dado que a través de este procedimiento asesinaba a sus enemigos del ejército turco. Entre la abundante bibliografía existente, puede consultarse *La verdadera historia de Drácula*, de Raymond T. McNally y Radu Florescu; *Drácula. Vlad Tepes, el Empalador, y sus antepasados*, de Ralf-Peter Märtin; y *Zilele Dracului. Las diversas caras del vampiro*, de José Emilio Burucúa (h) y Fernanda Gil Lozano.

aporta no sólo un ambiente de riesgo y misterio, sino la posibilidad de sumar las creencias y tradiciones que se les adjudicaban a estas regiones en el siglo XIX[3].

El gótico de Stoker afirma la importancia narrativa atribuida al espacio. Los dominios del Conde Drácula constituyen una potente manifestación de la preferencia por los parajes aislados y desérticos. El castillo, "construido en la esquina de una gran roca, de manera que por tres de sus lados era totalmente inexpugnable" (Stoker, 1997: 51), condensa la imagen de la propiedad inviolable, la guarida perfecta del monstruo. En su interior, la habitación de Drácula se encuentra debajo de unas penumbrosas y empinadas escaleras circulares. Para acceder a ella es necesario recorrer un extenso túnel atravesado por el olor de la tierra vieja recién revuelta. Allí se encuentra una capilla ruinosa, usada como cementerio y repleta de grandes cajas de madera apiladas sobre montañas de tierra. Después de continuar el descenso, se accede a las bóvedas, donde el Conde duerme, dentro de una caja, con los ojos abiertos. La imbricación de la capilla, el sepulcro y la guarida acentúa el terror que despierta comprender que "este demonio esté enraizado profundamente en todo lo bueno; en suelo desprovisto de memorias sagradas no puede descansar" (*Ibid.*: 317).

El segundo refugio del vampiro es Londres, la metrópolis decimonónica. En sus calles intrincadas, en el estruendo de sus muchedumbres, el Conde construye un nuevo hogar. Si el castillo representa el tradicional enclave medieval de los monstruos, la ciudad encarna la invasión de la vida urbano-burguesa. En el apogeo de la conformación de ese nuevo actor social que son las masas, Drácula descubre una nueva forma de ser invisible y preservar su soledad. A su vez, en la urbe anónima es capaz de desarrollar su juego predilecto: atacar la seguridad burguesa.

En *Drácula* se radicaliza una estrategia articuladora de la narrativa gótica: el monstruo jamás narra la historia. Por un lado, esta estrategia puede estar orientada a asegurar el efecto de vacilación característico, según Todorov (2003), del modo fantástico. Por otro lado, depende de la necesidad de conjurar el peligro a través de la palabra de los integrantes del orden social. La novela rechaza la narración omnisciente y se construye mediante la alternancia de voces y recursos heterogéneos (diarios, cartas, telegramas, recortes de periódicos, el cuaderno de bitácora del Remeter, cartas legales, memorándum y el epílogo escrito por Jonathan que supone la restitución del orden) que repudian la intrusión de la voz del otro. La proliferación incontenible de personajes narradores asegura la imposible existencia de una grieta por la que se filtre el discurso de la alteridad. Si en la novela se presenta a la escritura como el medio de atribuir sentido a la experiencia, la exclusión de Drácula estipula los límites estrechos del sentido y su indudable univocidad.

---

[3] Con *Drácula* se fija otra serie de rasgos del personaje, más allá de su entorno geográfico, como su capacidad de metamorfosearse, su imposibilidad de reflejarse en el espejo y la dificultad de verlo beber o comer.

Así, la variante victoriana de la literatura gótica no toma distancia de ciertas estructuras binarias que la conformaron desde su surgimiento. En concordancia con esta matriz, *Drácula* se articula a través de una serie de oposiciones: Europa oriental y Europa occidental, aristocracia y burguesía, arcaísmo y modernidad. La construcción de estas oposiciones se cimienta sobre las particularidades del personaje de Drácula. El carácter siniestro del Conde se expresa desde su propia apariencia. Las descripciones hacen hincapié en la imposibilidad de sostener la mirada frente a este "hombre alto y viejo, bien afeitado, salvo el largo bigote blanco, y vestido de negro de la cabeza a los pies, sin ninguna mancha de color en ninguna parte" (*Ibid.*: 26-27). Entre sus atributos físicos se puntualiza la frialdad de sus manos y el impacto provocado por un rostro "aguileño fuerte –muy fuerte– con la fina nariz de un puente muy alto y ventanas peculiarmente arqueadas; con una frente altiva y despejada, y el pelo creciendo escasamente alrededor de las sienes, pero profusamente en otras partes […] La boca, bajo el pesado bigote, era firme y de un aspecto casi cruel, con dientes blancos, particularmente agudos […] El efecto general era de una palidez extraordinaria" (*Ibid.*: 29). Drácula se concibe como el enviado de un más allá en el que residen las formas más radicales y repulsivas de la otredad. El horror que suscita se incrementa porque su aparición implica el desconocimiento del límite que separa la muerte de la vida. Los vampiros, definidos como no-muertos, se establecen en un territorio intersticial que evidencia, como dice Van Helsing, que "Al hombre pueden aguardarlo cosas peores que la muerte" (*Ibid.*: 145).

Este ser monstruoso es, al mismo tiempo, un orgulloso integrante de la aristocracia. Su estirpe se entronca con la de los escelequios, descendientes de los hunos. La opulencia de su castillo funciona como un índice de su linaje, una marca material de su pertenencia de clase. A este representante de la aristocracia se opone una serie de personajes integrantes de la burguesía. Uno de sus participantes, Jonathan Harker, es un procurador. Su novia, Mina Murray, es asistente de directora de escuela. El resto de los personajes sumados a la cruzada contra el Conde son también integrantes de los distintos niveles y modalidades de la burguesía (industriales, científicos, abogados).

Esta contraposición entre dos clases se postula, también, como el enfrentamiento entre dos tiempos. Drácula se configura en el cruce de las reminiscencias de los tiempos arcaicos y en las herencias de la Edad Media. Sin embargo, no se trata de un pasado derrotado, sino de uno poderoso que ejerce todavía una influencia notable. Jonathan Harker percibe el escándalo que supone la irrupción de este personaje en el positivista siglo XIX. Al respecto, señala que aun en esa centuria furiosamente moderna "los viejos siglos tenían y tienen poderes propios que la mera 'modernidad' no puede matar" (*Ibid.*: 52). El pasado dispone de una fortaleza que amenaza los cimientos de ese nuevo orden sustentado en la preeminencia de la razón. Esta pervivencia impetuosa del pasado pone en crisis al presente. En esta confluencia de tiempos se apoya el carácter fantástico de la novela. Van Helsing, el encargado de dar caza al vampiro, es perspicaz al señalar que Jonathan debe creer en las cosas en las que no cree. En su combinación anárquica de discurso médico y prácticas sobrenaturales, Van Helsing propone una definición involuntaria del modo fantástico: "Hace un año atrás, ¿quién de nosotros habría considerado semejante posibilidad, en medio de nuestro científico, escéptico y positivista siglo diecinueve?" (*Ibid.*: 314). El modo fantástico sólo puede existir en un contexto en el que lo sobrenatural no está naturalizado, sino que estalla como un desafío a las creencias y convicciones de su época.

La presencia del vampiro ataca las convenciones más arraigadas del período victoriano y amenaza con recuperar las fuerzas recesivas de la Edad Media. Drácula no quiere ser el representante de una clase y una época en proceso de desaparición, sino el fundador de un nuevo orden de seres. Lejos de ser un pasado que intenta asegurar su supervivencia, se presenta como un futuro que pugna por manifestarse. Los artefactos tecnológicos a los que recurren sus enemigos son el esbozo de la resistencia de la modernidad a los embates constantes del pasado. Por eso, la aniquilación final del vampiro supone el restablecimiento del equilibrio perdido. La modernidad, la burguesía, la razón y la cultura de Europa Occidental logran vencer los resabios de ese mundo feudal que intentaba conservar sus influencias. Su destrucción requiere que los discursos y recursos de la modernidad se unan a la religión. Sin embargo, se trata de una concepción moderna de la religión, no aquella derivada de las prácticas medievales. En esa compleja conjunción de ciencia y religión se certifica el camino progresivo de la modernidad.

Entre las vastas transposiciones cinematográficas de la novela de Stoker se destaca una que se niega a reconocer su origen. En 1921, a pedido de Friedrich Wilhelm Murnau (1888-1931), Henrik Galeen[4] escribió un guión basado en *Drácula*. El título de la película, *Nosferatu, una sinfonía del horror* (*Nosferatu, eine Symphonie des Grauens*, 1922), remite a la forma de denominar a los vampiros en Europa Oriental, al mismo tiempo que intenta evitar el pago de los derechos de autor a la viuda de Bram Stoker[5]. *Nosferatu* conserva la ambientación de la acción en los Cárpatos, el "país de los fantasmas", como llaman los aldeanos a esa región bárbara del este europeo. En esos ámbitos desolados habita el Conde Orlock. A diferencia de la tradición romántica del vampiro seductor, inaugurada por Polidori en "El vampiro", el Conde es una encarnación plástica de lo monstruoso. Murnau empleó para su

---

[4] Henrik Galeen (1881-1949) fue uno de los guionistas más importantes del cine alemán del período de entreguerras. Entre sus múltiples guiones sobresalen *El Golem* (*Der Golem*, 1914), *El estudiante de Praga* (*Der Student von Prag*, 1926) y *El gabinete de las figuras de cera* (*Das Wachsfigurenkabinett*, 1924).
[5] El interés de Murnau por el modo fantástico se había manifestado desde sus primeros largometrajes: el film perdido *Der Knabe in Blau* (1919), *Satanas* (1920) y *Der Januskopf* (1920), una versión de la historia del Dr. Jeckyll y Mr. Hyde).

caracterización las ilustraciones que Hugo Steiner-Prag había realizado para la publicación de *El Golem* (*Der Golem*) de Meyrink en 1915. Al respecto, en su estudio del cine alemán del período de la República de Weimar, Vicente Sánchez Biosca indica que la representación del vampiro presenta una particularidad destacable. Si bien el vampiro no es elidido a lo largo del film, en los momentos cruciales de la agresión, los rostros de las víctimas suspenden una mirada al fuera de campo nunca actualizado. En los instantes en los que se ejerce la violencia, el vampiro no puede ser figurado, dado que "En ellos se condensa un terror que no se agota en el objeto de la agresión en cuanto actante físico" (Sánchez Biosca, 1990: 68).

Si bien la historia del Conde Orlock conserva en gran medida la estructura del original literario (el enfrentamiento del aristócrata con los burgueses, el combate entre el arcaísmo y la modernidad), algunas innovaciones resultan significativas. La primera es la equiparación del vampiro con la peste[6]. La llegada del Conde a Bremen inicia su propagación irrefrenable. Como señala Costa, en *Nosferatu* se postula "la visión del Mal como propaganda vírica, como red sobrenatural capaz de abolir el espacio-tiempo" (2003: 187). La intrusión del mal en la vida urbana supone su expansión ilimitada. Orlock se traslada a Bremen con cajas que portan la tierra bajo la cual fue sepultado. Ya en la posada donde se aloja la primera noche de su llegada a Transilvania, Hutter había leído un cartel que explicitaba que "De la semilla de Bebial surgió el vampiro Nosferatu que, como tal, vive y se alimenta de la sangre de la humanidad. Irredento mora en cuevas terroríficas, cámaras funerarias y ataúdes, mientras estén llenos de tierra maldita de los campos de la negra muerte". Orlock carga con su propio ataúd por las calles de la ciudad. En la tierra encuentra la potencia de su existencia. Al mismo tiempo, su intrusión es posible por la ambición capitalista que lo convoca. El superior de Hutter intuye el riesgo que los contratos con Orlock pueden ocasionar. A pesar de esto, sostiene los tratados comerciales señalando que "quizás le costará un poco de sangre".

En contraposición a lo que ocurre en la novela de Stoker, en *Nosferatu* no se apela a los poderes de la ciencia (que no encuentra explicaciones ni remedios a la peste) ni a la tecnología y sus avances en la lucha contra el monstruo. Frente a su poder inusitado, y a la inoperancia de sus enemigos, sólo Ellen, la joven mujer de Hutter, tiene la posibilidad de desafiar al vampiro. La única alternativa frente a su expansión es que "una mujer libre de pecado haga olvidar al vampiro del primer canto del gallo". Ellen, en una actitud sacrificial acorde con la matriz melodramática del film, ofrece su propia vida para asegurar la desaparición definitiva del Conde. La luz del amanecer lo destruye, en el instante en el que se asiste a la muerte de Ellen. La oposición formal que articula *Nosferatu*, aquella que existe entre las luces y las sombras, es la

---

[6] Parte de la acción transcurre en Bremen, ciudad efectivamente asolada por la peste en 1838, contexto temporal de la historia.

encargada de su clausura narrativa. El sol disipa las sombras y ellas arrastran consigo la presencia de Orlock.

Este desenlace se relaciona con la definición del vampiro como no-ser. Según Carlos Culleré, esta figura debe concebirse a partir de su insubstancialidad. Por eso, debe nutrirse "del principio vital de otros seres para poder mantener la ilusión de su existencia" (Culleré, 2008: 20). En esa definición negativa reside su poderío. En *Nosferatu* su no-ser es la fuerza que amenaza las subjetividades presuntamente completas de la modernidad. Por ese motivo, María Negroni (1999) sostiene que las historias de vampiros componen una metafísica de la provocación que burla las estructuras del control social. Su propia negatividad resquebraja la solidez del orden cultural. Aunque el sol del amanecer parezca vencerlo, la amenaza del vampiro sobrevuela sobre las certezas de la modernidad.

Monstruos contemporáneos (*Dracula: Pages from a Virgin's Diary*)

Arcaísmo y contemporaneidad

En 2002, el cineasta canadiense Guy Maddin[1] (1956-) fue convocado por *Opening Night*, un programa televisivo emitido por el canal público CBC, para rodar un ballet filmado. El proyecto consistía en adaptar una coreografía de Mark Godden creada a partir de *Drácula* y estrenada por el Royal Winnipeg Ballet en 1998. El trabajo de Maddin se inserta así en una cadena textual que replica una serie de variaciones en torno a una misma historia. De la novela de Stoker (concebida en sí misma como una reescritura polémica de textos ficcionales y ensayísticos previos) al ballet de danza contemporánea y de allí al texto audiovisual se delinea un proceso centrado en la productividad del relato. Finalmente, la imprevista repercusión obtenida por la emisión televisiva condujo a su participación en distintos festivales cinematográficos y su posterior estreno comercial.

Esta novedosa evocación de las historias de vampiros suprime gran parte de las peripecias presentes en la novela de Stoker. La asunción de su conocimiento previo

---

[1] Guy Maddin ocupa un lugar liminal en el panorama cinematográfico contemporáneo. Por una parte, es uno de los representantes más excéntricos del campo del cine experimental. Por otra, la repercusión de algunos de sus textos, así como la conservación de una precisa matriz narrativa, lo extrae de ese territorio y lo incorpora en el ámbito del cine de exhibición comercial. Si bien su filmografía presenta notorias discrepancias en su interior, y dibuja una travesía compleja, podría certificarse la recurrencia parcial de ciertos rasgos, como su extrema reflexividad, el continuo aluvión de referencias intertextuales, la incidencia productiva del cine mudo, la prioridad asignada a la fotografía en blanco y negro. Previamente al rodaje de *Dracula: Pages from a Virgin's Diary*, Maddin había realizado cortometrajes como *The Dead Father* (1986), *The Pomps of Satan* (1993), *Sissy-Boy Slap-Happy* (1995) y *The Heart of the World* (2000) y largometrajes como *Tales from the Gimli Hospital* (1989), *Arcangel* (1991), *Careful* (1992) y *Twilight of the Ice Nymphs* (1997). También puede mencionarse que alternó durante años su dedicación a la realización con la escritura de ensayos cinematográficos publicados en *The Village Voice*, *Film Comment* y *Cinemascope*.

propicia una operatoria por condensación. La caracterización de los personajes, los tópicos, las acciones y los ambientes principales se aceptan como pertenecientes a la enciclopedia inevitable de los espectadores del siglo XXI, atravesados por la contundente recuperación de los relatos vampíricos presente en los medios masivos de comunicación.

Dracula: Pages from a Virgin's Diary (2002) conserva la ambientación victoriana de la novela de Stoker y reproduce en su plano formal recursos del cine del período silente. Algunos de estos procedimientos (el rodaje en blanco y negro, el rechazo del sonido sincrónico, la apelación a intertítulos, el uso de la apertura y el cierre a iris) eran constitutivos del cine en su fase primitiva. De esta manera, el texto fílmico postula una equiparación entre la ubicación temporal de la acción y la recurrencia a los procedimientos característicos del discurso cinematográfico realizado en las proximidades de ese marco histórico[2]. Así, el pasado resulta abordado a partir de determinadas connotaciones estilísticas derivadas de los recursos de la puesta en escena. Esta aproximación al pasado no se propone como una réplica histórica, sino como un proceso de reconstrucción de ciertas configuraciones artísticas o culturales del período aludido. De este modo, la edificación del universo de fines del siglo XIX se mediatiza por la recuperación de procedimientos técnicos y narrativos definitorios del cine de esa época[3].

Al mismo tiempo, se compensa la ausencia del cine en la novela de Stoker y se introduce no sólo una disciplina que hibrida la tecnología con el arte, sino que constituye el territorio en el que el personaje de Drácula confirmó su dimensión mítica. Sin embargo, así como en la novela se plantea una tensión entre el pasado y el futuro, en el film se logra el rescate de las técnicas primitivas y de aquellas procedentes del cine silente mediante el empleo de la tecnología de comienzos del siglo XXI. De este modo, el film surge de la confluencia de determinados rasgos asociados con el arcaísmo (el rodaje en 16 mm. y en súper 8, la sobreexposición de la película) con recursos tecnológicos de avanzada como el CGI (Computer-generated Imagery) para realizar los retoques de color y la postproducción digital para intervenir un número considerable de planos.

La combinación de lo arcaico y lo contemporáneo se inscribe como una de las marcas más distintivas de este film. En particular, esta yuxtaposición puede detectarse en la apropiación contemporánea de recursos del cine de las vanguardias históricas

---

[2] En su trasposición de la novela de Stoker, Coppola apela a una confluencia semejante entre la invención del cine y la historia del Conde. En una escena no presente en el texto literario, Drácula decide asistir a una función de cine en su travesía londinense. En las calles se cruza con Mina, quien le recomienda que si quiere presenciar un evento cultural debe ir a un museo y no a uno de esos espectáculos de feria.

[3] Esa contemporaneidad se conserva en el plano musical, dado que la coreografía se compone sobre extensos fragmentos de la Primera, la Segunda y la Novena Sinfonías de Gustav Mahler (1860-1911). Su postromanticismo dialoga de manera conflictiva tanto con la época en la que se ambienta la acción como con la invención del cine y los recursos formales señalados.

de los años veinte y principios de los años treinta. Su rechazo a los ángulos rectos, el cuestionamiento a los encadenamientos lógicos de las escenas, la estilización extrema y la utilización de fotografía de baja resolución no se ponen al servicio de un tributo a variantes desaparecidas del cine, sino que se alternan con procedimientos actuales como la distorsión digital, la realización de ampliaciones en el interior del plano para exacerbar el grano de la imagen y la filmación del espacio en 360°.

El conflicto establecido entre lo arcaico y lo contemporáneo radicaliza los enfrentamientos temporales presentes en la novela de Stoker. Al respecto, William Beard puntualiza que "As Stoker moves forward (telegraph, phono-diaries, etc.) and backwards (superstition, irrationality, primeval horror), Maddin moves forward (modernism, postmodernism, technology, avant-gardism) and backward (silent cinema, Expressionism, melodrama, historical degradation)" (2010: 188)[4]. La tensión presente en el plano narrativo del texto literario se expande en este caso a su propia construcción formal. No solo se enfrentan los personajes y aquello que estos representan, sino que la dimensión estética duplica esta batalla entre tiempos irreconciliables.

Finalmente, debe tenerse en cuenta que la reaparición del Conde Drácula en un texto audiovisual de inicios del siglo XXI evidencia la tendencia del cine gótico contemporáneo a centrar sus relatos en diversas figuraciones de lo monstruoso. En este proceso coexisten tanto la recuperación de personajes pertenecientes a la tradición de la narrativa gótica como la proposición de nuevas figuras. En ambos casos, es necesario pensar qué definición de monstruo puede dar cuenta de estas reescrituras y de estas rupturas.

La figura del monstruo

En el curso dictado entre 1974 y 1975 en el Collège de France, Michel Foucault estudió la formación del "sistema disciplina-normalización". En particular, abordó los efectos de normalización propiciados por la mecánica de los aparatos disciplinarios. A partir de la exploración exhaustiva del intercambio producido entre la medicina y la justicia, con la psiquiatría como marco discursivo articulador, Foucault se abocó a analizar las distintas modalidades de la anomalía sobre las que se ejerce este poder. Al mismo tiempo, orientó su indagación a periodizar la travesía que condujo del oscuro oficio de castigar al noble oficio de curar. Su investigación

---

[4] "Así como Stoker se mueve hacia adelante (telégrafo, fono-diarios, etc.) y hacia atrás (superstición, irracionalidad, horror primigenio), Maddin se mueve hacia adelante (modernismo, postmodernismo, tecnología, vanguardia) y hacia atrás (cine silente, expresionismo, melodrama, degradación histórica)" (mi traducción).

escrutó las discrepancias existentes entre las prácticas exclusivas y las inclusivas en relación con las figuras anómalas. Según su argumentación, entre la clausura del siglo XVII y el inicio del XVIII se asistió a un abandono progresivo de las prácticas de exclusión derivadas del "modelo de exclusión de los leprosos" en coincidencia con la implementación de un "modelo de inclusión del apestado". Según Foucault, a partir de ese momento ya "no se trata de expulsar sino, al contrario, de establecer, fijar, dar su lugar, asignar sitios, definir presencias" (2007: 53). Este desplazamiento supuso la invención y expansión de tecnologías positivas del poder, a la vez que afianzó el proyecto de instaurar un poder reticular omniabarcante.

Los anormales, el libro que recopila las clases de este curso, configura una precisa genealogía de la anomalía. Foucault postula allí la existencia de un campo de gradación que va de lo normal a lo anormal y recorre sus diferentes instancias intermedias. En especial, se ocupa de la constitución del dominio de la anomalía, a lo largo del siglo XIX, a través de la conjunción de tres figuras: el monstruo humano, el incorregible y el onanista. La primera resulta particularmente significativa para estudiar los films del *corpus*. Su especificidad radica en que tanto su existencia como su forma son una violación de las leyes de la sociedad y de las leyes de la naturaleza. Su emergencia implica una transgresión de los límites naturales, las clasificaciones y la ley como marco de referencia. Dado que su aparición disruptiva desafía el imperio de la legalidad y la naturaleza, su campo de intervención es el jurídico-biológico. Su gestación imprevista, surgida de la combinación atroz de lo imposible con lo prohibido, introduce la paradoja de ser una transgresión a la ley que no puede ser contrarrestada mediante el ejercicio de esta.

En su genealogía, Foucault puntualiza las formas privilegiadas que lo monstruoso adquirió en distintas épocas. En la Edad Media se trataba del hombre bestial, una yuxtaposición aleatoria de los reinos humano y animal. Desde un punto de vista legal, esta confluencia se consideraba una transgresión porque se suponía que el monstruo era el resultado de las relaciones sostenidas por un humano con un animal. Al mismo tiempo, esta aparición ponía en crisis el sistema legal porque escapaba de las formalizaciones penales existentes. En el Renacimiento, lo monstruoso comenzó a cifrarse en la figura del desdoblamiento: dos que son uno o uno que son dos. Los siameses constituían el ejemplo más representativo de esta modalidad. Finalmente, en la Edad Clásica la figura privilegiada era el hermafrodita, considerado monstruoso porque violaba la regla que separa al género humano en hombres y mujeres. En todos los casos, su territorio es siempre la impureza. En este contexto, como señala José Miguel Cortés, "El término impuro se refiere a la transgresión o violación de los esquemas de categorización cultural imperantes en una sociedad. Las cosas que son intersticiales, que cruzan las fronteras de las profundas categorías de los esquemas conceptuales, son impuras. Al hablar de impureza, nos referimos a un conflicto entre dos o más categorías culturales (muerto/vivo, yo/otro, dentro/fuera)" (1997: 38).

De este modo, la figura del monstruo se define por su puesta en crisis de las distinciones estancas entre especies, reinos y géneros. En su estudio sobre Foucault, María Cecilia Colombani precisa que el monstruo es un ser de mezcla que "rompe el orden de lo claro y distinto, de lo normal por regular y homogéneo, de lo familiar por semejante y similar, constituye una excepción, propiamente un ser extra-ordinario, que descontinúa la regularidad de la especie" (2010: 89). Frente a esta afrenta al orden de las regularidades, las tecnologías disciplinarias intentan normalizar el cuerpo monstruoso. En *Defender la sociedad*, Foucault precisa que la aparición del monstruo da inicio a la "serie cuerpo-organismo-disciplina-instituciones" (2001: 226). El desarrollo exhaustivo de una "anatomopolítica del cuerpo humano" permite tanto normalizar los cuerpos de los monstruos como corregir cualquier posible desviación en los cuerpos menos perturbadores del conjunto de los sujetos comprendidos en todo tejido social.

Junto con una monstruosidad anclada en la fisicidad, Foucault también puntualiza que hacia finales del siglo XVIII se autonomizó una monstruosidad de orden moral, es decir, "una monstruosidad del comportamiento que traslada la vieja categoría del monstruo, del dominio de la conmoción somática y natural al dominio de la criminalidad lisa y llana" (*Ibid.*: 81). De esta manera, surgió el ámbito específico de la criminalidad monstruosa, anticipado en la irrupción de la narrativa gótica. A partir de entonces, las distintas variantes del goticismo constituyeron un reservorio privilegiado de lo monstruoso, un terreno fértil para evaluar sus transformaciones y formalizar los cambios epocales.

Tanto en la literatura como en las prácticas clínicas y legales, el asalto inesperado del monstruo propició dos clases de respuestas: los cuidados médicos y la voluntad de supresión. Los intentos por asimilarlo a la esfera de la normalidad social disputaron su lugar con los intentos redoblados por su exterminio. Edgardo Castro señala, en relación con la primera alternativa, que la intensificación de los procesos de normalización condujo a la conformación de sistemas autónomos de referencia científica. En el caso de los monstruos, su aparición se inscribió en los campos de la teratología y la embriología, articulados en torno al discurso fundado por Étienne Geoffroy Saint-Hilaire en los inicios del siglo XIX. El basamento científico de esta inscripción derivó posteriormente en la construcción de una teoría general de la degeneración que sirvió "de justificación social y moral, para todas las técnicas de localización, de clasificación y de intervención sobre los anormales" (Castro, 2004: 26). Esta teoría, junto con las instituciones que derivaron de su existencia, instauró tanto una estructura de recepción para los anormales como un instrumento para la defensa de la sociedad.

Más allá de la doble respuesta ante su manifestación, el monstruo se constituyó desde las postrimerías del siglo XVIII, y a lo largo del XIX, como el principio de inteligibilidad a partir del cual se evaluaban las distintas formas de la anomalía.

En todos los casos, era necesario escudriñar cuál era el fondo de monstruosidad que se escondía detrás de estas irregularidades. La definición del monstruo resultaba inevitablemente relacional. Lo monstruoso solo podía concebirse a través de la conversión del hombre en el modelo normativo a partir del cual se postulaba la distinción entre lo normal y lo anormal. Su centralidad se oponía a la singularidad extrema del monstruo. Sin embargo, este no se definía solo a partir de una relación inevitable de exterioridad. Por el contrario, algunos monstruos funcionaban como torsiones dentro de lo humano, extrañas y leves desviaciones de la regla.

Aunque las únicas referencias literarias presentes en las clases de Foucault se limitan a una mención imprecisa de los textos de Sade y Ann Radcliffe, gran parte de la narrativa gótica surgida a partir del siglo XIX puede revisarse en función de sus proposiciones. Al respecto, debe señalarse que si los monstruos suponen una crisis de la capacidad clasificatoria por el desafío lanzado a la estabilidad de las taxonomías, Drácula es uno de los personajes que materializan el quiebre de las identidades fijas y la caída de las leyes de la naturaleza y la jurisprudencia. El vampiro de *Dracula: Pages from a Virgin's Diary* opera una reconfiguración del monstruo tradicional de la narrativa gótica. No se propone como una réplica minuciosa de las versiones anteriores de la historia del Conde de los Cárpatos, sino que somete su figura a complejos procesos de transformación. Por una parte, conserva su definición monstruosa en los términos jurídico-biológicos postulados por Foucault. Su aparición inesperada en la Inglaterra victoriana supone el colapso de la ley y la rigidez de las fronteras naturalizadas. La presencia de un no-muerto implica la crisis de categorías culturales centrales en la definición de lo humano como muerto y vivo. Su ubicación intersticial lo posiciona en la senda de los monstruos, en el territorio de lo impuro. La crisis del poder clasificatorio deriva de su irreductibilidad ante las taxonomías habituales. Su carácter poroso escapa de las identidades fijas y el rigor de lo indivisible. La identidad móvil se encuentra en una travesía de transformaciones permanentes. Su cuestionamiento de las categorías culturales no se limita al ataque esgrimido contra el par muerto/vivo, sino que incluye la díada natural/cultural. El vampiro problematiza las fronteras lábiles entre los límites naturales y culturales de lo humano. En su figura aterradora se condena, de manera oblicua, la supervivencia de deseos primitivos arraigados en una presunta naturaleza arcaica de lo humanidad. La imposición de las restricciones culturales victorianas al deseo acentúa el contraste entre el cuerpo muerto pero deseante y deseado del vampiro y los cuerpos vivos, pero deshabitados por el deseo, de gran parte de los personajes de *Dracula: Pages from a Virgin's Diary*.

Por otra parte, si Foucault propone analizar las reacciones ante estas figuras a través de la oscilación entre los intentos normalizadores y los procesos exterminadores, la aparición de Drácula solo genera una radical voluntad de supresión. La presencia amenazante del vampiro activa un arsenal de estrategias e instrumentos puestos al servicio de su aniquilación. Si en la novela de Stoker la ciencia conduce ese embate con la ayuda de la religión, en el film la superstición, la ciencia y la religión son infructuosas en su batalla contra el poder del vampiro. El Conde no se deja vencer por los repetidos intentos de exterminarlo. Solo la combinación del deseo de Mina de destruirlo y el ataque traicionero de sus enemigos será capaz de asestar el golpe final que lo erradica.

En esta dirección, uno de los aspectos más notables de la argumentación de Foucault reside en su atención a la capacidad operatoria del monstruo. Esta depende de la posesión de un elemento que habilita su accionar. Para Foucault, el monstruo es un individuo a quien el dinero, la reflexión o el poder político brindan la posibilidad de volverse contra la naturaleza. Su desafío contranatural solo puede sostenerse en el recurso a un poder productivo. En el film de Maddin, este poder está alegorizado en forma de dinero. En el enfrentamiento final, uno de los pretendientes de Lucy hiere al Conde en un brazo y de la herida brota una cantidad ingente de monedas de oro. El brazo-dinero condensa de esta manera el poder material que detenta el vampiro. En las monedas doradas se evidencian su habilidad y su potencia de acción.

La plaga oriental

El Conde Drácula es siempre un extranjero. Su procedencia balcánica lo posiciona de manera ineludible en el linaje de los extraños al universo occidental. Las distintas reescrituras de la historia suelen vincular esta exterioridad con su carácter criminal, su primitivismo y su poder destructivo. En este caso, se introduce un desplazamiento geográfico notable: Drácula ya no procede de los salvajes pero europeos Cárpatos, sino del Lejano Oriente. Su ascendente asiático radicaliza su ser extranjero y complejiza su asimilación. Su origen extrema su alteridad y señala una tendencia del cine gótico contemporáneo a llevar a los límites las figuras de la otredad. De esta manera, propone un análisis de su funcionamiento a partir de su ubicación en los confines exteriores del tejido social (Imagen 1).

El vampiro extranjero es el portador de la peste, el propulsor de la plaga. Como precisa Valeria Castelló-Joubert, "el vampirismo se dice –y es dicho– como una enfermedad. Tiene la sintaxis de una enfermedad, ya hereditaria, ya adquirida por contagio, ya física, ya psicológica: ataque, primeros síntomas o evidencias del mal, crisis, convalecencia, recuperación, constatación de las secuelas" (2008: 50). *Dracula: Pages from a Virgin's Diary* extrema la asunción de que la plaga es la propia extranjería. Esta es la responsable del contagio que se expande en Inglaterra a partir de su llegada. Al mismo tiempo, su éxito reside en la eficacia de su juego de seducción.

Si el contagio y el terror a la plaga articulan el universo del film, el elemento destacado es la sangre[5]. Van Helsing señala que Lucy "está llena de sangre contaminada" y recurre a sus pretendientes para realizar una serie de transfusiones representadas en planos detalle. Durante su desarrollo, sostiene que "la sangre de un hombre valiente es lo mejor para una mujer". La sangre del vampiro es el elemento de transmisión de su peste. La pureza de la sangre occidental se destruye por su intercambio con la sangre oriental que la contamina. Van Helsing asume que solo la fortaleza de la sangre pura de los miembros de la alta burguesía europea puede combatir la epidemia iniciada por el Conde, convertido en este caso en una figura doblemente impura, por su extranjería nacional y racial. La otredad se inscribe en su propio cuerpo, en sus rasgos orientales. A las estructuras binarias que articulan la novela de Stoker, se adiciona el señalamiento racial como un elemento central. Drácula lleva en el cuerpo su propia identificación como otro. Indeleble, la huella corporal simplifica su conversión en monstruo.

La importancia atribuida a las marcas raciales desafía una certeza postulada por Judith Halberstam en *Skin Shows* (1991). Allí, Halberstam precisa que "while nineteenth-century Gothic monstrosity was a combination of the features of deviant race, class and gender, within contemporary horror, the monster, for various reasons, tends to show clearly the markings of deviant sexualities and gendering but less clearly the signs of class or race"[6] (1995: 68)[7]. En su argumentación, este relegamiento se deriva de la concepción del discurso de la monstruosidad racializada como un campo minado. Esto promovería que, dado que la raza ha sido "gothicized within our recent history, filmmakers and screenplay writers tend not to want to make a monster who is defined by a deviant racial identity. European anti-Semitism and American racism towards black Americans are precisely Gothic discourses given over to the making monstrous of particular kind of bodies" (*Ibid*.: 69)[8].

---

[5] Si bien el film fue rodado en blanco y negro, a algunos elementos visuales se les sumó color. Entre ellos se destacan el verde de los billetes, el dorado de las monedas de oro y, por supuesto, el rojo del interior de la capa del Conde y de la sangre.

[6] "En tanto la monstruosidad del siglo diecinueve era una combinación de rasgos de raza, clase y género desviados, en el interior del horror contemporáneo, el monstruo, por varias razones, tiende a mostrar claramente las marcas de las sexualidades y géneros desviados, pero menos claramente los signos de clase y raza" (mi traducción).

[7] Halberstam sostiene que las novelas góticas son tecnologías narrativas que producen monstruos poseedores de cuerpos infinitamente interpretables. Los monstruos son tanto máquinas de sentido como condensaciones de todos los terrores que pueden cobijarse en un único cuerpo. Por eso, concibe al monstruo gótico como la figura perfecta de la identidad negativa, definida por oposición a lo humano. Si el humano considerado como modelo es blanco, masculino, burgués y heterosexual, el monstruo se define por el quiebre de alguno o varios de estos rasgos.

[8] "'gotizada' en el interior de nuestra historia reciente, cineastas y guionistas tienden a no querer hacer un monstruo definido por una identidad racial desviada. El antisemitismo europeo y el racismo americano hacia los americanos negros son precisamente discursos góticos orientados a la creación de monstruos con una particular clase de cuerpos" (mi traducción).

Sin embargo, su análisis parte de un contacto parcial con la narrativa gótica contemporánea y soslaya que una parte considerable de las producciones artísticas actuales se proponen invertir o subvertir esas construcciones dirigidas a racializar la alteridad y configurar al otro racial como monstruoso. Al respecto, *Dracula: Pages from a Virgin's Diary* constituye una oportunidad ejemplar para explorar la posibilidad de asignar a la raza la capacidad de definir en parte la identidad del vampiro sin apelar a los peligros de la racialización de la otredad. Al mismo tiempo, permite examinar los mecanismos a través de los cuales es posible desmontar las asunciones de las representaciones tradicionales sobre lo monstruoso. En este sentido, en oposición al planteo realizado por Halberstam, nos proponemos demostrar la notoria importancia que las categorías de raza y clase adquieren en muchos films góticos contemporáneos.

En el film, el combate entre Oriente y Occidente se materializa sobre la imagen del mapa de Europa mediante el que se narra la llegada del vampiro. A la manera del cine de los años veinte, sobre el plano se sobreimprimen carteles que anuncian el arribo de "Inmigrantes", "Otros", "Otros venidos de otros países", "Del este", "Del mar" (Imagen 2). Luego de explicitar que la acción se ubica en la costa este de Inglaterra, se muestra una mancha que se expande sobre el mapa en dirección de Oriente a Occidente. La equiparación del vampiro, el otro radical, a una mancha que oscurece la claridad europea condensa la percepción del monstruo que tienen los personajes de la historia. Su progresión parece irrefrenable: surge en Oriente y se impone sobre Europa; luego se acerca a las costas de Inglaterra y se introduce en su territorio; finalmente, se inmiscuye en el cuarto de Lucy, en su intimidad. El barco oriental en el que viaja Drácula es el portador de la temida y próxima destrucción de Europa.

El viaje emprendido por el Conde subvierte el trayecto decimonónico que conducía de las metrópolis a las colonias. Su travesía invierte el recorrido que depositaba en las tierras coloniales a los representantes de los imperios. En la subversión geográfica de Drácula se anticipa la invasión de las metrópolis por parte de los habitantes de los territorios colonizados. El terror que produce se debe, en gran medida, a esta invasión confrontativa. En una transgresión radical de las distinciones territoriales, Drácula se introduce de manera silenciosa en el espacio protegido del imperio para desafiar sus sustentos materiales y simbólicos. Su presencia se convierte en una acechanza que aterra a los habitantes de la gran metrópoli victoriana. Su llegada a la costa este de Inglaterra acentúa la definición espacial de la otredad. Si el equilibrio social urbano se funda en una geografía de la proximidad opuesta al terror de ultramar, la irrupción violenta de la alteridad impide que el sujeto imperial se encierre en su quietud y tranquilidad.

En concordancia con los requerimientos del imperialismo, en auge en la clausura del siglo XIX, el imaginario occidental concibe a los orientales[9] como encarnaciones peligrosas de la lujuria, la sensualidad, el exotismo, el erotismo y la mentalidad infantil. Los integrantes de la cofradía que intenta destruir al vampiro confían en que su ventaja reside en la inferior mentalidad de su enemigo. Señalan con firmeza que "Acabaremos con él. Este vampiro tiene el cerebro de un niño". En esta distribución de roles, a los orientales se les atribuye lo irracional, infantil y primitivo, en tanto a los occidentales se les asignan la razón, la ciencia, la religión, la fuerza y la acción comunitaria.

Dracula: Pages from a Virgin's Diary traslada a la Inglaterra del esplendor imperial el pronóstico de su futura desaparición. El gesto usurpador de Drácula introduce la violencia de la descolonización, la potencia de la liberación y la siguiente apropiación espacial de la metrópoli. La presencia disruptiva del vampiro supone un anticipo de la conciencia de la crisis de la autoridad cultural de Occidente. Esta crisis se vincula con la posterior aparición de un doble frente de combate. Por un lado, la confrontación con los otros exteriores, los habitantes de aquellas regiones del mundo que habían sido excluidas del devenir de la historia. Por otro lado, con los otros interiores, materializados en este caso en las figuras femeninas. La expansión imperial descubrió no solo que el mundo estaba habitado por otras culturas, sino que en su interior se hallaban sujetos y discursos silenciados. La hegemonía de Occidente quedó amenazada al confirmar que no constituía una cultura monolítica. Acechada por ambos frentes, su dominación mundial entró en crisis. La convicción moderna en la existencia de una mirada única se quebró cuando otras se emanciparon y, con ellas, otras voces y otras historias.

Localización fronteriza

La representación de la alteridad no puede analizarse sin hacer hincapié en las estrategias constructoras del punto de vista. Una de las aproximaciones más lúcidas a esta problemática fue propuesta por Edward W. Said en *Orientalismo*. En esta obra inaugural de la teoría postcolonial, Said propone la categoría de "localización

---

[9] Los estudios de Edward W. Said acerca de la conformación del Orientalismo resultan insoslayables, si bien están centrados en Medio Oriente. Su exhaustivo análisis de la configuración de este campo del saber en relación con el éxito de la empresa imperial se desarrolla prioritariamente en *Orientalismo* (2004), publicado en 1977. Sin embargo, sus proposiciones iniciales no pueden leerse sin su complemento necesario, *Cultura e imperialismo* (1996), en el que incluye tanto los sectores sometidos a las corrientes imperiales exteriores al Medio Oriente como las luchas de resistencia y sus variantes culturales.

estratégica" para indagar el posicionamiento que los textos occidentales adoptan en relación con aquello que describen o narran. La localización estratégica define la posición que se adopta respecto al material oriental sobre el que escribe y que se hace reconocible en "el tono narrativo, la clase de estructura, el género de imágenes, temas y motivos que utiliza, en sus maneras de interpelar al lector y en las formas de hablar de Oriente, representarlo y hablar en su nombre" (Said, 2004: 43-44). Para Said, la localización estratégica de los orientalistas reside en una relación de exterioridad con el Oriente sobre el que escriben. Oriente debe estar ausente para que los orientalistas puedan estar presentes. Por eso, su punto de vista está "dislocado", definido por la negación de su propia exterioridad, por la apelación al conocimiento erudito para anularla y por la necesidad de invisibilizar el lugar de enunciación. Para desnudar los mecanismos que producen este ocultamiento, Said dedica un esfuerzo continuo a hacer evidentes las huellas que permiten percibir el posicionamiento de los textos occidentales.

En su formulación de la localización estratégica, Said plantea que representar al otro constituye una manera de reducirlo. A partir de esta interpretación de la representación del otro como una forma de dominación, elabora su crítica al poder de la mirada, dado que esta construye representaciones del otro que lo reducen, lo ponen a su servicio. El poder de la mirada es un poder de apropiación, una manera de negar al otro. La mirada occidental configuró una serie de estereotipos de sus otros culturales que le permitió sostener su capacidad de sometimiento. Peter Burke (2005) recupera a Said cuando señala que a la otredad se la representa siempre a partir de estereotipos. Estos se centran en lo que se considera típico del grupo al que el representado pertenece y se deja de lado lo individual o particular. Allí se manifiesta el poder de quienes pueden producir e imponer una representación del otro[10].

En la articulación de la localización estratégica, la configuración del punto de vista adquiere un rol predominante. Para analizarlo, Said propone, en *Cultura e imperialismo*, un método de lectura al que denomina "lectura en contrapunto". Si el Orientalismo se erigió como disciplina a partir de teorías esencialistas y exclusivistas, propone refutarlo a través de un método de lectura atento a las experiencias discrepantes. Así, procede a leer el intercambio que se produce entre los textos clásicos del

---

[10] Aquí se cifra un manifiesto error de lectura de Burke, quien señala que, como todas las culturas proceden a producir representaciones estereotipadas de sus otros, las propuestas por las culturas orientales son tan estereotipadas como las occidentales y, por lo tanto, propone la noción de "occidentalismo" para definir estas prácticas representativas. Sin embargo, pierde de vista que, para Said, lo que define al Orientalismo no es solamente la construcción de representaciones basadas en estereotipos, sino la relación que estas establecen con la dominación efectiva de las culturas representadas. Said señala al respecto que "todas las culturas tienden a construir representaciones de las culturas extranjeras para aprehenderlas de la mejor manera posible o de algún modo controlarlas. Pero no todas las culturas construyen representaciones de las culturas extranjeras y de hecho las aprehenden y controlan" (Said, 2004: 170).

imperialismo y aquellos que surgen como una respuesta a la dominación europea. Frente al punto de vista imperialista estudiado en *Orientalismo* y en los primeros capítulos de *Cultura e imperialismo*, analiza la aparición de un punto de vista "nativo". La escritura de resistencia se define, precisamente, por la irrupción de este punto de vista contrapuntístico. Su objetivo consiste en desmantelar la historiografía imperial y los relatos a partir de los cuales esta fue configurada. Said propone leer la tradición a partir de aquello que esta silenció. Si las representaciones de las otras culturas le permitieron a Europa contemplarlas, dominarlas y retenerlas, la pregunta formulada por Said apunta a cuestionar qué representaciones pueden colaborar con el proceso de liberación (territorial, política, económica, pero también simbólica y narrativa). Los análisis de ciertas obras y autores (desde la poesía de William Yeats hasta las obras de Aimé Césaire) le permiten comprobar cómo puede iniciarse el proceso de emancipación de la mirada a partir de la escritura de una contrahistoria y la revisión sistemática de las lagunas de la historia escrita por los dominadores.

En este sentido, debe observarse que la construcción de *Dracula: Pages from a Virgin's Diary* repudia las articulaciones binarias del punto de vista. Si, como se ha señalado, el Conde es tradicionalmente narrado desde el posicionamiento de los representantes del orden social, la creación de una estrategia confrontativa hubiera implicado la asignación del punto de vista a este personaje, lo cual reproduciría el enfrentamiento binario entre el punto de vista dislocado y el nativo apuntado por Said. Sin embargo, en el film al vampiro se lo priva de toda capacidad narrativa. Tampoco en este caso Drácula es el encargado de narrar su historia. Al mismo tiempo, y de manera complementaria, también se anula esa habilidad narrativa en quienes detentan ese rol en la novela de Stoker. El film representa a la figura radical de la otredad a través de una instancia intermediaria, un personaje que condensa la ambigüedad de estar dentro y fuera del tejido social: Lucy Westenra. Así, no procede a desarrollar una mera estrategia de inversión del punto de vista, sino que opera un desplazamiento, una modificación de la localización estratégica en la que se funda la narración. En este gesto se inicia un proceso continuo de desmontaje de las díadas constitutivas de la tradición narrativa gótica.

El punto de vista de Lucy es un punto de vista fronterizo, ubicado en la periferia de Occidente, en los límites de la estructura social atacada por Drácula. El asalto del vampiro se narra desde las grietas abiertas por Lucy en el interior de la sociedad victoriana. De este modo, la joven se configura como una alteridad intracultural que acecha agazapada en los resquicios del cuerpo social. Ella es quien invoca en sueños la aparición erótica del vampiro. Al respecto, un cartel advierte que "Hay malos sueños para aquellos que duermen imprudentemente". En su deseo se cifra la excusa que permite el desembarco del Conde en tierras inglesas. Ante la llegada del vampiro, la joven marca con su propia sangre la entrada a su casa para convocar y precipitar el arribo del monstruo. A partir de allí, su cama se convierte en uno de los elementos claves en la construcción narrativa. Van Helsing explica que "Un vampiro no puede entrar en la casa de una mujer a menos que se lo invite". También puntualiza que "Hace tiempo que la Srta. Lucy ha invitado a este vampiro". De este modo, Lucy adquiere un valor narrativo que no poseía en la novela de Stoker. En contraposición, tanto Mina como Harker son degradados en la economía narrativa.

La primera amenaza al orden victoriano, entonces, se cifra en esa alteridad interna y femenina encarnada por Lucy. Las puertas vidriadas de su propiedad, figura privilegiada de la represión victoriana, solo pueden abrirse ante la llegada del Conde. Sus continuas transgresiones al orden burgués se acentúan a partir de su contacto con el vampiro. En su diario escribe "¿Por qué no puede una mujer casarse con tres hombres? ¿O con cuantos quiera?". Su cuerpo erotizado deviene el campo de batalla donde se libra el enfrentamiento entre Oriente y Occidente, el deseo y la represión, la autonomía y la sujeción. El cuerpo deseante es medicalizado y considerado patológico, el refugio de la plaga. Al encargarse de sus cuidados médicos, Van Helsing debe constatar que la joven no haya perdido su virginidad. El cuerpo de la doncella es el territorio en disputa y su virginidad es la clave del triunfo. En tanto Lucy se comporta como un dócil objeto de deseo para sus tres pretendientes, resulta admirada; sin embargo, en cuanto se arroga un rol activo, despierta la sospecha y la desconfianza. En una escena clave, cuando su deseo se manifiesta en la sensualidad de sus movimientos, debe desafiar el avance conjunto de Van Helsing, los pretendientes y las empleadas domésticas de su casa. Ese ejército de la normalización la arrincona sistemáticamente.

La importancia narrativa atribuida a la mirada y percepción de Lucy se evidencia en el título del film. A diferencia del ballet, que conserva el título de la novela, aquí se explicita su deriva a partir de las páginas escogidas y fragmentadas del diario íntimo de una virgen. Si en el texto de Stoker los diarios constituyen una de las fuentes privilegiadas de la narración, estos se reducen ahora a los escritos por Lucy y Harker, otro virgen, aunque en este caso orgulloso de serlo, en su defensa irrestricta de la moral victoriana. La información sobre el vampiro aportada por el diario es empleada en la lucha contra el Conde. La entrada a su intimidad ofrece el instrumento necesario para combatir al agente del deseo.

Dracula: Pages from a Virgin's Diary se estructura en dos actos, cada uno de ellos centrado en un personaje femenino: Lucy y Mina. Lucy es seducida por el vampiro y se suma al linaje condenado de las conversas. Su destino ilustra el peligro implícito en la existencia de las mujeres sexuadas. La cofradía masculina formada por Van Helsing y sus tres pretendientes se empeña en su destrucción, escenificada como una recuperación de la pureza perdida[11]. El ritual de aniquilación del vampiro (la estaca clavada, la cabeza cortada) posibilita la recuperación de la tranquilidad del orden victoriano. La figura seductora de Lucy desaparece del escenario solo para dar paso a su continuadora, Mina. Aunque esta es caracterizada como una mujer reconciliada con el modelo femenino victoriano, ocupa una posición ambigua. Si bien es quien reduce al vampiro y teme su cercanía, también es quien toma la iniciativa frente a la represión del erotismo operada por Harker.

En los dos actos, la valoración narrativa de los personajes femeninos posiciona al Conde en un lugar de dependencia. El vampiro oriental materializa un sentimiento de lujuria y placer, un deseo que circula entre las mujeres. No se trata tanto de un personaje con existencia física, como de una entidad que irrumpe a través del llamado femenino. La supresión de sus desplazamientos espaciales, sus apariciones siempre abruptas y no anticipadas, y su dependencia de la invocación femenina refuerzan su puesta al servicio del deseo femenino. De esta manera, el vampiro se concibe como un mediador que corporiza este deseo y anticipa la potencia de su emancipación. El conde es una figuración del deseo sexual en el marco de la Inglaterra victoriana, un agente activo de la libertad[12].

Los monstruos y la crisis del poder clasificatorio

El privilegio atribuido a la figura del monstruo en el cine gótico contemporáneo implica la visibilización de aquello que se conservaba tradicionalmente oculto. De acuerdo con José Miguel Cortés, estas figuras monstruosas funcionan como manifestaciones de todo aquello que está reprimido por los esquemas de la cultura dominante. Serían "las huellas de lo *no dicho y no mostrado* de la cultura, todo aquello que ha sido silenciado, hecho invisible. Lo monstruoso hace que salga a la luz lo que se quiere ocultar o negar. Además, problematiza las categorías culturales, en tanto que muestra lo que la sociedad reprime" (Cortés, 1997: 19). La ruptura del orden cultural no depende solo de esta visibilización de la otredad, sino también de la relativización del sistema implícita en la instauración de la diferencia. En el caso de *Dracula: Pages from a Virgin's Diary*, la llegada del extranjero pone de manifiesto

---

[11] Los intentos de normalización de Lucy son complementarios con los intentos de normalización de otro personaje ubicado en los lindes del tejido social, Renfield, internado en un instituto psiquiátrico. En este caso, el tratamiento médico se postula como una representación de las efectivas políticas normalizadoras llevadas a cabo por las distintas instituciones.

[12] El uso irónico y contrapuntístico de la banda sonora refuerza esta aserción. En tanto la presentación del Conde es acompañada por una melodía de carácter erótico, la presentación de van Helsing apela a una música siniestra que, en las lecturas clásicas de los monstruos, hubiera acompañado la presentación de la alteridad radical.

el carácter arbitrario y artificial del puritanismo de la moral victoriana. El contraste con el accionar del vampiro acentúa la fragilidad de un orden que se sostiene en la eficacia de sus técnicas normalizadoras.

En el contexto de un orden cultural rígido y estanco, la presencia del monstruo propicia la crisis del poder clasificatorio. Si, como señala Foucault (2007), el monstruo desarticula tanto las clasificaciones médicas como las jurídicas, su potencia crítica se exacerba debido a que la caída de las clasificaciones comporta un derrumbe de las jerarquías que dependían de estas. La irrupción del monstruo implica un cuestionamiento de las jerarquías y evidencia la existencia de un afuera del sistema. De este modo, pone de manifiesto su carácter histórico y supone una amenaza para la supervivencia del aparato cultural. Allí radica el origen del horror generado por su aparición. Allí reside también su poderío y su capacidad transgresiva.

El interés suscitado por la extrañeza de estos monstruos se encuentra en el origen de la *monster theory*[13]. Esta propone un nuevo *modus legendi*: un método de lectura de la cultura a partir de los monstruos que engendra. En esa búsqueda, señala que los monstruos se caracterizan, principalmente, por su resistencia a la integración. En contraposición, la necesidad normalizadora de incluir a los representantes de la otredad se manifiesta en su obsesión taxonómica. La pertenencia a una categoría implica una primera domesticación. Por eso, el repudio a ser incluido en las categorías existentes significa una condena de la normatividad. La segunda condena reside en la apertura de nuevas maneras de percibir el mundo. En los films góticos contemporáneos, estas se materializan en las nuevas miradas y su relación con las coordenadas espaciales y temporales. En esta confluencia de la oposición a las clasificaciones y la proposición de otras formas de conceptualización se establece la proximidad entre estos films. Los personajes son concebidos como otredades individuales, alejadas de todo grupo de pertenencia y como poseedores de miradas que desafían las percepciones naturalizadas.

Al respecto, José Miguel Cortés sostiene en *Orden y caos*, su estudio cultural sobre la representación de lo monstruoso en el arte, que las cuatro figuraciones míticas del monstruo se articulan en torno a las relaciones de la vida con la muerte, el pavor que suscita la mutilación, la duplicidad del ser humano y la promiscuidad entre lo orgánico y lo no orgánico (1997: 32). Los monstruos presentes en los films que conforman este *corpus* se inscriben en estas cuatro variaciones. La duplicidad domina tanto *El secreto de Mary Reilly* como *Institute Benjamenta*. La confluencia de lo orgánico y lo inorgánico articula *El joven manos de tijera* y *The PianoTuner of EarthQuakes*. Finalmente, la hibridación de la vida y la muerte estructura *Los otros, La leyenda del jinete sin cabeza, Criatura de la noche* y *Dracula: Pages from a Virgin's*

---

[13] La *monster theory* surgió en el mundo académico de los Estados Unidos en la década del noventa. Su origen se encuentra en los Departamentos de Género y de Teoría Subalterna.

Diary. En todos los casos, la preponderancia atribuida a estas figuras confirma al cine gótico contemporáneo como un dominio de lo monstruoso, es decir, como un espacio de exploración de la alteridad en sus manifestaciones más extremas.

Al respecto, *Dracula: Pages from a Virgin's Diary* propone dos variantes destacables. Por un lado, acentúa la consideración del monstruo como extranjero. En este sentido, la caracterización oriental de Drácula radicaliza su percepción como representante de una otredad inasimilable en el universo homogéneo de la burguesía europea de finales del siglo XIX. Su aparición puede pensarse a través de la figura del extranjero propuesta por Jacques Derrida. En *La hospitalidad* (2006), Derrida concibe al extranjero como aquel que formula la pregunta que pone en crisis al universo que lo recibe. El extranjero es el ser-pregunta. Su interrogación solo puede surgir de un sujeto que posea una percepción distinta. Solo así puede promoverse un cuestionamiento del orden de ese territorio desconocido. En este caso, Drácula interroga las políticas del deseo del orden victoriano. Sin embargo, una vez que ese interrogante es formulado, que sus consecuencias se extienden y propagan, que el elemento patógeno desenvuelve su capacidad destructiva, ¿qué se hace con la pregunta del extranjero? En la lógica de este film, el sostén de la mismidad requiere la extinción de la pregunta. La mismidad no admite ser interrogada. Por el contrario, se arroga el derecho de decidir qué preguntas pueden ser efectivamente formuladas y deben ser contestadas y cuáles deben ser impugnadas o ignoradas. Así se vislumbra la operatividad de las distintas tecnologías represivas que se ponen al servicio de la anulación de la interrogación y del interrogador. Las ristras de ajo, las cruces y la apelación a la luz del día son las variantes de este intento de supresión. La erradicación de su presencia oriental y de la expansión de su sangre contaminante requiere el empleo de todos los medios disponibles. La superstición, la religión, la ciencia y aun el empleo de la naturaleza colaboran en esa lucha desigual. La potencia del vampiro es finalmente derrotada y, con ella, queda también reducida la emancipación iniciada por esos sujetos liminales que son las doncellas de la historia.

En este aspecto reside la segunda variación de este film, dado que quien hace audible la pregunta del vampiro es Lucy, una representante de la otredad interna. En este sentido, se produce una desviación de la díada que articulaba tradicionalmente la configuración del punto de vista. Si la estrategia clásica consistía en asignar la mirada y la capacidad narrativa a los personajes pertenecientes a la normalidad social, su desplazamiento a esta alteridad apenas tolerada en los márgenes del cuerpo social constituye una ruptura significativa. No solo porque evita narrar a la otredad desde el espacio amenazado por su presencia, desde el emplazamiento de las normas agrietadas, sino porque también evita hablar en nombre de esa otredad radical y desconocida. La elección de un punto de vista fronterizo, ubicado en las periferias internas, pero en comunicación con las zonas externas, comienza un proceso de desmontaje de las estructuras binarias consuetudinarias en la narrativa gótica. Así, se asiste al despertar de una doble conciencia: por una parte, la conciencia del gesto de dominación derivado de la conservación de la mirada de la mismidad sobre la alteridad; por otra, la conciencia de la relación de poder que se desprende del intento de apropiación de la mirada de la otredad. De esta manera, emergen nuevas estrategias tendientes a encontrar posicionamientos válidos en relación con la representación de la alteridad. En particular, se promueve la valoración de los espacios intersticiales que evitan la reducción de esta problemática al mero enfrentamiento binario entre lo mismo y lo otro.

Monstruos intersticiales (*Criatura de la noche*)

Fantástico elusivo

En las calles nevadas de Blackeberg, un suburbio obrero ubicado en las afueras de Estocolmo, ocurre una serie de acontecimientos imposibles de explicar de acuerdo con la lógica racional. El paisaje desolador de las periferias se convierte en el escenario de eventos extraordinarios que contradicen el carácter convencional de los edificios y las plazas, las escuelas y los centros comerciales del lugar. Si bien los paisajes escandinavos constituyeron un marco frecuente en los relatos góticos a lo largo del siglo XIX, la sustitución del paisajismo romántico por el ambiente proletario y gris de *Criatura de la noche* supone una notoria transformación en un ambiente arraigado en la tradición narrativa sobre vampiros[1]. Se trata de un espacio que evade sus caracterizaciones principales: no es una metrópoli como Londres ni una comarca despoblada. Blackeberg se compone como una instancia intermedia entre estos dos dominios habituales (Imagen 3).

El universo diegético enmarca un espacio realista que resulta fundamental en la construcción de un contraste pronunciado entre la historia narrada y su ubicación geográfica y social. Los rasgos miméticos que organizan el film configuran al barrio periférico en concordancia con las representaciones tradicionales de las condiciones de vida de la clase obrera europea. Esta inscripción posiciona a *Criatura de la noche* en la senda de la narrativa fantástica. En su recuperación de la clásica teoría de la literatura fantástica elaborada por Tzvetan Todorov, Rosmary Jackson precisa

---

[1] Surgido de la televisión sueca, el realizador Tomas Alfredson (1965-) se consagró con el estreno de *Criatura de la noche*. Previamente, había realizado relecturas de géneros cinematográficos como la comedia sobre adolescentes en *Bert. Den siste oskulden* (1995) y la comedia negra en *Fyra nyanser av brunt* (2004). Posteriormente, realizó un ejercicio de reescritura del cine de espionaje en *El topo* (*Tinker Tailor Soldier Spy*, 2011). En todos los casos, una parte considerable del interés de sus films reside en esta confluencia polémica de la conservación de algunos rasgos definitorios del cine de género y procesos de desmontaje de las convenciones genéricas.

que la consecución del efecto de vacilación depende de la postulación inicial de un universo realista. Según Jackson, "La narrativa fantástica confunde elementos de lo maravilloso y lo mimético. Afirma que es real lo que está contando –para lo cual se apoya en todas las convenciones de la ficción realista– y entonces procede a romper ese supuesto realismo, al introducir lo que –en esos términos– es manifiestamente irreal" (1986: 31-32). En este sentido, la presentación del vecindario de Blackeberg cumple un rol central en la emergencia de este encuadre realista.

La consolidación de este universo acentúa la "relacionalidad negativa" definitoria del modo fantástico. Esto se debe a que "Lo fantástico se afirma en la categoría de lo 'real', e introduce zonas solo conceptualizadas por los términos negativos de las categorías realistas del siglo diecinueve: im-posible, in-forme, in-visible, in-decible, des-conocido, i-rreal" (*Ibid.*: 23). Así, la subversión operada solo puede prosperar en el terreno certero del realismo. Solo allí es capaz de hacer estallar las restricciones estéticas e ideológicas del orden cultural. La política narrativa del modo fantástico requiere el establecimiento inicial de un ambiente mimético para forzar posteriormente la puesta en crisis de las certezas derivadas de esa gestación. De esta manera, contraviene y niega aquello que se consideró real. De ahí procede su capacidad para construir representaciones desnaturalizadas de los ámbitos característicos de los relatos miméticos. Este extrañamiento conduce a la revelación del carácter arbitrario de las categorías de razón y realidad. La narrativa fantástica señala de este modo, insistentemente, los confines movedizos que separan lo normal de lo anormal y lo real de lo irreal.

También en *Criatura de la noche* el efecto desnaturalizador depende de la fijación inicial de ese marco realista. Este no se relaciona exclusivamente con el plano formal (el rodaje en exteriores, el recurso al plano general que imbrica a los personajes en el encuadre social, la verosimilitud realista del vestuario, etc.), sino también con el plano narrativo. En esta dimensión, Todorov puntualiza que la vacilación promovida por los relatos fantásticos surge del conflicto existente entre las dos respuestas posibles frente a la irrupción de lo sobrenatural. En tanto una propone una explicación racional, la otra certifica la validez del fenómeno sobrenatural. El modo fantástico se asienta en la imposibilidad de resolver esta tensión. A su vez, esta ambigüedad debe afectar tanto al personaje como al lector. En el caso de *Criatura de la noche*, en esta equiparación se introduce una disyunción, dado que la información acerca de la niña vampiro se ofrece al espectador antes que a los personajes. De esta manera, la estrategia de focalización asigna una notoria ventaja cognitiva a los espectadores. Esta discrepancia en el saber deviene significativa porque permite asistir al intento de la racionalidad moderna, encarnada en los habitantes de Blackeberg, por buscar respuestas no sobrenaturales para los acontecimientos narrados. Así, se promueve una indagación acerca de las respuestas posibles ante la emergencia inesperada de lo desconocido.

De este modo, la progresión narrativa depende de la interacción de algunos de los tópicos más cristalizados de la narrativa de vampiros y la aparición de precisiones realistas en torno a las conductas de los personajes[2]. A diferencia de lo que ocurre en un número considerable de historias de vampiros, en este caso se proponen explicaciones racionales para sus crímenes y sus formas de actuar. En esta serie de consideraciones, se explicita cómo consigue a sus víctimas, qué hace con sus cuerpos, cómo evade la persecución policial y cómo evita la conversión de los agredidos. La inclusión de esta información, dosificada a lo largo del relato, torna verosímil la ausencia de sorpresa de los vecinos de Blackeberg ante la extrañeza de los eventos que los rodean. Por el contrario, estos aceptan con cierta facilidad las interpretaciones racionales ofrecidas y ejercen una notoria resistencia frente a cualquier intento de proponer una versión alternativa.

Sin embargo, en *Criatura de la noche* se yuxtaponen esta proliferación de explicaciones con una manifiesta supresión de datos centrales en la lógica narrativa (pasado, motivaciones, vínculos). Por esta causa, se trata de un texto extremadamente elusivo. Desde su primera escena, la mudanza de Eli y Håkan a Blackeberg, se oblitera toda referencia a las historias previas, a los itinerarios precedentes, a los crímenes ya cometidos. La clausura narrativa incluye una ambigüedad semejante, al excluir cualquier alusión a la posible continuidad de los personajes. Pero la elusividad no se restringe al inicio y al desenlace de la historia; también su desarrollo se articula mediante la suspensión de acciones claves en la economía narrativa.

Esta construcción elíptica confluye con un empleo recurrente del fuera de campo. En general, se apela a este procedimiento en las escenas que representan los ataques de Eli. La utilización de este recurso supone una frustración de las expectativas generadas en torno a las agresiones de los vampiros en la mayor parte de los films centrados en estos personajes. En el resto de las agresiones, se apela a planos generales muy amplios que tornan difusas las figuras de los personajes y sus acciones.

El interés de *Criatura de la noche* reside, entonces, en la yuxtaposición conflictiva y no resuelta de tres ejes. Por un lado, en la intersección entre el modo fantástico y el subrayado de ciertas convenciones realistas. La violencia generada por la irrupción de los vampiros en un marco social concebido en términos miméticos se debe a lo imprevisible de esa convivencia. Por otro lado, esta misma tensión se incrementa por el subrayado de la racionalidad con la que se ejecutan los crímenes así como con

---

[2] Entre las recurrencias narrativas que se cumplen, podrían mencionarse su imposibilidad de consumir comida, su necesidad de dormir durante el día para evitar el peligro de la luz natural, su dependencia de una invitación para poder entrar a un espacio habitado. Por el contrario, se suprimen tópicos centrales como dormir dentro de un ataúd (lo hace en el interior de su bañera), el temor de los animales (los atacan en lugar de temerles), la apelación a la ciencia y/o a la religión en los intentos por combatirla, lo cual conduce a la desaparición de motivos repetidos como el ajo y los crucifijos. En esta remoción se evidencia la voluntad de desprenderse de la recurrencia al trascendentalismo frecuente en las historias vampíricas.

la que se los enfrenta. En su rol de representantes del escepticismo del siglo XXI, los habitantes de Blackeberg intentan acceder a explicaciones que no dependan de la existencia de vampiros u otras figuras extraídas del prolífico imaginario del terror surgido en el seno de la cultura popular. En esta desconfianza masiva acerca de los poderes de lo sobrenatural radica la fortaleza invencible de los vampiros. Finalmente, la elusividad de la puesta en escena y de la narración, la anulación de aquellos episodios centrales en la tradición vampírica, evidencia la conflictiva tensión entre la conservación, la distorsión y la suspensión de los tópicos de esta narrativa. Estas tres dimensiones, articuladoras del film, establecen al intersticio como la clave de su organización.

El monstruo intersticial

La identidad de los vampiros emerge de la tensión irresoluble entre la vida y la muerte. Los distintos textos literarios y fílmicos que se abocaron a narrar sus historias formalizaron de diferentes maneras la apariencia y la conducta de estos seres en conflicto. La figura del vampiro se concibe ineludiblemente de manera intersticial, dado que su definición se produce en los espacios en pugna de la vida y la muerte. En ese marco general, la protagonista de *Criatura de la noche* radicaliza esta percepción de la identidad como una disputa entre posiciones enfrentadas.

Este carácter liminal puede ser analizado a partir de algunas categorías propuestas en la producción ensayística de Homi Bhabha. Considerado uno de los intelectuales más destacados de la teoría postcolonial, Bhabha elaboró desde mediados de la década de 1980 una teoría en la que confluyen Frantz Fanon, integrantes de la teoría postcolonial como Edward Said y los representantes más notables del postestructuralismo como Michel Foucault, Roland Barthes y Jacques Derrida. En su teoría se manifiesta un arraigado interés por desentrañar el funcionamiento de determinadas estrategias de resistencia ante la autoridad y por escudriñar las prácticas que subvierten distintas variantes de la hegemonía. En este sentido, su recuperación de los textos de Fanon se centra en la importancia que este psiquiatra y activista martiniqueño atribuyó al cuerpo en sus ideas acerca de la agencia política y la práctica cultural. Al mismo tiempo, su acercamiento a las teorías de los postestructuralistas le permite concebir la construcción discursiva del sujeto y los ordenamientos sociales.

La teoría de Bhabha se define por oposición al multiculturalismo dominante en las ciencias sociales y en las prácticas políticas contemporáneas. Bhabha precisa que la idea de "diversidad cultural", prioritaria en la economía cultural de las sociedades democráticas contemporáneas, esconde la exhibición de la diversidad como un muestrario expuesto en un museo imaginario. En su crítica de la perspectiva relativista liberal, Bhabha propone la sustitución de esta categoría por la de "diferencia cultural". Si la diversidad supone un proceso pacífico de inclusión, la diferencia implica la aceptación del carácter conflictivo de las conformaciones culturales.

Entre las culturas no se produce una integración, sino una relación de inconmensurabilidad. La coexistencia pacífica es imposible y resulta necesario asumir la ausencia de un concepto universal particular (derechos humanos, clase o raza) que asegure una convivencia equilibrada. Por eso, puntualiza que "With the notion of cultural difference, I try to place myself in that position of liminality, in that productive space of the construction of culture as difference, in the spirit of alterity or otherness" (*apud* Mitchell, 1995: 84)[3]. En la concepción de Bhabha, la cultura se encuentra en un proceso continuo de hibridación. De ese proceso deriva que esté involucrada en una redefinición permanente y resulte atravesada por conflictos irresolubles.

Para Bhabha, "La cultura sólo emerge como un problema, o una problemática, en el punto en que hay una pérdida de sentido en el cuestionamiento y articulación de la vida cotidiana, entre clases, géneros, razas, naciones" (2002: 55). En esas alteraciones o desplazamientos, en los pequeños desvíos y en las sutiles transformaciones en la distribución de los espacios culturales, surge la posibilidad de llevar adelante un proceso de subversión cultural. La proposición de la diferencia cultural como eje de análisis tiende a desnudar la arbitrariedad de los gestos de hegemonía. Por este motivo, "El concepto de diferencia cultural se concentra en el problema de la ambivalencia de la autoridad cultural: el intento de dominar *en nombre* de una supremacía cultural que es producida en sí misma solo en el momento de la *enunciación*" (*Ibid.*: 55). De esta manera, la cultura queda definida por la operatoria de un "tercer espacio" en el que se dirimen sus batallas. Ese espacio de la hibridez es el terreno donde se disputan los combates, pero también es el territorio donde emergen las nuevas posiciones que amenazan la hegemonía cultural[4].

En la argumentación de Bhabha, el análisis del tercer espacio confluye con su rechazo categórico de las categorías fundacionales. Tanto en la dimensión individual como en la colectiva, se refuta la posibilidad de definir la identidad a través de

---

[3] "Con la noción de diferencia cultural, intento ubicarme en esa posición de liminalidad, en ese espacio productivo de la construcción de la cultura como diferencia, en el espíritu de la alteridad o la otredad" (mi traducción).

[4] En sus ensayos más recientes, Bhabha amplía y desplaza su categoría de tercer espacio. Si en sus textos de los años ochenta y noventa lo concebía como un espacio de enunciación en el que era posible negociar las diferencias culturales, en sus abordajes más actuales lo define como un espacio cultural en el que se toman decisiones éticas ligadas a resoluciones injustas o violentas de la diferencia. Así, constituye el lugar donde se articulan las demandas de derechos. En "En las cavernas de la acción. Nuevas ideas sobre el tercer espacio", Bhabha señala que el reconocimiento del tercer espacio implica la emergencia de un lugar dialógico –un momento de enunciación, identificación y negociación– que despoja a la autoridad de su dominio o soberanía en medio de un campo de fuerzas marcadamente asimétrico y desigual (2013: 81).

categorías tradicionales como el sí y la clase. Para Bhabha, las matrices incorporadas por estas categorías permitieron la normalización y homogeneización de las diferencias culturales. En este sentido, retoma la certeza de Fanon acerca de la ambivalencia que se establece en la interacción entre raza y sexualidad, cultura y clase, representación psíquica y realidad social[5].

Frente a los variados y efectivos gestos de normalización, Bhabha defiende el alejamiento de las singularidades de clase o género como las categorías organizacionales primarias y promueve la toma de conciencia acerca de las "posiciones del sujeto (posiciones de raza, género, generación, ubicación institucional, localización geopolítica, orientación sexual) que habitan todo reclamo a la identidad en el mundo moderno" (Ibid.: 18). En este desplazamiento, resulta central

> la necesidad de pensar más allá de las narrativas de las subjetividades originarias e iniciales, y concentrarse en esos momentos o procesos que se producen en la articulación de las diferencias culturales. Estos espacios "entre-medio" proveen el terreno para elaborar estrategias de identidad que inician nuevos signos de identidad, y sitios innovadores de colaboración y cuestionamiento, en el acto de definir la idea misma de sociedad (Ibid.: 18).

En esos resquicios intersticiales se negocian las experiencias intersubjetivas y colectivas de nacionalidad, interés comunitario y valor cultural. La aceptación de estos espacios intermedios permite evadir las políticas de la polaridad y eludir las trampas de las estructuraciones binarias de la relación entre lo mismo y lo otro.

Para Eduardo Grüner, el valor del "entre-medio" propuesto por Bhabha se acentúa cuando se contrapone a la idea tradicional de límite. El límite supone una terminación, una separación rigurosa entre los territorios. Resulta paralizante porque implica la existencia de un borde preexistente. Por el contrario, la idea de entre-medio, el entre-dos, "crea un 'tercer espacio' de indeterminación, una 'tierra de nadie' donde las identidades (incluidas las de los espacios *linderos* en cuestión) están en suspenso, o en vías de redefinición" (Grüner, 2002: 258). El espacio entre-medio no se define como un territorio de integración, sino como un ámbito en disputa. Bhabha no desconoce el carácter conflictivo de la cultura así como tampoco el carácter combativo de la definición identitaria. Como señala Grüner, si el multiculturalismo se sustenta en la ilusión de la existencia preconstituida de lugares simbólicos diferenciados en coexistencia pacífica, e imagina una estimulante mezcla cultural de la que surgirían las resoluciones a los conflictos existentes, la valoración del espacio intersticial restituye la dimensión política de toda construcción identitaria. En los

---

[5] En particular, Bhabha recupera uno de los ensayos más lúcidos de Frantz Fanon, "L'Algérie se dévoile" (1967). Allí, Fanon estudia la participación de las mujeres argelinas en la guerra por la liberación a través de un minucioso análisis de las modificaciones ocurridas en el uso del velo.

Monstruos intersticiales (*Criatura de la noche*)

espacios entre-medio siempre se lleva a cabo una lucha y la pugna por la definición identitaria se reencuentra allí con su momento plenamente político. En el dominio ambivalente de los espacios intersticiales se desarrolla "la batalla por la imposición de los nuevos lindes simbólicos, lingüísticos, identitarios y subjetivos" (*Ibid.*: 263).

La emergencia de las identidades comienza a localizarse en los pasajes linderos existentes entre los espacios de las identificaciones fijas. Al respecto, Bhabha formula una pregunta: ¿cómo se forman los sujetos entre-medio? En su respuesta se prioriza la noción de ambivalencia para reflexionar acerca de los procesos de subjetivación. En este marco, la ambivalencia supone la imposibilidad de pensar la identidad de manera fija o dentro de relaciones estructurales herméticas. Por el contrario, la comprensión del funcionamiento de los territorios conflictivos donde se formaliza la identidad requiere incluir la disyunción como principio. Los sujetos entre-medio son sujetos fronterizos, definidos por una idea de tránsito permanente.

Si la teoría de Bhabha articula un cuestionamiento radical de las estructuras binarias (lo público y lo privado, el pasado y el presente, lo psíquico y lo social), los espacios intersticiales conducen ese cuestionamiento a la definición de la subjetividad. Si bien las preocupaciones centrales de Bhabha giran, inicialmente, en torno a los problemas derivados de la existencia del sistema colonial, es posible preguntarse si los monstruos que habitan los films góticos contemporáneos no constituyen una representación radical de estas subjetividades de los lindes y si no presentan una reflexión sobre la otredad que retoma estos cuestionamientos de las categorías originarias de la identidad.

Criatura de la noche constituye un ejemplo destacado de estas configuraciones de la otredad. Una de sus particularidades reside en que el territorio intersticial, el espacio entre-medio, se inscribe en el cuerpo de la protagonista. Al respecto, debe mencionarse que el cine gótico contemporáneo posiciona al cuerpo en un lugar destacado en sus exploraciones acerca de la otredad. Si bien Bhabha atribuye a la dimensión corporal un rol notable en su argumentación, el cine gótico refuerza su importancia narrativa y lo conforma como el *locus* donde se libran las batallas culturales y los combates identitarios.

Así, el cuerpo de Eli[6] se define como el territorio donde se desarrollan los enfrentamientos en los que se dirime la lucha por la identidad. El cuerpo marcado dirige la deriva que conduce del sujeto en tránsito a la figura del monstruo. A su vez, debe señalarse que si la teoría de Bhabha concibe la identidad a través de una red metafórica basada en el itinerario y el desplazamiento, en Eli se extrema ese tejido, debido

---

[6] A lo largo del libro, las referencias a este personaje se realizarán en femenino, si bien se analiza la complejidad de su caracterización. Esta elección conserva la manera prioritaria en la que el personaje es definido, en el interior de la diégesis, por el resto de los personajes.

a que su movimiento la aleja tanto del punto de partida como del punto de llegada[7]. Dado que el inicio narra su llegada a Blackeberg y el desenlace muestra su partida, la estructura acentúa la transitoriedad de los recorridos y de las identidades que se conforman. Si las travesías identitarias suponen siempre la suspensión de los binomios articuladores de la identidad, el trayecto recorrido por Eli la posiciona en un dominio fronterizo entre la infancia y la adolescencia, lo masculino y lo femenino, la vida y la muerte, lo humano y lo animal.

En primer lugar, debe destacarse la problemática generacional. Eli tiene doce años. Si la pubertad implica un proceso de transformación y maduración, el punto de tránsito entre la infancia y la adolescencia, en Eli se radicaliza esta noción de traspaso, ya que conserva la apariencia de una niña a pesar de haber vivido una muy mayor, aunque imprecisa, cantidad de años. Esa diferencia existente entre la edad de su apariencia y los años vividos propicia una disyunción entre la cronología y sus indicios corporales. Eli no tiene doce años, pero tampoco tiene la edad atestiguada por los años acumulados. Explica al respecto: "He tenido esta edad durante mucho tiempo". No es una anciana y tampoco una niña. La fragilidad de su cuerpo se opone a la potencia de su fuerza destructiva. Los juegos infantiles conviven con la muerte. En su apariencia angelical anida un poderío imprevisible. La ingenuidad de la infancia queda aniquilada sin que eso suponga su reemplazo por otro encuadre etario.

De manera semejante, su definición genérica resulta igualmente conflictiva. Eli se presenta con los atributos que la cultura asigna tradicionalmente a las niñas. Sin embargo, le pregunta a Oskar: "Si yo no fuera una chica, ¿te gustaría de todos modos?". Su identidad genérica también se define en los intersticios, en un territorio en disputa. Eli solo puede decir: "No soy una chica". En su autodefinición se explicita su repudio a asumir las categorías originarias de la identidad. Su definición acentúa el conflicto y el tercer espacio en el que emerge su identidad interrogativa.

Al respecto, se introduce una marca que señala este combate. En el cuerpo de Eli se inscribe una cicatriz en el lugar que debió haber ocupado su aparato genital. Esa cicatriz[8] es el trazo corporal de la ausencia de una identidad que se acomode a las distribuciones genéricas y es aun un desafío a la propia definición biológico-corporal de la sexualidad. La marca funciona como una huella material del conflicto genérico, un indicio irrefutable de la batalla dirimida en ese cuerpo intersticial. Así, la herida identifica al cuerpo como el espacio de un enfrentamiento y a Eli como un sujeto en tránsito, variable y renuente a asumir las categorías fijas de la identidad (Imagen 4).

---

[7] En una nota que le deja a Oskar, Eli escribe "Debo irme y vivir o quedarme y morir". Esta célebre frase de *La tragedia de Romeo y Julieta* de Shakespeare acentúa se carácter errante. Allí se puntualiza la travesía permanente en la que se encuentra.

[8] En este punto resulta preciso señalar la creciente ambigüedad que el film presenta en relación con el texto literario que traspone. En la novela de John Ajvide Lindqvist los distintos enigmas del pasado de Eli se esclarecen. En contraposición, el texto fílmico conserva la ambivalencia acerca de los principales acontecimientos de su historia y se centra en los eventos ocurridos en los escasos días narrados.

Esta misma hibridez se encuentra en el plano de la diferencia entre el universo de lo humano y el de lo animal. Eli se posiciona en un terreno fronterizo que une y opone estas dos dimensiones. Sus respuestas espontáneas parecen ubicarla en el territorio animal e incluso algunos de sus movimientos están en ocasiones asimilados a los realizados por distintos animales. A lo largo del relato se desplaza en sus cuatro miembros, es capaz de trepar por los muros de los edificios, se arrastra y repta. Pero esta animalidad confluye con su evidente humanidad en el resto de los planos (apariencia, afectividad, conducta, racionalidad). En el confín compartido por lo humano y lo animal se asienta la geografía de la que surge el personaje.

Finalmente, Eli desafía el límite que aísla la vida de la muerte. Explica que nunca murió y que tampoco está viva. Esta vacilación, que enlaza *Criatura de la noche* con la tradición de la narrativa vampírica, subraya la potencialidad de esta figura para abordar la idea de las definiciones fronterizas de la subjetividad y retomar concepciones no fundacionales de lo identitario.

Eli encarna una idea de la identidad como tránsito, traslado y travesía sin comienzo ni fin. El proceso de identificación se concibe así como un desplazamiento que queda siempre postergado, sin poder regresar al lugar de origen y sin poder acceder al destino previsto. El personaje queda así configurado como el sujeto en movimiento, representante de una identidad itinerante que no puede estancarse en ninguna de las categorías organizadoras y clasificatorias del cuerpo social. Su identidad se encuentra, de esta manera, posicionada en un territorio liminal donde los conflictos evaden sus resoluciones y los pares binarios son puestos en crisis.

Cuerpos mutantes

Omar Calabrese argumenta, en *La era neobarroca*, que uno de los rasgos identitarios más persistentes de la cultura contemporánea lo constituye la emergencia de una nueva modalidad de lo monstruoso. Para dar cuenta de esta, propone una explicación de la teratología a partir de su concepción como una ciencia moral. La teratología se basa en una serie de homologaciones entre distintas categorías: las morfológicas (encargadas de la forma), las éticas (moral), las estéticas (gusto) y las tímicas (pasiones). Estas homologaciones postulan la semejanza del juicio estético con el moral y plantean la identidad entre lo feo y lo malo. Los monstruos representan la manifestación de la negatividad de los juicios estéticos, éticos, tímicos y morfológicos. Frente a esta definición clásica, Calabrese señala que la contemporaneidad se distingue por la imposibilidad de clasificar a los monstruos de acuerdo con estas categorías. Estas nuevas monstruosidades, a diferencia de aquellas que poblaron los relatos de la tradición gótica, son indóciles frente a la homologación de las categorías de valor.

La definición incierta de los monstruos del goticismo cinematográfico contemporáneo, su posicionamiento intersticial, los relaciona con una de las premisas centrales de la concepción de Calabrese sobre la monstruosidad neobarroca: su amorfismo[9]. Si bien la teratología clásica había definido estas figuras a partir de un principio de desmesura y había erigido a la excedencia en criterio rector de su configuración, la aparición de los monstruos de la era neobarroca supuso la irrupción de una nueva figuración de la desmesura centrada en la idea de lo informe. Así, el exceso de estos nuevos monstruos se centra en la imposibilidad de asumir una caracterización fija y en la ausencia de una forma precisa e identificable, en su maleabilidad y variabilidad. La metamorfosis se instituye como su principio definitorio.

Calabrese desarrolla su propuesta a partir del análisis de films realizados entre la clausura de la década de 1970 y la primera mitad de la década de 1980. En el corpus, articulado en torno a textos fantásticos que problematizan las representaciones tradicionales de las figuras monstruosas, sobresalen *La cosa* (*The Thing*, John Carpenter, 1982), *Alien. El octavo pasajero* (*Alien*, Ridley Scott, 1979), *Aliens. El regreso* (*Aliens*, James Cameron, 1986), *Duna* (*Dune*, David Lynch, 1984), *Un hombre lobo americano en Londres* (*An American Werewolf in London*, John Landis, 1981), *Los cazafantasmas* (*Ghost Busters*, Ivan Reitman, 1984), *Poltergeist* (*Poltergeist*, Tobe Hooper, 1982), *Demonios* (*Demoni*, Lamberto Bava, 1985), *Encuentros cercanos del tercer tipo* (*Close Encounters of the Third Kind*, Steven Spielberg, 1977) y *Gremlins* (Joe Dante, 1984). En estos films se conforma un repertorio de monstruos organizados alrededor de diversas variaciones del "principio de la metamorfosis".

Los monstruos estudiados se caracterizan por ser figuras informes que ponen de manifiesto una naturaleza cambiante. Son un cuestionamiento de la identidad, una incertidumbre suspendida sobre la posibilidad de una definición identitaria rígida. Estos monstruos interrogan, voluntaria o involuntariamente, las estructuras sociales que configuran la identidad y suponen la inclusión escandalosa de una definición transgresiva de la subjetividad.

Por este motivo, los monstruos neobarrocos se encuentran en la busca continua de una forma. Constituyen un muestrario de formas inusitadas que no pueden describirse mediante las categorías físicas habituales. A lo largo de los relatos presentan apariencias discrepantes. Para Omar Calabrese, "El universo de lo impreciso, de lo indefinido, de lo vago, se muestra por todas partes rico en seducción para la *mentalidad* contemporánea" (1994: 172). Su inestabilidad e informidad puede vislumbrarse

---

[9] En su argumentación, Calabrese señala una coincidencia entre los períodos definidos como barrocos (la Baja Latinidad, la Baja Edad Media, el Romanticismo, el Expresionismo) y la proliferación de figuras monstruosas.

con claridad en *La cosa*[10]. El organismo de la historia adopta la apariencia de los sujetos a quienes invade. De este modo, se ubica en el extremo de lo variable. La acción del film transcurre en una estación científica de la Antártida. Allí, en el aislamiento más radical, el ente opera las metamorfosis que le permiten asimilarse a la figura de los animales y humanos que encuentra. Frente a las identidades que usurpa, el organismo únicamente puede ser definido como una cosa. Ya en ese primer gesto se manifiesta su carácter innombrable, su evasión de las categorías identitarias existentes. Entre sus múltiples estrategias, el ente puede fingir la muerte, desarrollar mecanismos de ocultamiento y fragmentación. Las explícitas escenas que muestran los detalles más minúsculos de sus transformaciones acentúan el terror suscitado por esta forma informe, por la idea de un ser capaz de adoptar todos los cuerpos, sumar todas las variables y asimilar todas las vidas.

Si tanto la descripción como el análisis de Calabrese se ajustan al *corpus* que propone, los films del goticismo contemporáneo evaden en gran medida esta caracterización. Esto se debe a que el principio de la metamorfosis ya no ordena la creación de las formas monstruosas. Los films tampoco se centran en las historias de cuerpos discrepantes o variables. *Criatura de la noche* se erige como un terreno apto para analizar las nuevas figuraciones del cuerpo monstruoso.

En este caso, el monstruo intersticial no se define por la metamorfosis, sino por una serie de ligeras variaciones, sutiles desplazamientos operados en su cuerpo. No se trata tanto de una metamorfosis como de un sutil proceso de mutación. A diferencia de los relatos tradicionales sobre vampiros, Eli no se metamorfosea en animales (las ratas, lobos y murciélagos que proliferan en el imaginario vampírico tradicional). En ningún momento adopta rasgos físicos animales ni se vislumbra una percepción distorsionada de su cuerpo que imposibilite su reconocimiento inmediato[11]. Las leves modificaciones indicadas se relacionan con el olor que exuda su cuerpo ante la postergación prolongada del consumo de sangre o con la acentuada palidez de su rostro en estas circunstancias. Eli no modifica a voluntad su cuerpo, sino que este, definido como un campo de batalla, atraviesa procesos de conversión que lo transforman ligera, parcial y provisoriamente. La variabilidad del cuerpo no afecta su identificación, aunque sí precisa los combates por la identidad.

---

[10] No debe olvidarse que se trata de una *remake* de *El enigma de otro mundo* (*The Thing from Another World*, 1951, Christian Nyby y Howard Hawks). De esta manera, se suma al linaje de los films de ciencia ficción que durante la década del cincuenta formalizaron el terror al comunismo en el período de la Guerra Fría.

[11] En la novela de Lindqvist, el cuerpo de Eli sí atraviesa distintas metamorfosis. Las descripciones hacen hincapié en la aparición repentina de ojos de felinos, la conversión de sus pies en garras, la irrupción de los dientes afilados y la emergencia de una membrana junto a sus miembros superiores que le permite volar. También se puntualizan los cambios en el color de su cabello, su olor y la forma de sus ojos.

El predominio narrativo del cuerpo mutante también se hace evidente en la necesidad de Eli, como de los vampiros en general, de ser invitada antes de entrar en un espacio privado. En una escena, Oskar la pone a prueba y la obliga a entrar sin haberla invitado. Ante esta transgresión, el cuerpo de Eli comienza a exudar sangre. Su cuerpo variable se concibe también como una superficie porosa donde se intercambian el interior y el exterior. En ese instante, la exteriorización de un elemento asimilado con el interior se presenta como la imagen de una nueva forma de variabilidad del cuerpo monstruoso[12] (Imagen 6).

Estos procesos de mutación también se perciben en Oskar, concebido como un espejo de Eli. En este sentido, debe subrayarse la tendencia de los films del goticismo contemporáneo a elegir las figuras más extremas de la otredad para pensar las concepciones actuales de la subjetividad. En *Criatura de la noche*, la indagación de la identidad entre-medio de Eli, articulada a través de una exploración de su cuerpo, opera como un espejo ampliado que refleja y distorsiona la identidad de Oskar[13]. En Eli se extreman los conflictos identitarios del púber de doce años. Por este motivo, el texto fílmico propone un relato iniciático en dos dimensiones. Una explícita, centrada en la historia de Oskar y su proceso de maduración, y otra implícita, focalizada en el desarrollo excéntrico de Eli. En el caso de Oskar, el relato iniciático se equipara a una historia del abandono de la infancia, la pérdida de la ingenuidad y el reconocimiento del rol articulador de la violencia en toda conformación social[14].

---

[12] El título original, *Låt den rätte komma in*, hace referencia a la necesidad de los vampiros de pedir permiso para entrar en espacios privados. Su traducción sería *Deja entrar al correcto*. La expresión procede de la canción "Let the Right One Slip In", de Morrisey, incluida como epígrafe en la novela.

[13] La construcción de la estrategia de focalización replica la analizada en el caso de *Dracula: Pages from a Virgi's Diary*. También aquí el personaje que corporiza la otredad en su vertiente más radical es privado de acceder a la capacidad narrativa. Del mismo modo, se evade el riesgo de conservar la localización estratégica en los confines de la normalidad social. Al igual que en el film mencionado, aquí se asigna esta función a Oskar, es decir, a un habitante de las periferias. Su ubicación liminal, su alternancia entre el afuera y el adentro, replica la construcción de una localización fronteriza.

[14] En "The Right One or the Wrong One? Configurations of Child Sexuality in the Cinematic Vampire", Simon Bacon interpreta a Eli como una proyección de Oskar. Sostiene su argumentación con un análisis minucioso de la primera escena del film. Allí, Oskar ensaya una venganza imaginaria contra sus agresores. De manera simultánea, ve la llegada de Eli y su compañero. Así, Eli queda asociada a la planificación de su venganza y se la puede concebir como un instrumento en su concreción. Más allá de esta interpretación, a lo largo del film la temática del doble se materializa a través de la aparición recurrente de espejos y superficies vidriadas, o la inclusión de planos que acentúan la simetría de los espacios que habitan Eli y Oskar en departamentos contiguos.

La potencia del cuerpo monstruoso

En el proceso de conformación identitaria se articula una semejanza discrepante entre los dos personajes. Eli señala que ambos sienten el impulso de matar, aunque se manifieste en cada uno de manera divergente. En tanto Oskar quiere asesinar a sus victimarios en el colegio, y un cuchillo lo acompaña como una prótesis sumada a su cuerpo, ella requiere hacerlo en la búsqueda de su supervivencia. Solo las convenciones culturales y la jurisprudencia derivada de ellas impiden que Oskar cumpla su deseo. La extrañeza de Eli a ese orden social habilita su transgresión. A su vez, el dilema del personaje procede de la inevitabilidad de matar para vivir. Aun así, el llanto posterior a los asesinatos señala la dificultad del proceso. De esta oposición entre ambos personajes emerge la definición de Oskar como un vampiro en potencia, un transgresor encubierto.

En el film, ser vampiro implica un desafío lanzado a la continuidad del orden. En ese gesto cuestionador, Eli impulsa a Oskar a la rebelión ante el acoso escolar del que es víctima. Este estímulo para la revuelta anticipa la aplicación de la justicia transgresora de los vampiros. El empleo final de la violencia se introduce sesgadamente desde la apelación inicial a la fuerza física como mecanismo de resistencia ante el abuso. A partir del contacto con Eli, Oskar comienza un proceso de entrenamiento. El cuerpo agredido busca convertirse en un cuerpo resistente. En una escena, Oskar golpea al líder de sus agresores. El golpe asestado con una vara en la cabeza de su perseguidor no solo genera que a este le brote sangre, lo cual acentúa la cercanía con las consecuencias de los ataques de Eli a sus víctimas, sino que produce una notoria felicidad en Oskar. Un primer plano de su rostro en contrapicado, con el cielo como fondo, se encarga de subrayar la satisfacción experimentada por la víctima en su acto de defensa y avance. A su vez, la simultaneidad del golpe con el encuentro, en el mismo espacio, de una de las víctimas de Eli, sugiere la proximidad de los personajes y sus conductas. De este modo, se evoca nuevamente la semejanza entre el vampiro y el púber, entre el monstruo y el excéntrico, aquel cuya subjetividad se define por su alejamiento en relación con el centro (social, geográfico, simbólico)[15].

En este sentido, puede recuperarse una proposición de Gabriel Giorgi acerca del saber positivo del monstruo. Para Giorgi, como para Foucault, el accionar de estas figuras está avalado por una potencia. Por eso, señala que el saber del monstruo reside en el conocimiento de la "capacidad de variación de los cuerpos, lo que en el cuerpo desafía su inteligibilidad misma como miembro de una especie, de un

---

[15] Esta extrañeza de Oskar en relación con su entorno social y etario se manifiesta en dos aspectos de su apariencia: el peinado y el vestuario remiten a los años setenta. De esta manera, se lo aísla de su marco, los inicios del siglo XXI, y se lo define como ajeno a esa ubicación temporal. Las anacronías funcionan como la evidencia material de la no pertenencia del personaje.

género, de una clase" (Giorgi, 2009: 325). Los monstruos saben acerca del cuerpo, su potencia de variación y su naturaleza anómala. Giorgi encuentra en este saber la posibilidad de desarrollar una política de lo viviente atenta a los modos en que los cuerpos son distribuidos y categorizados y, por esto, atenta a sus capacidades de subversión y desmoronamiento de los aparatos culturales. Al respecto, debe señalarse que la dimensión política de los monstruos que habitan los films del goticismo contemporáneo se evidencia en la relevancia atribuida a sus cuerpos. Su potencia subversiva se encuentra agazapada en los resquicios, en su habilidad para mutar y de este modo escapar de las clasificaciones operadas desde el poder normalizador y/o disciplinario.

Así, la figura variable del monstruo contemporáneo se define como una figura inasimilable. Su repudio a las clasificaciones existentes indica el límite al que se enfrentan los intentos de normalización frente a estos nuevos monstruos. En esta puesta en crisis, aun la categoría de vampiro parece no adecuarse a las identidades fronterizas. Ante una pregunta de Oskar, "¿Eres un vampiro?", la elusiva respuesta de Eli solo consiste en sugerir "Necesito sangre". La intencionalidad se orienta en el sentido de la evasión de las categorías esencialistas de la identidad. Este repudio se complementa con la imposibilidad de asimilar el personaje a ciertos rasgos impuestos por la tradición vampírica en la literatura y el cine. Debe recordarse que el cuerpo del vampiro se concibe, a partir de Lord Ruthven, como una encarnación del erotismo. Su atractivo constituye su potencia, tal como fue señalado en el análisis de *Dracula: Pages from a Virgin's Diary*. Si esta capacidad de seducción está presente en los relatos sobre vampiros en general, se exacerba en las historias vampíricas femeninas y, en especial, en las protagonizadas por niñas o adolescentes. En este sentido, la recurrencia a *Carmilla* de Joseph Sheridan Le Fanu resulta imprescindible. Allí, el cuerpo seductor de Carmilla irrumpe en el castillo de Estiria para despertar la admiración y el embelesamiento. La institutriz se deslumbra ante "la criatura más hermosa que jamás he visto" (Le Fanu, 2007: 342) y las invitadas en el *schloss* se extienden en elogios acerca de la hermosura de su rostro y su voz. La narradora, Laura, también siente el impacto de su belleza y la menciona en cada una de sus referencias

> Era esbelta y maravillosamente grácil [...] Su tez era colorida y brillante; sus rasgos menudos y hermosamente formados; sus ojos grandes, oscuros y relucientes; su pelo era absolutamente extraordinario, nunca vi cabello tan magnífico por la abundancia y longitud; cuando lo tenía suelto sobre los hombros, a menudo colocaba mi mano debajo y con admiración me reía de su peso. Era exquisitamente fino y suave, de color castaño muy oscuro con algunos toques dorados. Me encantaba dejarlo caer, arrastrado por su propio peso, cuando en su habitación se hallaba recostada en la silla hablando con su voz dulce y grave. Yo solía retorcerlo y trenzarlo, y desplegarlo para jugar con él (*Ibid*.: 347).

La seducción de Carmilla no depende exclusivamente de su apariencia. La narradora hace hincapié en la cercanía de los cuerpos, los roces de los juegos presuntamente infantiles. Así, señala que "Solía rodearme el cuello con sus bonitos brazos, estrechándome contra sí y, mientras apoyaba su mejilla en la mía, murmuraba con sus labios junto a mí oído" (*Ibid.*: 348). El efectivo juego de seducción también se produce a través de las palabras, de las declaraciones románticas que susurra a Laura. En Carmilla se cristaliza la representación erótica de las vampiras[16]. En el marco del cine gótico actual, esta figura de la infancia o adolescencia femenina erotizada se recupera parcialmente en *Entrevista con el vampiro* (*Interview with the Vampire*, Neil Jordan, 1994). Su protagonista, Claudia, una niña de 11 años, encarna la potencia de la seducción infantil y queda envuelta en diversos triángulos amorosos con los vampiros adultos de la historia.

En *Criatura de la noche*, Eli supone una puesta en crisis del modelo erótico de la vampira. Su cuerpo entre-medio no se construye a partir de los rasgos de la infancia o pubertad erotizada. Por el contrario, se acentúa cierta ingenuidad alejada del universo de la seducción. Si en la mayor parte de los films sobre vampiras adolescentes, el cuerpo de estas se constituye en la superficie observada por la mirada *voyeur* de los espectadores adultos, en este caso el cuerpo de Eli se convierte en atractivo solo para el protagonista que entra en la adolescencia. En la única noche que comparte con Oskar se los presenta durmiendo, con unas suaves caricias. El descubrimiento del erotismo se produce en el entorno del fin de la inocencia, en un escenario habitado por los juguetes que funcionan como resabios de la infancia que se abandona.

Al mismo tiempo, si el campo de lo erótico resulta habitualmente vinculado con la muerte del sujeto atraído, Eli también desafía esa conclusión. No solo ella se constituye como la guardiana de Oskar, su protectora y catalizadora de su voluntad de supervivencia, sino que en el desenlace, este sobrevive intacto al contagio y se convierte en el cuidador de la vampira. La supervivencia de ambos debe producirse ante la ausencia definitiva de los adultos. En el caso de Oskar, su padre posee una aparición mínima y decepcionante. Su madre es relegada a través de diversos procedimientos como la no inclusión de su rostro en diferentes planos, encuadrados desde la altura del hijo; la apelación al fuera de foco; la construcción del fuera de campo, mediante la banda sonora, que posiciona a la madre en ambientes alejados a los de Oskar. De esta manera, se refuerza el aislamiento de los personajes en relación con el mundo adulto.

---

[16] En 1932, el danés Carl Theodor Dreyer realizó *Vampyr*, una trasposición cinematográfica de la colección de relatos *In a Glass Darkly* (1872), donde se encuentra *Carmilla*. En este caso, quien vincula las historias no es el célebre Dr. Martin Hesselius creado por Sheridan Le Fanu, sino un joven estudioso de los fenómenos sobrenaturales llamado Allan Grey. La mayor modificación en relación con la historia de Carmilla reside en que la vampira, lejos de ser una joven seductora, es una anciana aterradora.

Pero si la potencia del vampiro, su capacidad de acción, se cifra en ese territorio de lo erótico, desmantelado en *Criatura de la noche*, entonces, ¿cuál es la potencia que se pone en acto en este caso? Eli introduce una pregunta sobre la identidad. Pero se trata de una interrogación que resiste todo intento de respuesta. Su definición identitaria solo se postula por su no identificación con las categorías fijas de la identidad y su no asimilación a los relatos originarios. En este punto se encuentra el valor asignado por el cine gótico actual a las figuras monstruosas. No es solo Eli quien rechaza los intentos clasificatorios. El resto de los personajes de estos films son igualmente renuentes a las clasificaciones y a las categorías identitarias rígidas. Al respecto, puede plantearse la hibridación de lo maquinal y lo humano presente en Edward en *El joven manos de tijera* y la confluencia entre la vida y la muerte en Grace en *Los otros* e Ichabod en *La leyenda del jinete sin cabeza*.

Su potencia reside en su carácter irreductible ante las categorías estancas de la subjetividad, en la defensa de su singularidad extrema. Este proceso de singularización pone en riesgo el funcionamiento de las tecnologías del poder normalizador estudiado por Michel Foucault. Si el perfeccionamiento de la mecánica del poder reticular permitió el control minucioso de los cuerpos a partir de su circunscripción en taxonomías inamovibles, estos personajes señalan la posibilidad de pensar la otredad no a través de los procesos de inclusión o exclusión impulsados desde el poder, sino mediante las estrategias de resistencia organizadas frente a este. La capacidad de evasión de las prisiones categoriales supone una primera forma de rebelión ante los embates del poder. En este combate contra el orden normalizador de las clasificaciones, el cuerpo se erige como el espacio del saber sobre la revuelta.

Monstruos intersticiales (*Criatura de la noche*)

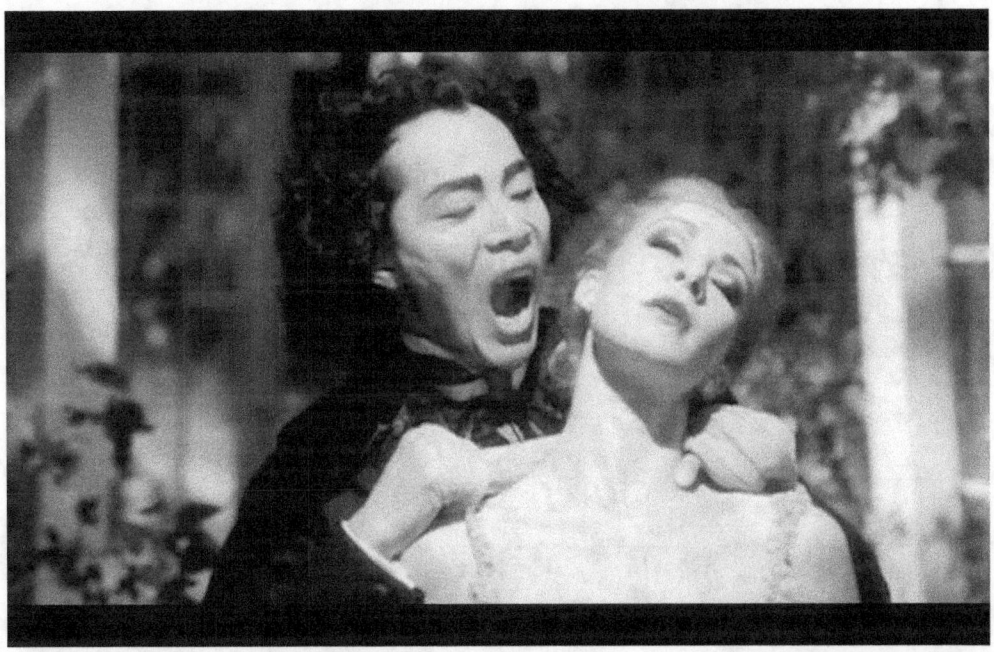

Imagen 1: El vampiro procedente de Oriente ataca y seduce a Lucy Westenra.

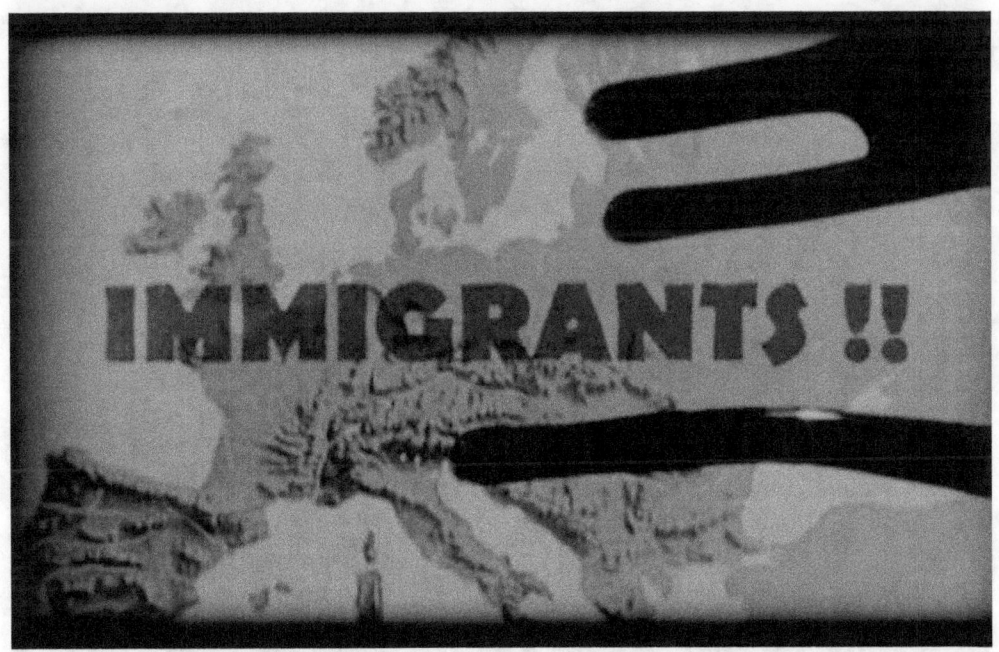

Imagen 2: El mapa de Europa invadido por la plaga oriental.

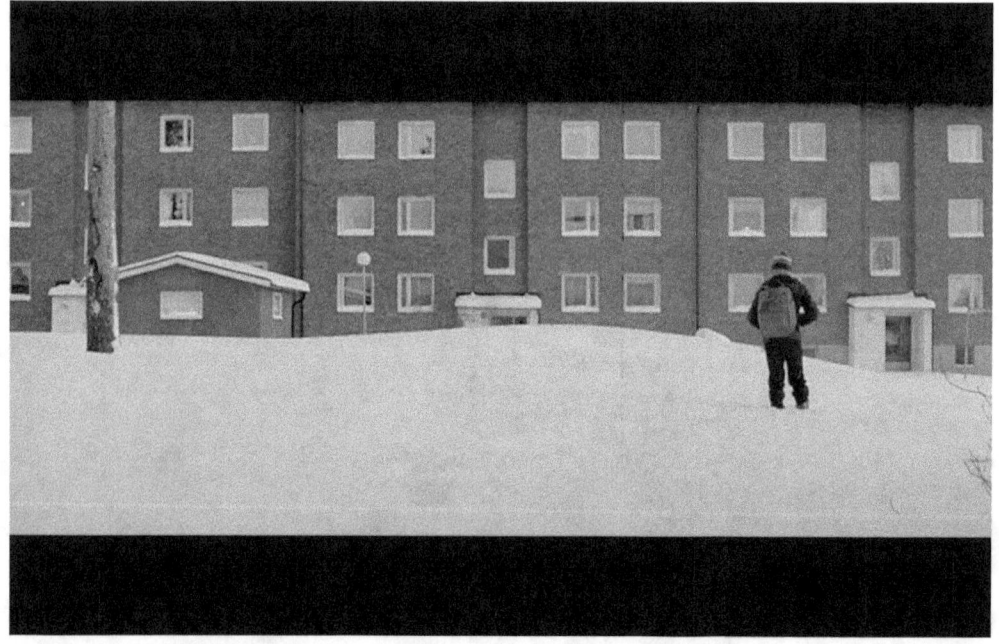

Imagen 3: *La ciudad obrera de Blackeberg en* Criatura de la noche.

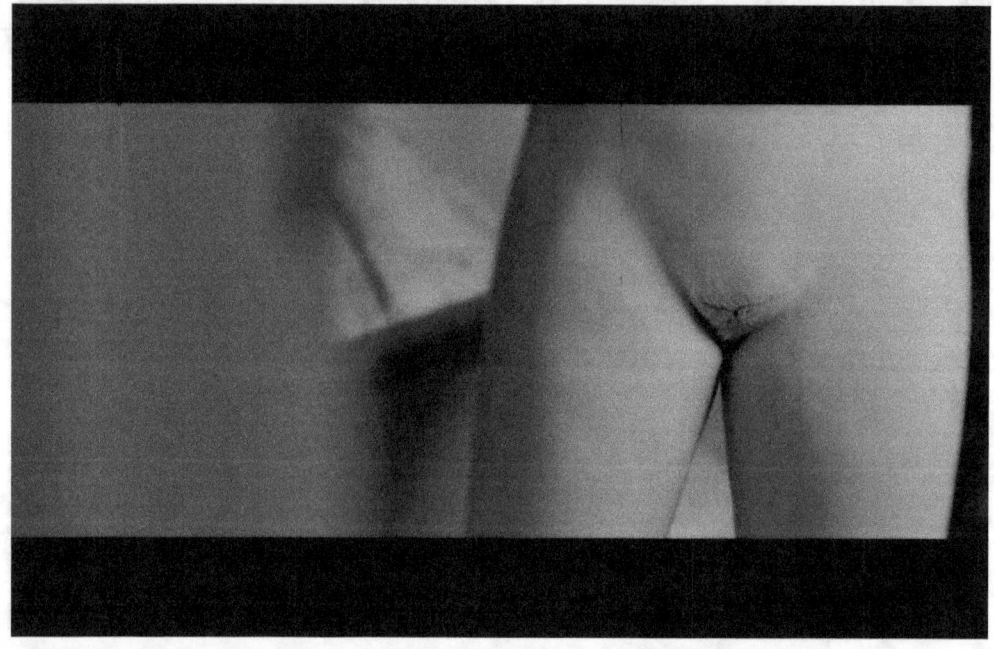

Imagen 4: *La cicatriz de Eli manifiesta la concepción del cuerpo como campo de batalla.*

Figuras de la otredad: fantasmas

"El porvenir solo puede ser de los fantasmas.
Y el pasado"
Jacques Derrida

Fantasmas

En el libro VII de las frondosas *Epistulae* de Plinio el Joven (61-113) consta la carta que este sabio de la antigua Roma le envió a Lucinio Sura. Allí, Plinio narra la mudanza del filósofo Atenodoro a una casa en la ciudad de Atenas ocupada por un fantasma. En este relato breve, considerado el primer cuento de fantasmas, ya aparece la batalla por la posesión de una propiedad como eje articulador del conflicto. En el desenlace, Atenodoro logra pacificar su nueva morada persiguiendo al intruso hasta el lugar donde se hallan sus restos insepultos. Luego de enterrarlos apropiadamente, su hogar queda liberado. En esta primera manifestación de lo que sería posteriormente un nutrido género literario se establece tanto la preocupación por los pasados no pacificados como la defensa de la honra de los muertos.

Eduardo Berti (2009) precisa al respecto que la fascinación por los fantasmas deriva de su carácter hiperbólico de lo desconocido. Esto se debe no solo a que han muerto, sino a que su muerte ha sido diferente de la habitual. En este doble extrañamiento se cifra la atracción ejercida por esta figura. A su vez, esta se relaciona con los dos motivos que suelen justificar su retorno: la necesidad de cumplir una venganza y/o el deseo de cobrar una deuda pendiente. En ambos casos, el fantasma se constituye como la figura de los pasados no resueltos. Por eso, su aparición detona el orden de la naturaleza y desbarata la organización cronológica del tiempo.

Su figuración convencionalizada (los ruidos de cadenas, el frío que sienten quienes se encuentran en su cercanía, las sábanas que encubren la ausencia de cuerpo) detentó dos momentos de esplendor: el período de auge de la literatura gótica y aquel que acompañó el reinado de Victoria en Inglaterra, entre 1837 y 1901. En las dos fases, su mayor desarrollo coincidió con una certera hegemonía de la razón. Sin embargo, dos diferencias significativas merecen señalarse. Por un lado, en el relato negro o gótico la narración tiende a brindar más información sobre los hechos y a ser más comunicativa; por otro, en el cuento blanco o victoriano se privilegian los espacios cotidianos y los ambientes domésticos.

Durante el período victoriano, el cuento de fantasmas experimentó un impulso notable, quizás porque funcionaba como un complemento polémico del afianzamiento del sistema capitalista y su confianza ilimitada en las existencias materiales. El fantasma victoriano se define por su frecuente egoísmo, que parece encarnar tanto el afán de lucro capitalista como el individualismo burgués. Como señala Eduardo Berti, en él se explicita una mentalidad "que hizo de las cosas materiales un símbolo de status e identidad personal, que ya la muerte no podía disolver" (2009: 16). A su vez, el espectro victoriano encarna todo aquello que se niega a morir. Su presencia viola las leyes naturales primarias y desafía los ordenamientos cronológicos. El desvanecimiento de las diferencias entre pasado y presente destruye la separación temporal. Esta ruptura de la cronología supone la puesta en crisis de un orden cultural centrado tanto en la idea de progreso como en una concepción lineal de la historia.

Tres rasgos distinguen el fenómeno de la literatura victoriana de fantasmas. Por una parte, su circulación en las publicaciones periódicas. Las revistas fundadas por Charles Dickens (1812-1870), *All the Year Round* y *Household Words*, cumplieron un rol central en este proceso. Allí se publicó una parte considerable de los cuentos que fundaron y desarrollaron esta tradición en las letras inglesas. Debe señalarse que, más allá del apoyo ofrecido por sus publicaciones, el interés de Dickens por los cuentos de fantasmas puede percibirse en algunas historias presentes en los *Pickwick Papers*. Luego, en 1857, publicó en *Household Words* su máxima contribución al género: "A Christmas Carol", sumado a la tradición de los relatos ubicados en las reuniones de Nochebuena[1].

Otro rasgo destacable reside en la notoria proliferación de escritoras mujeres. Entre ellas se cuentan Mrs. Crowe (1790-1872), cuyo "El relato del oficial holandés" ("The Dutch Officer's Story", 1859) presenta la particularidad de tener como protagonista a un perro de Terranova fantasma; Amelia Edwards (1831-1892), autora del célebre "El coche fantasma" ("The Phantom Coach", 1864), considerado un clásico del subgénero; Mrs. Molesworth (1839-1921), autora de "La sombra a la luz de la luna" ("The Shadow in the Moonlight", 1896), en el que el fantasma está apegado a un tapiz y adquiere la capacidad de trasladarse junto con él; Louisa Baldwin (1845-1925), tía de Rudyard Kipling y madre de Stanley Baldwin, primer ministro británico, especialista en ambientar sus relatos en los ambientes impersonales de los

---
[1] Entre los cuentos de fantasmas escritos por Dickens sobresalen "El juicio por asesinato" ("The Trial for Murder", 1865) y "El guardavías" ("The Signalman", 1866), publicados ambos en *All the Year Round*.

hoteles londinenses, como en "Cómo abandonó el hotel" ("How He Left the Hotel", 1894).

Finalmente, en ese contexto se normativizaron algunos de los rasgos que el género detentaría a partir de allí en su estructura narrativa. En gran medida, se trata de relatos en primera persona que reponen acontecimientos del pasado que no habían sido previamente narrados. De esta manera, se subjetiviza la narración y se incrementa la vacilación requerida por el modo fantástico. De manera simultánea, se presenta la problemática del tiempo y el cruce de las fronteras temporales. Los cuentos suelen configurarse como relatos enmarcados en los que se multiplican las voces que introducen el relato principal y dispersan sus coordenadas espacio-temporales.

Otra vuelta de tuerca

En el marco de los cuentos de fantasmas victorianos, dominados por la figura de Sheridan Le Fanu, se destacó un autor a quien solo de manera oblicua se lo puede adscribir a esta tradición. Henry James (1843-1916), aunque nacido en Estados Unidos, vivió durante décadas en Inglaterra y se naturalizó británico en el final de su vida. La basculación entre Estados Unidos y Europa se identifica como uno de los elementos definitorios de su literatura. Las experiencias de los estadounidenses en Europa y su dificultad para reconocer los códigos del Viejo Continente son recurrentes en sus cuentos y novelas. Los irreductibles abismos culturales, la ferviente admiración estadounidense, unida a su persistente pragmatismo, y el doblez europeo entre la corrupción y la sofisticación son algunos de los elementos que abundan en sus textos.

Su interés por lo sobrenatural[2] está presente en una parte considerable de su producción literaria, como "El alquiler del fantasma" ("The Ghostly Rental", 1876), "Sir Edmund Orme" (1891), "Owen Wingrave" (1892), "El altar de los muertos" ("The Altar of the Dead", 1895), "La tercera persona" ("The Third Person", 1900) y "La esquina alegre" ("The Jolly Corner", 1908). Sin embargo, su mayor aporte a la literatura fantástica sobre fantasmas lo constituye su *nouvelle Otra vuelta de tuerca* (*The Turn of the Screw*, 1898).

Otra vuelta de tuerca conserva gran parte de los rasgos convencionalizados que configuran este subgénero. Entre ellos, cumple un rol central la estructura del relato enmarcado. La *nouvelle* se organiza a través del desprendimiento de una serie de narradores desde su prólogo, aunque la mayor parte de la historia responde al relato en primera persona de la institutriz. Este recurso le permite a James mostrar su célebre

---

[2] Su hermano, el filósofo William James, fue el fundador de la *American Society for Psychical Research*.

manejo de la construcción del punto de vista. La subjetividad del relato intensifica la vacilación producida, al no poder corroborar o descalificar los datos desde una instancia narrativa exterior a la del personaje.

En esta *nouvelle*, el acceso fragmentario a la narración tiene consecuencias notorias. En primer lugar, instituye una política del punto de vista que afirma que el fantasma, en tanto representación de la otredad, solo puede ser percibido y conocido mediante el relato de la representante de la mismidad. En este sentido, *Otra vuelta de tuerca*, como gran parte de los relatos fantásticos del siglo XIX, problematiza la mirada como forma de acceso al conocimiento. Dado que solo la narradora es capaz de ver a los espectros de Peter Quint y Miss Jessel, ese dato perceptivo queda amenazado en su veracidad por las versiones discrepantes de los hechos.

En segundo lugar, la relevancia de este relato subjetivo se relaciona con su dependencia de la inscripción social de la protagonista. Su mirada sobre el mundo aristocrático de la propiedad de Bly deriva de su pertenencia a una familia de los estratos inferiores de la burguesía. Por ello, asiste con arrobamiento al universo exterior de la mansión victoriana. En su percepción se manifiestan los prejuicios de la pequeña burguesía y sus ataduras morales. En una estructura social rígidamente estanca como la victoriana, la narradora se escandaliza porque la antigua institutriz tenía una relación con un hombre de una clase social inferior. En esa comprensión del mundo se atestiguan los prejuicios y las represiones que condicionan su percepción de la historia.

En tercer lugar, el valor de ese relato lacunar se relaciona con la forma peculiar en la que circula la información. Al respecto, Edgardo Cozarinsky (2005) señala que la compleja estructura literaria de James se edifica sobre los chismes como embriones del relato. En *Otra vuelta de tuerca*, el saber se desplaza del ama de llaves a la institutriz. Si el chisme es el germen de todo conocimiento, en este caso la señora Grose es quien dispone de ese saber. En su rol de confidente, brinda la información necesaria para que la investigadora prosiga sus indagaciones. El vacío que organiza la historia propicia la proliferación de hipótesis y explicaciones. Por eso, a lo largo de la *nouvelle*, la narradora se apropia de un rol detectivesco. En su pesquisa policial requiere la confesión del niño para asegurar la erradicación del enigma. Si la institutriz está dispuesta a aniquilar lo indescifrable, necesita la confesión forzada de Miles. Solo la palabra del niño puede suturar la grieta abierta por la aparición de los espectros y la circulación de los chismes.

Finalmente, la importancia narrativa del punto de vista se evidencia en su capacidad para narrar y configurar al resto de los personajes. La importancia de este rasgo sobresale en dos casos. Por un lado, en la caracterización de los niños, Miles y Flora. En principio, ambos son descriptos como apariciones beatíficas y a su alrededor se extiende la fragancia de la pureza. A pesar de esto, sus figuras se vuelven paulatinamente ambiguas. Los pequeños huérfanos comienzan a adquirir una imagen sospechosa y las cavilaciones de la institutriz descubren en sus rasgos el horror y la vulgaridad. A partir de allí, los esfuerzos de la narradora se orientan a ejercer un control disciplinario ineludible sobre ellos. Lleva adelante su gesta heroica para desterrar los poderes de la imaginación. Sabe, desde el inicio, que el futuro solo puede depararles malestar. Se pregunta insistentemente "en qué forma el brutal porvenir (todo porvenir es brutal) los trataría y quizá los maltrataría" (James, 1960: 33). Solo en algún destello de lucidez, hacia el desenlace, se permite concebir la posible inocencia de los niños. Pero en ese caso, si Miles no miente y Flora no ve fantasmas, entonces ¿qué es ella?[3]

Al igual que la caracterización de los niños, la de los fantasmas también se halla mediada por la voz de la narradora. Así, se refuerza la inclinación gótica a suprimir el discurso de las figuras de la otredad. Los espectros solo constituyen las figuras amenazadoras que acechan la tranquilidad doméstica. En *Otra vuelta de tuerca*, cada una de sus apariciones implica un acercamiento progresivo al hogar. El interior de la mansión pierde su seguridad y se convierte en un espacio en disputa. La descripción de Peter Quint, el emblema de la intrusión, acentúa la extrañeza de sus "cabellos rojos, muy rojos, y muy crespos, y una cara pálida, de óvalo alargado, con facciones regulares, y cortas patillas bastante extrañas, también rojas como el pelo" (*Ibid.*: 1960). Quint es despreciado y temido por su inscripción social, por su ignorancia del protocolo (no usa sombrero), por su desconocimiento de la estructura social. A su vez, funciona como la encarnación del deseo. El interrogante acerca de su existencia, la imposibilidad de determinar si solo procede de la imaginación de la protagonista, conduce a una nueva pregunta de la institutriz: en caso de no existir, y ser solo su alucinación, ¿quién sería el criminal? E incluso en caso de existir, ¿quién invade a quién? ¿Quiénes son los intrusos? ¿Los antiguos moradores espectrales o la nueva habitante? Esta sospecha de la institutriz acerca de sí misma, de su propio carácter intrusivo, siembra el germen de futuras historias de fantasmas centradas en una definición incierta de lo espectral.

Entre las múltiples transposiciones de *Otra vuelta de tuerca*[4], se destaca *Posesión satánica* (*The Innocents*, 1961), realizada por Jack Clayton a partir de un guión de Truman Capote. El film conserva el apego al punto de vista de la institutriz. En el prólogo, un monólogo interior en *voice over* introduce una analepsis que estructura el relato. De esta manera, se refuerza el carácter subjetivo de la narración. El film se propone como una exploración de la infancia. En este sentido, su título parece

---
[3] Una respuesta a esta pregunta se puede encontrar en "La muerte de la infancia en Henry James" de María Negroni (1999). En este ensayo, la autora propone leer *Otra vuelta de tuerca* como una reflexión sobre la salida de la infancia. En su interpretación, la *nouvelle* subraya el carácter criminal que detenta la cultura en el tránsito que señala el final de la niñez.
[4] Otras transposiciones destacadas: *Otra vuelta de tuerca* (Eloy de la Iglesia, 1985), *The Turn of the Screw* (Rusty Lemorande, 1992), *The Turn of the Screw* (Nick Millard, 2003) e *In a Dark Place* (Donato Rotunno, 2006).

reducir la vacilación del original. La definición de Miles y Flora como inocentes anula la ambigüedad de su conducta. Sin embargo, el título posee un sentido irónico, dado que es la institutriz quien, segura de las faltas morales de los pequeños, los llama "inocentes"[5]. La indagación del carácter perturbador de la infancia se condensa en un *leitmotiv*, presente en los créditos como música extradiegética y retomado en el canto obsesivo de Flora. Su voz melodiosa y angelical adquiere, en la escucha de la institutriz, el tono del horror cuando descubre que la melodía pertenece a una caja de música regalada por su antecesora. En la misma melodía que representaba la pureza e ingenuidad de los niños, la institutriz cree encontrar luego el germen de la corrupción. Una estrategia equivalente se pone en funcionamiento en la construcción del espacio privilegiado de la infancia: el cuarto de juegos. Primero se postula como el lugar sagrado de los juegos de los niños, el refugio de la inocencia. Pero luego de descubrir la procedencia de algunos juguetes, la narradora comienza a temer que en ese cuarto ocurra la aparición de los "horrores".

Una de las principales alteraciones en relación con la *nouvelle* de James reside en la mayor individualización de la protagonista. A diferencia de lo que ocurre en *Otra vuelta de tuerca*, en este caso la protagonista tiene nombre. Miss Giddens ya no es definida exclusivamente por la tarea que desempeña, sino que se le asigna una mayor individualidad. Se hace un manifiesto hincapié en las condiciones sociales en las que se crio y se establece como marco central que su padre era un severo párroco rural. Dado que se conserva la ambientación victoriana, Miss Giddens se configura como una encarnación de la represión puritana y de los terrores a la contaminación. Frente a la represión de las clases medias, los dos personajes que la desestabilizan y ponen en funcionamiento el deseo pertenecen a los extremos de la pirámide social. El tío de los niños introduce la seducción de las clases altas, heredada por sus sobrinos, en tanto Peter Quint incluye la atracción de las clases bajas. Miss Giddens queda posicionada entre las dos tensiones que la rodean.

En ese marco, su lucha contra la corrupción se concentra en las palabras. El valor de estas se presenta desde la aparición de la carta que informa que Miles fue expulsado del colegio. La falta de precisiones sobre las causas de la medida produce una proliferación de sospechas que indican que la ausencia de certezas es un peligro a conjurar. El terror a las palabras se retoma al mostrar que Flora grita improperios ante la conducta enloquecida de la institutriz. Para esta, los insultos son la confirmación de la corrupción de la niña. En esos gritos se evidencia la contaminación operada por su antecesora. También en Miles las palabras son indicativas de la corrupción. El niño acepta que fue expulsado por decir algunas palabras inapropiadas a sus compañeros. Finalmente, la salvación para Miles depende, en la lógica policial

---

[5] El título en su estreno argentino, *Posesión satánica*, también disminuye la ambigüedad.

de la Srta. Giddens, de decir el nombre de Peter Quint. La institutriz espera que la palabra, dicha a modo de confesión, expíe las faltas y desvanezca a los fantasmas[6].

En el caserón tenebroso, repleto de las sombras proyectadas por las velas que portan sus habitantes, se escenifica la lucha de la institutriz contra el presunto fantasma de Peter Quint. Su espectro amenaza primero desde una fotografía encontrada en el ático. Luego, a través de la ventana, con una mirada amenazante. Cada nueva aparición implica una mayor proximidad. Sin embargo, se limita a mirar. Desde su posición espectral introduce lo inconcluso en la guarida victoriana. Su presencia incomprensible supone el retorno de un pasado no clausurado, al mismo tiempo que abre el deseo y señala las grietas de un orden social que requiere la desaparición de las fisuras.

La problematización del vínculo mirada-saber, configuradora de *Otra vuelta de tuerca*, constituye el núcleo de gran parte de los textos fílmicos y literarios sobre fantasmas. En el inicio del siglo XXI, *Los otros* (*The Others*, Alejandro Amenábar, 2001) ensayó un nuevo abordaje de esa relación. Al mismo tiempo, si en la matriz de las historias sobre fantasmas también se hace presente una reflexión sobre el tiempo, los lazos conflictivos del pasado y el presente y la persistencia de los pasados no reconciliados, en *La leyenda del jinete sin cabeza* (*Sleepy Hollow*, Tim Burton, 1999) se recupera esta tradición y se proponen nuevas aproximaciones a las concepciones del tiempo y la historia.

---

[6] La corrupción discursiva de los niños se metaforiza en la imagen siniestra de un insecto que sale de la boca de la estatua de un querubín instalada en el jardín de Bly.

Tiempos insurrectos (*Los otros*)

Hibridación genérica

El cuestionamiento del esencialismo que caracteriza a la narrativa gótica se materializa en su tendencia creciente a la hibridez genérica. En correspondencia con ciertas manifestaciones actuales del arte y la literatura, el goticismo contemporáneo se produce en la intersección de géneros, estilos y tradiciones narrativas de una notoria heterogeneidad. *Los otros*[1] constituye un caso representativo de esta yuxtaposición. Entre sus múltiples fuentes pueden mencionarse la recurrencia de rasgos del melodrama familiar, las historias centradas en institutrices, el terror y el *thriller*.

En primer lugar, debe destacarse la relevancia adquirida por lo melodramático[2] en la tradición de la narrativa gótica. Desde *El castillo de Otranto*, esta literatura centró sus historias en el funcionamiento de la institución familiar y los problemas derivados de este. Traiciones, asesinatos, secuestros, secretos y enemistades conforman un

---

[1] Su director, Alejandro Amenábar (1972-), es uno de los realizadores más destacados del campo cinematográfico español contemporáneo. Nacido en Chile, pero criado en España, sus primeros cortometrajes fueron *Himenóptero* (1992) y *Luna* (1995). La consagración obtenida con su primer largometraje, *Tesis* (1996), le aseguró un lugar de privilegio en el marco renovador del cine español de los años noventa. La exploración del cine de terror y la notoria reflexividad del film anticipan algunas de las preocupaciones que desarrolló posteriormente en *Los otros*. Algunos de sus siguientes films fueron: *Abre los ojos* (1997), *Mar adentro* (2004), una aproximación a la muerte y sus representaciones, y *Ágora* (2009), basado en la vida de Hipatia de Alejandría.

[2] Pablo Pérez Rubio en *El cine melodramático* propone distinguir entre el melodrama como género y lo melodramático. En esta distribución, Pérez Rubio recupera la definición de lo melodramático, aportada por José Javier Marzal, como "un sistema determinado de procedimientos textuales en el que podemos identificar una serie de estructuras de reconocimiento: iconográficas, actanciales, espaciales, narrativas y musicales" (*apud* Pérez Rubio, 2004: 30). La idea de lo melodramático permite analizar el funcionamiento de esta premisa en films que participan de otros géneros cinematográficos.

marco en el que la narrativa gótica coincide con lo melodramático[3]. Las variantes góticas de la literatura y el cine exploraron el lado oscuro de la familia, aquel en el que proliferan lo oculto, las ambiciones ilimitadas y los amores tortuosos. Las luchas por la posesión, la competencia por la herencia, los pasados negados, los dramas de reconocimiento y las identidades falseadas articularon su base más férrea. En *Los otros*, los rasgos melodramáticos se vislumbran en dos líneas narrativas: la soledad de la protagonista, Grace, luego de la desaparición de su marido en el contexto de la Segunda Guerra Mundial y la relación conflictiva con sus dos hijos. La confluencia de estas dos subtramas depende de un eje temático que les resulta común: el carácter (potencialmente) criminal del amor. Si bien la historia romántica permanece soterrada debajo de la historia de fantasmas, esto no implica que no ejerza su poder desde la periferia.

Si en *Los otros* el quiebre trágico de una familia se narra en el encuadre del melodrama familiar, otros films góticos indagan diversas formas de unión de lo gótico y lo melodramático: los triángulos amorosos y la problematización del deseo en la Inglaterra victoriana en *Dracula: Pages from a Virgin's Diary*; el desmembramiento familiar como telón de fondo de las angustias infantiles en el traspaso a la adolescencia en *Criatura de la noche*; la soledad y la imposibilidad del amor en *El joven manos de tijera*; el deseo suspendido y la represión puritana en *El secreto de Mary Reilly*. En todos los casos, los films se componen como territorios donde explorar la productividad del cruce de lo gótico y lo melodramático y para proponer un acercamiento complejo a las dimensiones oscuras de la institución familiar.

En segundo lugar, *Los otros* recupera la tradición de la narrativa sobre institutrices, desarrollada principalmente en la literatura del siglo XIX. El goticismo decimonónico fue prolífico en la presentación de personajes de niñeras como foco del relato. En 1847 Charlotte Brontë[4] publicó su célebre *Jane Eyre*. Allí se establecen algunos tópicos recurrentes: la orfandad del personaje, el encierro disciplinario durante la infancia, la preeminencia de los claustros, la figura cálida y a la vez sospechosa del ama de llaves, el incendio nocturno, el derrumbe de la mansión, el misterio escondido en el ático, el personaje siniestro y temible. En *Jane Eyre*, Bertha Mason, la loca procedente de las Antillas (ese refugio de la otredad para el siglo XIX europeo) resulta asimilada a un monstruo humano y animalizada en las descripciones: "La

---

[3] En "Teoría del melodrama", Román Gubern (1986) precisa que la novela gótica funcionó como uno de los antecedentes más significativos del melodrama cinematográfico, tanto por su interés en los paisajes y lugares exóticos como por sus atmósferas inquietantes. A su vez, sus principales aportes en este aspecto se concentraron en dos dimensiones privilegiadas: el gusto por lo maravilloso, lo insólito y lo efectista y la inclusión de un nuevo modelo del héroe, o antihéroe, romántico.

[4] La importancia de Charlotte y Emily Brontë en la expansión del goticismo romántico decimonónico no puede desestimarse. Tanto la publicación de *Cumbres borrascosas* (*Wuthering Heights*, 1847) como la de *Jane Eyre* constituyeron dos hitos de la literatura inglesa y supusieron una nueva posibilidad de desarrollar una narrativa gótica heterodoxa, hibridada con el Romanticismo del siglo XIX.

hiena vestida se puso en pie mostrándose en toda su elevada estatura" (Brontë, 2007: 299)[5]. La contraposición con este personaje acentúa la inocencia y el valor de Jane.

La tradición de las institutrices continuó con la publicación de "El cuento de la vieja niñera" ("The Old Nurse's Story"), de Elizabeth Gaskell[6], en la edición navideña de *Household Words* de 1852. En este cuento, Gaskell presenta la narración en primera persona de una niñera a cargo del cuidado de una pequeña huérfana. Junto con la conservación de los tópicos más consuetudinarios (como el aislamiento de la propiedad, la clausura de algunas alas de la mansión, los sonidos inexplicables, la circulación de información entre los antiguos empleados domésticos, la vinculación de las apariciones de los fantasmas con el frío), se afianza el tópico del fantasma como representación del retorno violento de un pasado que busca alguna forma de reparación. En este caso, los espectros irrumpen en el marco familiar para cerrar un ciclo de situaciones no resueltas.

En 1871 la tradición sumó un nuevo eslabón con la publicación de "El fantasma de la señora Crowl" ("Madam Crowl's Ghost"), de Joseph Sheridan Le Fanu. En este nuevo relato en primera persona, una gobernanta narra en su vejez un evento ocurrido en su adolescencia durante su primer empleo. El cuento subraya tanto el acrecentamiento del terror generado por la edad prematura de la protagonista como la importancia de la diferencia de clases en el conflicto narrado. Al respecto, debe señalarse que la confluencia crítica de la edad y la clase se convirtió en una constante en estos textos.

Al ciclo puede incorporarse la publicación de *Otra vuelta de tuerca* de Henry James en 1898. En esta sucesión, algunos rasgos le dieron forma a esta narrativa del encierro y la represión, la feminidad y la locura: las llaves posicionadas como elemento narrativo, los espacios que ocultan secretos, la ambigüedad de las figuras de los empleados domésticos, las mansiones aisladas, los conflictos de clase, la infancia como terreno de lo sobrenatural. En este marco, *Los otros* se inscribe en esta narrativa de manera compleja, dado que conserva y reformula estos tópicos, a la vez que suprime la figura central de la institutriz. En este caso, se produce un incremento del *pathos* al posicionar a una madre en ese rol.

Finalmente, en *Los otros* se recuperan y subvierten convenciones de los géneros del *thriller* y el terror. En particular, estas operaciones se efectúan a partir de la concepción de la construcción del suspenso presente en algunos films dirigidos por Alfred Hitchcock. La ubicación de la intriga en el centro de un relato que se cruza con el terror remite a ciertos films como *Rebeca, una mujer inolvidable* (*Rebecca*,

---

[5] En 1966 Jean Rhys publicó la ya mencionada *Ancho mar de los sargazos* (*Wide Sargasso Sea*), una reescritura política de *Jane Eyre* desde el punto de vista de Bertha, en esta novela llamada Antoinette Cosway.
[6] Gaskell fue amiga y biógrafa de Charlotte Brontë y también perteneció al círculo íntimo de Charles Dickens, en cuyas revistas, *All the Year Round* y *Household Words*, publicó gran parte de sus cuentos.

1940), *La sospecha* (*Suspicion*, 1941), *Pacto siniestro* (*Strangers on a Train*, 1951), *La llamada fatal* (*Dial M for Murder*, 1954), *Psicosis* (*Psycho*, 1960) y *Los pájaros* (*The Birds*, 1963), entre otros. La preeminencia narrativa de la mansión (*Rebeca*), la generación de intriga a través de las estrategias de focalización (*La ventana indiscreta* [*Rear Window*, 1954]), la intriga climática y psicológica (*Vértigo* [*Vertigo*, 1958]), determinados encuadres (las recordadas escaleras que conducen a la casa de Norman Bates en *Psicosis*), la exploración de la temática de la culpa y el castigo (*Mi secreto me condena* [*I Confess*, 1953]), la economía narrativa que obtiene los mayores efectos con los menores recursos (*Tuyo es mi corazón* [*Notorious*, 1946]), la indagación del fuera de campo (*Para atrapar al ladrón* [*To Catch a Thief*, 1955]) y la dosificación de la información (*El hombre que sabía demasiado* [*The Man Who Knew Too Much*, 1956]) pueden ser considerados elementos que remiten a la apropiación del *thriller* presente en ciertos films dirigidos por Hitchcock. En estos, al igual que en la narrativa sobre institutrices y en los melodramas que se hibridan con el goticismo, la mansión familiar conforma un espacio del horror. En esta cercanía se encuentra el denominador común que asegura la cohesión de estas referencias heterogéneas.

Tiempo y arquitectura: la casa embrujada

En su ensayo "Architecture and Speculation", Fredric Jameson señala que las historias de fantasmas constituyen el género arquitectónico por excelencia (1998: 45). La asignación de una notoria preeminencia narrativa al tópico de la casa embrujada es una de las causas que explican esta definición arquitectónica del cine y la literatura de fantasmas. En *Los otros* se produce una reformulación significativa de este tópico. Por una parte, el film conserva algunos de sus rasgos más recurrentes: su reconocimiento inmediato, propiciado por un encuadre aberrante o un movimiento de cámara ralentizado que, por convención, señala el carácter siniestro de la propiedad; la imposibilidad de proponer su cartografía debido tanto a la ausencia de planos generales que permitan reconstruir el diseño global como a la fragmentación del montaje de las escenas que muestran los desplazamientos de los personajes; su alejamiento del centro urbano más próximo, en este caso radicalizado por tratarse de una mansión victoriana ubicada en las Islas de Jersey en el Canal de la Mancha[7]; la duplicación de su aislamiento por estar rodeada de cercas y niebla; el combate entre

---

[7] La adecuación de las islas del Canal como escenario de la acción deriva de dos rasgos. Por una parte, constituyeron el único territorio británico invadido por los nazis durante la Segunda Guerra Mundial. Esto justifica que Grace haya debido luchar, en su domesticidad, contra la presencia del ejército alemán. Por otra parte, las islas tienen una numerosa feligresía católica. Esto resulta clave para conformar el clima de fundamentalismo religioso de la familia.

los vivos y los espectros por la posesión de la propiedad. Por otra parte, en el film se radicalizan algunos aspectos, como la posibilidad de emplear la casa para referirse a la relación entre pasado y presente, la confluencia de la arquitectura con la subjetividad de un personaje y el posicionamiento de la mansión como el territorio donde se problematiza la irrupción de lo siniestro en el dominio de lo familiar.

En el marco de la narrativa fantástica sobre fantasmas, la casa se concibe como el dominio donde se superponen de manera conflictiva el pasado y el presente. En este sentido, como precisa Barry Curtis en su estudio sobre la representación del tópico de la casa embrujada, "All explorations of the haunted house involve a kind of archaeology" (2008: 33)[8]. Sobre la casa se depositan sedimentos generacionales, resabios de experiencias, reclamos que promueven disyunciones temporales. En *Los otros*, el primer conflicto temporal vinculado con la propiedad deriva de la ubicación de la historia en 1945. La fecha, indicada en un cartel en el inicio del film, supone un contraste entre la imponencia de la mansión victoriana y la caída del Imperio británico, del cual se erige como sinécdoque. Si la mitad del siglo XX implicó el desmantelamiento de gran parte del poderío del imperio, la incipiente decadencia de la propiedad señala esta yuxtaposición entre el esplendor y su quiebre, la conservación del poder y las grietas que anticipan su derrumbe. A su vez, la austeridad de la mansión y el rechazo de su propietaria a disponer de ciertos medios de comunicación y avances tecnológicos (luz eléctrica, teléfono, radio) suponen una regresión al imaginario del siglo XIX. De este modo, se complejiza la construcción temporal, dado que en una historia ubicada a mediados del siglo XX se apela al imaginario decimonónico en el que se expandió la narrativa gótica en la que el film se enraíza.

Las casas embrujadas son el testimonio, voluntario o involuntario, de las generaciones previas. Así, conforman una memoria materializada, devenida arquitectura. Barry Curtis recurre a la metáfora del palimpsesto para definir estos espacios. En ellos se superponen múltiples capas históricas en un entramado que las une y separa. En su interior, los fantasmas son los viajantes en el tiempo que desafían las coordenadas cronológicas. En ese universo de confusión espacio-temporal, la casa embrujada testifica la necesidad de resolver, o reparar, una injusticia, un crimen, un olvido, un duelo. De esta manera, implica siempre una experiencia temporal; más precisamente, una indagación de las experiencias temporales disruptivas. Las experiencias que tienen lugar allí desafían la estabilidad del pasado y su vinculación con el presente. De acuerdo con Curtis, "What characterizes the horrific in haunted house films is the encounter with a history that is an aggressive opponent of amnesia and has antagonistic claims on the present" (2008: 192)[9].

---

[8] "Todas las exploraciones de la casa embrujada incluyen cierta clase de arqueología" (mi traducción).
[9] "Lo que caracteriza al horror en los films sobre casas embrujadas es el encuentro con una historia que es un oponente agresivo de la amnesia y tiene demandas antagónicas sobre el presente" (mi traducción).

Esta disrupción temporal entre pasado y presente encuentra objetos materiales que funcionan como puentes. En *Los otros*, esos objetos apuntan a una nueva dimensión de reflexión sobre el tiempo y la imagen, debido a que se trata de fotografías. En una habitación abandonada, la protagonista encuentra un libro de fotografías que retratan a muertos. Esta costumbre, extendida en la segunda mitad del siglo XIX, se opone de manera radical a la idea de la fotografía como algo que sustrae (el espíritu). En este caso, se trata de la fotografía como algo que preserva[10] (la memoria). En las fotos de los muertos se tiende un puente entre los tiempos y se propicia una primera forma de establecer el cruce de dimensiones temporales heterogéneas[11] (Imagen 5).

En segundo lugar, en *Los otros* se reformula el tópico que vincula encierro y feminidad. En *Contemporary Gothic*, Catherine Spooner periodiza las formalizaciones de esta relación a lo largo de la historia de la literatura gótica. Así, señala sus diferentes figuras: "the labyrinthine underground vaults and torture chambers of eighteen-century Gothic texts; the secrets passages and attics riddling the ancestral mansions of the nineteenth century; the chambers of the human heart and brain in twentieth-century writing" (2006: 18)[12]. En concordancia con esta periodización, *Los otros* instituye a la mansión como una sinécdoque privilegiada de la subjetividad del personaje. La morada deviene la cartografía de su inestabilidad. Si la distribución de los muros evidencia el laberinto de su locura, la obsesión por las llaves y el encierro manifiesta la omnipresencia de la represión, lo oculto y lo negado. Al mismo tiempo, la claustrofobia del ambiente se acentúa dado que la casa constituye el único escenario de la acción. El encierro en sus límites, la imposibilidad de evadir sus fronteras, subraya la asfixia de una mansión-prisión que duplica en los muros el encierro en la locura.

En un estudio sobre los cuentos basados en la figura de la mujer (loca) encerrada, Miguel Berga puntualiza que en ellos la patología femenina aparece "como manifestación en la mente femenina de un monstruo nacido de una forma u otra de opresión ambiental" (2001: 10). La reclusión espacial resulta recurrente en la narrativa gótica centrada en personajes femeninos. En este sentido, la agorafobia de estos no hace más que subrayar el confinamiento social acumulado durante siglos de dominio patriarcal. Según Berga, la enajenación mental surge como una estrategia para evadir

---

[10] Resulta inevitable retomar la teoría planteada por André Bazin en "Ontología de la imagen fotográfica". Allí, el crítico francés piensa al embalsamamiento como un antecedente de las artes plásticas y propone, a partir de ahí, una relación fundante entre las diferentes manifestaciones artísticas y la conservación de la memoria de los muertos (2000).

[11] En *La cámara lúcida*, Roland Barthes señala que en toda fotografía se produce un "retorno de lo muerto". Dado que para Barthes el noema de la fotografía es "Esto ha sido", las fotos de los muertos no hacen más que radicalizar esta certeza.

[12] "las criptas laberínticas subterráneas y las cámaras de tortura de los textos góticos del siglo dieciocho; los pasajes secretos y los áticos misteriosos de las mansiones del siglo diecinueve; las cámaras del corazón humano y el cerebro en la escritura del siglo veinte" (mi traducción).

el encierro. Por eso, "atrapadas en la arquitectura patriarcal que ha delimitado el espacio reservado a la condición femenina, su réplica histérica consiste en ofrecer una arquitectura mental caótica, resquebrajada, ante la cual el varón… se desvanece literalmente, incapaz de reconocer al monstruo que él mismo ha creado" (*Ibid.*: 11-12).

La paradoja de la narrativa gótica postula que para escapar de la represión (literal o simbólica) las mujeres caen en la enajenación mental. "El papel de pared amarillo" de Charlotte Perkins Gilman ("The Yellow Wall-paper", 1892) podría considerarse uno de los ejemplos más notorios de esta paradoja. En *Los otros*, el retorno del fantasma de Charles, el marido de la protagonista, supone una presunta recuperación del equilibrio. Sin embargo, el fantasma huye ante la revelación del acontecimiento ominoso que tuvo lugar en la mansión. De esta manera, se evade la pregunta sobre la responsabilidad de su falta (la incertidumbre inicial acerca de su muerte) en la locura de Grace. A su vez, se posterga la importancia de la lucha de Grace para evitar la intrusión del ejército alemán durante la Segunda Guerra Mundial. Finalmente, el filicidio cometido por Grace no hace más que destacar la puesta en crisis de los ordenamientos familiares, los órdenes cronológicos y las estructuras temporales.

Por último, la valoración narrativa de la propiedad conduce al señalamiento de la irrupción de lo siniestro en el ámbito de lo familiar. La narrativa de fantasmas compone con frecuencia sus historias como yuxtaposiciones extremas de lo mismo y lo otro. En este caso, la otredad anida en el dominio de la mismidad. La propia casa se convierte en el espacio del terror, en el cobijo de los intrusos. De este modo, la otredad se agazapa en el interior de la domesticidad. En esa combinación atroz de la muerte y lo íntimo se produce, como menciona Anthony Vidler, "the architectural uncanny" (*apud* Curtis, 2008: 12). Para Vidler, este carácter arquitectónico de lo siniestro se concibe como una estructura que subsume lo familiar y la extrema ansiedad. En *Los otros* se radicaliza esta confluencia no solo porque el territorio familiar es el escenario de la violencia de la otredad, sino porque el crimen anida en el mismo núcleo familiar. El film inscribe una certeza: la mismidad (espacial, familiar) puede convertirse en la manifestación más radical de la otredad. La recuperación de estos tres aspectos (la emergencia de lo siniestro en lo familiar, la yuxtaposición de subjetividad y arquitectura, la disyunción temporal propiciada por la aparición de los fantasmas) implica una revisión de las concepciones temporales presentes en las historias de fantasmas en general y en *Los otros* en particular.

Disyunción y simultaneidad

Las historias de fantasmas implican un cuestionamiento de los parámetros temporales. Quizás impulsado por esta asunción, Jacques Derrida publicó *Espectros de*

Marx en 1993. Allí, Derrida revisa la herencia marxista a la luz de la figura del fantasma. Al mismo tiempo, establece un diálogo productivo con algunos textos dramáticos shakespearianos, en particular con *Hamlet*, para intentar develar por qué la irrupción del fantasma supone un quiebre de la lógica temporal. A su vez, la recuperación del marxismo y su preocupación por las condiciones temporales del espectro se ponen al servicio de una impugnación del nuevo orden mundial que se imponía a comienzos de la década de 1990. En gran medida, esta impugnación se construye a través de su discusión con los postulados de Francis Fukuyama, el profeta del nuevo orden. Frente al afamado fin de la historia propulsado por Fukuyama, Derrida defiende la necesidad de pensar nuevas formas de historicidad. Con ese objetivo, apela al fantasma y su peculiar noción del tiempo y la historia. En este contexto, su reflexión acerca de los espectros conlleva también una aproximación a las políticas de la memoria, la herencia y las generaciones. Por eso, involucra su abordaje de la problemática de los fantasmas en una reflexión sobre la justicia.

La primera dificultad planteada por la figura del fantasma reside en la complejidad de asignarle un nombre. En la argumentación de Derrida, el espectro no es ni alma ni cuerpo y, a la vez, una y otro. En este sentido, el fantasma constituye la cifra del "entre dos". Este entre dos remite a una serie de dimensiones interconectadas: es y no es, no está presente ni ausente, no es efectivo ni ideal. El fantasma es la no esencia. En esta imposibilidad de sustancializarlo reside su mayor poderío. Los fantasmas no son sujetos presentes ni ausentes, sino sujetos espectralizados, posicionados en esta ubicación entre-medio. Por eso, el fantasma "*Es* algo que, justamente, no se sabe, y no se sabe si precisamente *es*, si existe, si responde a algún nombre y corresponde a alguna esencia" (Derrida, 2001: 21). El espectro "señala hacia un pensamiento del acontecimiento que excede necesariamente a una lógica binaria o dialéctica, aquella que distingue u opone *efectividad* (presente, actual, empírica, viva –o no–) e *idealidad* (no presencia reguladora o absoluta)" (*Ibid.*: 97). El fantasma funciona siempre como un cuestionamiento de la certeza de su propia presencia efectiva. De hecho, la frontera que separa las dimensiones de los vivos y los fantasmas se configura como una superficie inestable y apenas visible. Y si esta delimitación suele ser lábil, en *Los otros* se radicaliza la debilidad de esta diferenciación al proponer la equívoca coparticipación de los vivos y los muertos, la transgresión de todas las delimitaciones y la indiferencia frente a todas las prohibiciones. La porosidad de la separación promueve que estas dos dimensiones se yuxtapongan hasta hacerse indiscernibles.

En su abordaje de la relación de los espectros con la temporalidad, Derrida retoma una aserción de Hamlet: "This time is out of joint". En primer lugar, la irrupción de los fantasmas supone un desarreglo del tiempo. Este queda desarticulado y descoyuntado. En segundo lugar, la aparición misma del fantasma implica reconocer que el tiempo estaba ya previamente trastocado o trastornado. Algo en el presente no funciona como debería y eso propicia la emergencia del espectro. El fantasma es causa y consecuencia del dislocamiento temporal. Y al hablar de tiempo, Derrida incluye la historia y el mundo. Son el tiempo, la historia y el mundo los que están desencajados[13]. El fantasma es su manifestación. Esta capacidad de los fantasmas para desquiciar el tiempo los posiciona en un lugar de poderío incuestionable. Su potencia sobre el mundo de los vivos resulta evidente e ineludible. Derrida sugiere al respecto que los sujetos se niegan a reconocer esta fortaleza del fantasma: no quieren "saber lo que todo ser vivo, sin aprender y sin saber, sabe, a saber: que, a veces, el muerto puede ser más poderoso que el vivo" (Ibid.: 76).

Este poder sobre los vivos es obtenido, en gran medida, por la vinculación que une a los espectros con la mirada. En la tradición narrativa sobre los fantasmas, estos son invisibles. Sin embargo, disponen del poder de mirar desde la invisibilidad. El fantasma ve mientras se lo intenta ver. Esta disimetría quiebra toda posible especularidad con el espectro. Derrida define este fenómeno como el "efecto visera": no vemos (los vivos) a quien nos mira. En esta capacidad se halla condensada la marca suprema del poder. En *Los otros* se plantea una reescritura inversa de esta relación con la mirada. Por una parte, esto se debe a que los fantasmas sí son visibles. En este caso se problematiza la visibilidad de lo invisible y la materialidad de lo incorpóreo. Se trata de fantasmas corporales que evaden las definiciones más evidentes de esta tradición narrativa. Su visibilidad para el espectador (no para los personajes vivos de la historia) los aleja de sus caracterizaciones más frecuentes y cristalizadas. Por otra parte, en este caso son los fantasmas quienes no pueden percibir a los vivos. Al respecto, se introducen dos elementos relevantes. El primero es que los fantasmas son percibidos antes por la escucha que por la visión. Los indicios que delatan su presencia son auditivos más que visuales (tanto los fantasmas para los vivos como los vivos para los fantasmas se hacen perceptibles en principio mediante los sonidos). El segundo es que la niña, Anne, es la primera en percibir a los intrusos. Esta posibilidad se relaciona con una aseveración planteada por Barry Curtis: en la narrativa sobre fantasmas los niños detentan un notorio privilegio en la percepción de la otredad.

A la vez, la relación de los espectros con la temporalidad presenta en *Los otros* dos dimensiones a analizar. Una deriva del aspecto más habitual de esta vinculación. Se trata de la caracterización del pasado como el sitio del terror, un refugio para las experiencias siniestras que demandan ser de alguna manera conjuradas. En *Los otros*, esta definición atroz del pasado se conserva (es el tiempo de la muerte, la locura y el asesinato, que lleva a Grace a decir que hay algo en esa casa que no está en paz), pero también se altera. El pasado más remoto, evidenciado en el arcaísmo que define a la propiedad, es la guarida construida por Grace ante el avance incontenible de la

---

[13] Por este motivo, el fantasma también se relaciona con la justicia. El espectro puede ser una denuncia de este orden desencajado o puede ser su causa. En ambos casos, alguien debe hacerse responsable de la recuperación del equilibrio del tiempo, la historia y el mundo. Hamlet, por supuesto, encarna esta lucha por reinstalar el orden y pacificar a los espectros.

modernidad. Si el tiempo de lo pretérito está en general marcado por lo irracional y lo anacrónico, en este caso se promueve una recuperación de ese pasado remoto que pase por alto las insignias de la modernidad. La insistencia de la protagonista en explicar a los empleados cuánto se aprecian en esa casa el silencio y la oscuridad remite a la posibilidad de vivir en un mundo alejado tanto de los gritos de las multitudes urbanas como de los avances tecnológicos.

La segunda dimensión que conecta la espectralidad con la temporalidad contiene el elemento de mayor interés de *Los otros*. En concordancia con el férreo clasicismo narrativo del film, la estructura temporal conserva una estricta linealidad y evade toda forma de alteración del relato. En este sentido, su aporte no consiste en la generación de rupturas en la configuración temporal, sino en el respeto riguroso de la linealidad. Sin embargo, esa linealidad es caracterizada como la materialización narrativa de un presente en disyunción en el que se produce una relación de no contemporaneidad del presente consigo mismo.

Todos los personajes del film se hallan ubicados en el mismo marco temporal, 1945, en la inmediatez del fin de la guerra. Así, las historias imbricadas en el relato comparten esta simultaneidad: los empleados muertos por la tuberculosis en 1891, Grace y sus hijos muertos pocos días atrás, el esposo de Grace muerto en la guerra en un pasado indeterminado, los nuevos propietarios de la mansión, todos coexisten en el presente del relato. Todos participan del mundo, la historia y el tiempo desquiciados de la segunda posguerra. Todos los tiempos son simultáneos, pero están descentrados.

En este sentido, el film explora los modos posibles de interrogar la no contemporaneidad del presente consigo mismo. Grace y los empleados comparten la simultaneidad de la acción, a pesar de haber muerto con más de cincuenta años de diferencia. De este modo, es la presencia del presente la que entra en un estado de disyunción. Si el presente suele oponerse a la ausencia, la no presencia, la inefectividad, la inactualidad, la virtualidad y el simulacro (*passim* Derrida, 2001), los espectros de *Los otros* ponen en crisis esta diferencia. Por el contrario, su presente se encuentra habitado por todas las discrepancias y desajustes, por todas las disyunciones y no contemporaneidades. Esta capacidad de desidentificar al presente abre la posibilidad de la emergencia de la alteridad. Así, en *Los otros* se interroga la unión de la otredad con la temporalidad y se posiciona a la presencia/ausencia de los fantasmas como el territorio donde se indaga la vinculación del presente y sus otros.

Punto de vista e insurrección

Si la emergencia de la otredad promueve una disyunción temporal, en *Los otros* esta confluye con un quiebre en la construcción tradicional del punto de vista en las historias de fantasmas. Esta ruptura se lleva a cabo mediante una serie de recursos, como la introducción de relatos orales, la interrogación del rol de la razón en el modo fantástico, el cuestionamiento de la visibilidad, la búsqueda de estrategias de focalización y la crítica de las estructuras duales.

En principio, la problemática del punto de vista es abordada a través de la inclusión inicial de un relato oral. En el inicio del film, sobre un fondo negro, la *voice over* de Grace se dirige a sus hijos: "Niños, ¿están cómodos? Voy a empezar. Esta historia empezó hace miles de años. Pero se acabó en solo siete días. Hace mucho, mucho tiempo, ninguna de las cosas que podemos ver ahora, ni el Sol, la Luna, las estrellas, la Tierra, los animales ni las plantas existían. Solo existía Dios. Y solo Dios podía crearlos. Y así lo hizo". El relato inaugural del Génesis adquiere una notoria relevancia tanto por la prioridad que la religión detenta en la organización familiar como por la oposición que se establece entre las características del relato religioso y *Los otros* como relato fílmico. En tanto el relato introducido por la voz se presenta como totalizante y tiene una intención omniabarcante, el film que lo subsume se plantea como una narración incompleta y lacunar. De este modo, se confronta la gestación de dos mundos: la narración de la conformación del universo propuesta por el dogma católico y la articulación del universo diegético del film.

Una de estas narraciones es de carácter semi-oral. Grace transmite a sus hijos la lectura compartida de la Biblia. En este sentido, se ponen en juego dos modalidades de lectura antitéticas. Por un lado, la lectura intensiva característica de las sociedades religiosas, en las cuales solo se leía un único libro, la Biblia, con exhaustividad y erudición. Esta modalidad de lectura se vincula con una serie de elementos que apuntan, en *Los otros*, a reforzar el carácter arcaico del universo diegético. Por otro lado, se encuentra la lectura extensiva de las sociedades secularizadas. Grace castiga a su hija por realizar otras lecturas y se define como contraria al ejercicio, y a los productos, de la imaginación. Debe destacarse que, en *Los otros*, la tensión entre estas modalidades de lectura se formaliza como un conflicto generacional.

En relación con esta problemática, la Biblia constituye un componente central de *Los otros* debido a la introducción de una notoria variabilidad de lecturas. Así, Grace propone la potencia de la lectura dogmática. Cada una de sus palabras está sostenida por la validez e irrefutabilidad de la palabra divina. La certeza de sus aseveraciones depende de la confianza en el respaldo que supone la aceptación del verbo bíblico. Frente a este respeto, los niños comienzan a desafiar paulatinamente esos aprendizajes[14]. Anne recurre a la lectura de la Biblia para desmontar las enseñanzas impartidas por su madre. Si esta los amenaza con el limbo como castigo para los niños que no cumplen los preceptos, Anne señala que según la Biblia solo los niños no bautizados tienen ese destino. De esta manera, se apropia de las mismas herramientas para refutar el poder del dogma religioso sostenido por Grace.

En el desenlace se resuelve la contraposición entre el relato omniabarcante de la Biblia y el relato lacunar de la ficción fílmica al sostener la irrupción de preguntas sin respuestas. Un anticipo de esta apreciación de lo irresuelto se percibe en el personaje de Lydia, la más joven de las empleadas domésticas. Su mudez no hace más que incorporar el vacío abierto por la incertidumbre, por la ausencia de palabras. El silencio se concibe como la forma privilegiada de expresar los interrogantes que no encuentran ni una formulación clara ni una respuesta apropiada. Lydia queda muda, a fines del siglo XIX, al percibir que los criterios en los que había basado su vida no permitían responder los interrogantes planteados por sus nuevas experiencias. Ante la radicalidad de la experiencia de la muerte, los relatos que antes se proponían explicar todo pasan a estar tan mudos como sus sostenes humanos. En el desenlace, incluso Grace debe reconocer, ante las esquirlas de sus certezas, que no todos los fenómenos encuentran una explicación.

En este sentido, en *Los otros* se ponen en escena las batallas entre la razón y sus múltiples otros. Tanto la emergencia de la literatura gótica en el siglo XVIII como el afianzamiento del modo fantástico en el siglo XIX supusieron el inicio de un combate complejo contra el imperio obtenido por la razón desde el comienzo de la modernidad. Sin embargo, si la narrativa de fantasmas suele concebirse como un desafío a la definición de la razón como garante del sentido, *Los otros* retoma la ambigüedad definitoria de la narrativa gótica en su aproximación a esta temática. Así, la apelación a la oscuridad[15], el encierro y las creencias no se sostiene en una mirada

---

[14] El desafío se formaliza a partir del estudio de la historia de Justo y Pastor. Justo y Pastor, los "Santos niños", fueron mártires de 7 y 9 años que se negaron a abjurar del cristianismo, durante la persecución de Diocleciano en Alcalá de Henares en 304, y fueron oportunamente ejecutados. En *Los otros*, la inclusión de esta historia se pone al servicio de anticipar el carácter filicida del fundamentalismo religioso. Frente a este relato, los hijos de Grace sostienen que no les parece sensato arriesgar la vida para defender el dogma. A lo largo del film, se conserva esta tendencia a incluir episodios bíblicos que se relacionan estrechamente con la historia narrada. Cuando Anne es castigada, lee acerca del "árbol de conocimiento". Así, se introduce la distinción entre el dogma y otras formas del saber. Finalmente, estudia con atención la historia de Abraham e Isaac, en la que se problematiza la batalla entre la creencia religiosa y el amor familiar.

[15] La oscuridad ocupa un lugar destacado tanto en la narración como en la puesta en escena. La violenta batalla contra la razón desarrollada por la protagonista como emblema del dogma religioso se materializa a través de la iluminación. En el plano narrativo, la presunta fotofobia de los niños obliga a los personajes a permanecer en penumbras. Así, el uso de la oscuridad sirve a fines narrativos y a fines climáticos y simbólicos. La lucha entre la luz y la sombra, el blanco y el negro, condensa el recorrido de las tinieblas a la claridad que acompaña el abandono de la fe religiosa. En el desenlace, la aparición de la luz ya no es dañina para los hijos de Grace.

idealizada del arcaísmo religioso sino, por el contrario, en una necesidad de ubicar al mal en el recinto de la fe (de modo tal que se repite el gesto inaugurado por Lewis en *El monje*). Frente a esta concepción, la razón aparece como un instrumento cuestionador y no como una instancia cuestionada.

En *Los otros* se recupera la posibilidad de pensar en una razón que no se establezca como un discurso totalizador, sino como un (auto) cuestionamiento permanente. Por eso, la ausencia de respuestas evita el cierre del círculo de certidumbres. De esta manera, en el film se aboga por la emergencia de una razón no reificada. Esta apertura potencialmente infinita se opone a la cerrazón asociada al dogma religioso. De este modo, se evade el riesgo de huir de un discurso totalizador para recurrir a otro que sea igualmente omniabarcante. Frente a esta posibilidad, el film postula la capacidad de la razón para fomentar la revuelta, el cuestionamiento continuo de los poderes y las certezas[16].

La discusión en torno a las potencias de la razón se vincula con un abordaje de la problemática de la visibilidad. Si, como propone Rosmary Jackson (1986), la modernidad valoró a la visión como una equivalencia del conocimiento, el fantástico decimonónico amenazó su predominio a través de la generación de una serie de entes y/o fenómenos sobrenaturales que desafiaban la omnipotencia de lo visible. Estos entes y/o fenómenos cuestionaban la creencia porque escapaban del campo de lo visible. Así, como ya se menciónó, el fantástico desarticuló el célebre "ver para creer" que acompañó el desarrollo de la ciencia y la razón en la modernidad. En el inicio de *Los otros* el contraste generacional se materializa en términos perceptivos. Grace no puede creer en la existencia de un fenómeno que escapa a su visión, en tanto Anne sí puede ver esas otras dimensiones. De esta manera se problematiza la relación de la alteridad y lo visible.

La relación conflictiva de la razón con lo visible se complejiza mediante la construcción de una particular estrategia de focalización. Si la construcción del punto de vista resulta central en toda historia de fantasmas, en este caso su importancia se extrema, dado que se atribuye a los espectros el rol de foco narrativo. En este sentido, la asignación del punto de vista a los fantasmas detenta algunos antecedentes literarios significativos. En 1892, Arthur Conan Doyle[17] publicó "Cómo ocurrió" ("How It Happened"). Allí, asigna la voz narradora a un fantasma que cuenta su propia

---

[16] Este rechazo a la imposición de sistemas cerrados de explicación se relaciona con la valoración de la superstición. En tanto Grace considera como supersticiones las creencias ajenas, concibe las propias como revelaciones. De esta manera, se muestra la dificultad para acercarse a las creencias ajenas a partir de esquemas de conocimiento exteriores.

[17] La fascinación de Conan Doyle por los fantasmas excedió el interés estrictamente literario. Según consigna Eduardo Berti, el escritor escocés creía fervientemente en la existencia de los espectros. A lo largo de su vida creyó tanto en las célebres fotografías de fantasmas de William Hope (denunciadas como apócrifas poco tiempo después) como en el caso de las hadas de Cottingley. Entre 1917 y 1921, las niñas Elsie Wright y Frances Griffith "conmovieron al mundo cuando mostraron varias fotografías que

muerte. En el inicio, el personaje narrador señala que "La médium estaba escribiendo. Esto es lo que ella escribió: Recuerdo muy claramente algunas cosas relativas a aquella noche…" (Conan Doyle, 2009: 429). Solo en el desenlace se esclarece que la médium es la encargada de explicar las condiciones en las que murió el personaje narrador. También Muriel Spark[18] escribió un cuento narrado por un fantasma. En "Portobello Road", publicado en 1958, la historia se cuenta desde el punto de vista de la víctima de un asesinato. El cuento describe los encuentros reiterados del espectro con el perpetrador de su crimen en el marco del transitado mercado de Londres.

En *Los otros*, la focalización sobre el personaje de Grace asegura la equiparación de su saber con el del espectador. Así, la estrategia focalizadora se encarga de hacer compartir la visión y el saber de los muertos y la relación conflictiva que establecen con los vivos. Por una parte, este posicionamiento en el lugar enunciativo de la otredad recupera la fascinación de la narrativa gótica por los monstruos; por otra, subvierte la tendencia a concebir a los representantes de la otredad como figuras temidas. En este caso, los fantasmas son acosados por las presencias disruptivas de los vivos[19]. Esta modificación en la distribución de los roles deriva de las alteraciones operadas en el interior del cine gótico contemporáneo en relación con su propia tradición. De este modo, el film introduce una reflexión acerca de la relatividad de la definición de la otredad. La duda acerca de quiénes son los intrusos implica aceptar la variabilidad originaria de la idea de otredad. Por lo tanto, en *Los otros* se postula que el reconocimiento de la otredad depende de la posición desde la que es percibida. El título del film refuerza la relatividad de la categoría de lo otro. Así, durante su desarrollo, la idea de otredad define a los presuntos intrusos en la propiedad de la familia. Sin embargo, el desenlace parece sugerir que tal vez ellos eran los invasores en la casa de los nuevos propietarios. Finalmente, la conclusión dirige la atención al carácter inequívocamente relacional de la definición de la otredad.

En este sentido, el interés de *Los otros* no depende solo de la atribución del punto de vista a los espectros sino también de la resolución del conflicto en el plano de la historia. El triunfo transitorio de los fantasmas implica una alteración del tópico de la erradicación definitiva de los espectros. La clausura habitual en esta narrativa supone que el fantasma debe ser de alguna manera expulsado, tanto por procedimientos considerados irracionales (el exorcismo) como por estrategias concebidas

---

supuestamente les habían tomados a unas hadas. Maravillado, Conan Doyle realizó una investigación tendiente a demostrar la existencia de estos seres […] Varias décadas más tarde, ya octogenaria, Elsie confesó en una carta que las fotos eran espurias: un montaje hecho mediante recortes periodísticos" (Berti, 2009: 427-428).

[18] La vinculación de Spark con la narrativa gótica excedió la escritura de cuentos de fantasmas, dado que escribió biografías de dos de las autoras más reconocidas de esta literatura: Mary W. Shelley y Emily Brontë.

[19] La referencia a "El fantasma de Canterville" ("The Canterville Ghost", 1887) de Oscar Wilde resulta ineludible, si bien tanto el desenlace como el tono resultan irreconciliables.

como racionales (las diversas formas de la conjura). En los dos casos, esto se orienta a una misma consecución: lograr que la propiedad sea habitable nuevamente y la organización social y temporal recupere el orden perdido. Por el contrario, *Los otros* se destaca por imponer la victoria parcial de los fantasmas y la expulsión tentativa de los vivos (Imagen 6). Al respecto, Rosmary Jackson afirma que las historias de fantasmas no tienen que ver con la resurrección, sino con la insurrección de los muertos (1986: 68-69). Los fantasmas no despiertan a la vida, sino que batallan para no ser expulsados y obtener un privilegio en la posesión de la propiedad. Se trata de fantasmas activos y belicosos dispuestos a defender su mansión y a combatir a los intrusos. En el desenlace, los fantasmas triunfantes repiten obsesiva e hipnóticamente "This house is ours". Después de conseguir la partida de los actuales propietarios, se preparan para luchar con los siguientes. Son espectros que comprenden el carácter continuo del combate que deben librar en la consecución de sus objetivos.

Al mismo tiempo, si Grace repudia la posibilidad de que muertos y vivos confluyan en un mismo lugar, si apela a la palabra de la Biblia para explicar la aberración de esta situación, la convivencia transitoria y forzada la obliga a reconocer la inevitabilidad del encuentro y la reversibilidad del terror. El recorrido que la conduce de ser la guardiana del oscurantismo religioso a ser la defensora de sus hijos permite evadir toda forma de maniqueísmo y cuestiona la pervivencia de las estructuras binarias. Los personajes del film son inclasificables en los términos morales del bien y el mal. Al no reponer la dicotomía, se evade tanto la idealización como la condena de la otredad. El relato evita así la heroización y la demonización de las figuras de la otredad.

En esta lectura crítica de las historias de fantasmas (que atribuye a los espectros la focalización, culmina con su victoria y desafía tanto la fascinación por lo irracional como la preeminencia de la razón), surge un nuevo interrogante derivado de la construcción del punto de vista: ¿cómo se puede reinsertar en esta narrativa la problemática de la clase sin que eso excluya la valoración de las otras posiciones que definen la identidad (individual y/o colectiva)? ¿Puede la clase duplicar la ubicación periférica de la otredad?

En concordancia con la tradición narrativa de los fantasmas, en *Los otros* se problematiza la temática de la clase social. Desde el inicio, la llegada de los antiguos empleados domésticos anuncia la caída del viejo orden y la llegada de uno nuevo. Su sola presencia anticipa la crisis del Imperio británico en el contexto de la Segunda Guerra Mundial. La aparición de los tres espectros indica el colapso del sistema y la decadencia de una estructura social. El señalamiento de la muerte del anterior propietario de la mansión victoriana, Mr. Simpson, refuerza esta certera caída del antiguo orden.

En este sentido, los diversos espectros que pueblan el film constituyen diferentes formas de ser víctima: las víctimas de la tuberculosis y las víctimas directas o indirectas de la Segunda Guerra. En la muerte de los empleados, a causa de un brote de tuberculosis expandido hacia fines del siglo XIX, se cifra su pertenencia de clase. Los nuevos fantasmas son el producto de los quiebres de la subjetividad y las resquebrajaduras de una estructura social. Su participación en la alta burguesía británica (se subraya su carácter improductivo al evadir toda referencia al sustento material de la familia, que se encuentra incomunicada en una isla del Canal de la Mancha) inscribe también en su muerte la pertenencia a una clase.

Si bien la muerte ubica tanto a los empleados como a los empleadores en una misma posición, entre ellos se abre el abismo de la diferencia de clases. La radicalidad del film reside en el señalamiento de que incluso en los dominios de la otredad se reproducen las separaciones clasistas. El abismo existente entre ambas clases no disminuye ni en el territorio compartido de la muerte. Luego de la revelación final, la señora Mills, el ama de llaves, se dirige a preparar el té para la familia. Así, aun después de muertos, los empleados continúan atendiendo las necesidades de los miembros de la alta burguesía. Si el goticismo cinematográfico contemporáneo recupera la posibilidad de pensar en torno a la problemática inscripción de la clase en el marco de una reflexión sobre la otredad, en *Los otros* esta reflexión se circunscribe a intentar desentrañar dos cuestiones: ¿los fantasmas de las clases bajas duplican la otredad, constituyen una forma de otredad dentro de la otredad? y ¿es posible desmontar la falaz convivencia de las diversas formas de la otredad mediante el señalamiento de la aparición de conflictos de clase irresueltos en su interior?

Si en algunos pensadores contemporáneos como Homi Bhabha y los teóricos del poscolonialismo se recupera la preocupación por la clase, su interés reside en equiparar su importancia en los procesos de constitución de la identidad con el resto de las posiciones que configuran a esta. Esta tendencia, expandida en los teóricos que problematizan la importancia de la clase social (a diferencia de las posturas que se desentienden por completo de esta preocupación), ignora la posibilidad de pensar si la clase no puede concebirse como una duplicación insalvable de la otredad. Así, en *Los otros* la diferencia de clases detenta un rol activo que propicia el estallido de la homogeneidad de los territorios compartidos de la otredad.

El film desnuda la falacia de creer en una coexistencia pacífica entre los representantes de la otredad y la ingenuidad de sostener una mera política de la diversidad. La irrupción de la diferencia de clases desarticula el simulacro de reconciliación e inscribe la ineludible presencia de relaciones concretas de poder y violencia en el campo de la otredad. La aparición de estas figuras duplicadas de la otredad señala la emergencia de lo no reconciliado con su propio presente y en su propio territorio. La continuidad de su operatoria implica un desafío permanente lanzado al orden (social, familiar, temporal). Su insurrección (involuntaria, pero no por eso menos eficaz) subsume tanto una batalla por la memoria y la justicia como un combate por el reconocimiento de la necesaria disyunción del presente que inaugura la posibilidad de un porvenir dominado por los fantasmas.

Tiempos huérfanos (*La leyenda del jinete sin cabeza*)

Confluencia de géneros, tiempos y personajes

De los films analizados surge un contraste entre aquellos inscriptos en el marco de un modelo narrativo derivado del cine experimental (*Institute Benjamenta, The PianoTuner of EarthQuakes, Dracula: Pages from a Virgin´s Diary*) y aquellos encuadrados en un modelo narrativo clásico (*El secreto de Mary Reilly, El joven manos de tijera, Criatura de la noche, Los otros*). En esta tensión, *La leyenda del jinete sin cabeza*[1] participa de esta última tendencia, dado que opera, desde la contemporaneidad, una recuperación del clasicismo cinematográfico. Sin embargo, esta reescritura se produce a partir de un proceso de hibridación genérica materializado en la inclusión de personajes que proceden de una notoria heterogeneidad de fuentes narrativas.

En principio, el clasicismo del film resulta evidente en su estructura narrativa. Al igual que ocurre en *Los otros* o *El joven manos de tijera*, su organización conserva los rasgos más característicos de este modelo narrativo. En concordancia con este basamento, el film presenta una clara inscripción genérica. Fundamentalmente, en su superficie textual confluyen rasgos de las historias de detectives con recursos del cine de terror, y ambos aparecen condensados dentro del modo fantástico.

Sin lugar a dudas, el personaje de Ichabod Crane se entronca con la tradición de los detectives del siglo XIX. Su llegada a Sleepy Hollow en el desenlace del año 1799 implica el arribo de la razón a una comunidad en la que están arraigados la magia y el misticismo. Como indica el linaje de personajes del cual desciende, el agente Crane se conduce de acuerdo con una lógica analítica que intenta no dejarse atravesar por

---

[1] El film está basado en un guión escrito por Kevin Yagher y Andrew Kevin Walter a partir de un cuento de Washington Irving, "El jinete sin cabeza" ("The Legend of Sleepy Hollow", 1819). Una primera trasposición cinematográfica había sido realizada por los estudios Disney: *The Adventures of Ichabod and Mr. Toad* (James Algar y Clyde Geronimi, 1949).

las emociones. Sin embargo, los principios que guían su accionar (la observación y la reflexión) se ven desafiados por un antagonista que pone en crisis el poder de la razón.

En este sentido, es importante tener en cuenta las características de la vertiente detectivesca del género policial tal como se formuló en la literatura del siglo XIX. Según Román Gubern, "La novela policial nace a partir de la Revolución Industrial, cuando los flujos demográficos convierten a las ciudades en grandes concentraciones humanas, en las que se agazapa la delincuencia y el crimen, y en cuyo contexto las relaciones humanas se despersonalizan" (2002: 206). En ese contexto, el detective se postula como la figura que asegura la restauración del orden perdido.

Al mismo tiempo, una de las rupturas más significativas surgidas con la invención del relato-problema, a mediados del siglo XIX, es la introducción de un proceso desacralizador en las historias de misterios. En la narrativa policial detectivesca los elementos sobrenaturales ceden su lugar a las explicaciones racionales. En *La leyenda del jinete sin cabeza*, la apelación de Crane a una terminología criminológica precisa, su invención de instrumentos de experimentación científica y su agudo sentido de la observación lo posicionan en la senda de los célebres detectives decimonónicos[2]. A su vez, el tono paródico del film alterna esta caracterización con rasgos que parecen contradecirla, como presentar al personaje como cobarde, poco hábil en la montura de caballos, temeroso de las arañas o con una notable facilidad para el desmayo.

Más allá de esta caracterización, el desplazamiento promovido por *La leyenda del jinete sin cabeza* consiste en la inclusión de un personaje surgido de una historia detectivesca en un film que puede adscribirse al cine de terror. Si se retoma la conceptualización propuesta por Román Gubern en *Las raíces del miedo*, este cine se configura mediante la articulación de distintos cánones: un canon mítico ritual que condensa los grandes mitos del género (vampiros, dobles, fantasmas); un canon iconográfico conformado por los personajes, los objetos, los espacios y el estilo fotográfico; y un canon diegético-ritual centrado en la recurrencia de escenas nodales. Si se sigue este criterio, *La leyenda del jinete sin cabeza* participa sin dudas en el cine de terror, no solo por su inclusión en el canon mítico de las historias de fantasmas, sino también por la importancia adquirida por ciertos elementos iconográficos como

---

[2] Al respecto, resulta ineludible la referencia a C. Auguste Dupin, el detective creado por Edgar Allan Poe. Protagonista de "Los crímenes de la calle Morgue" ("The Murders in the Rue Morgue", 1841), "El misterio de Marie Roget" ("The Mystery of Marie Roget", 1842) y "La carta robada" ("The Purloined Letter", 1844), Dupin representa la primera formalización del detective decimonónico: analítico, cerebral y aristocrático. Hacia fines del siglo XIX, Arthur Conan Doyle creó a Sherlock Holmes, quien constituyó un nuevo eslabón en este proceso.

la caracterización de los personajes (el jinete aterrador, la madrastra cruel[3]), la configuración de los espacios (las casas de la aldea, los parajes desérticos, el bosque siniestro) y el estilo fotográfico (la proliferación de planos en contrapicado, la abundancia de claroscuros, la penumbra aportada por la neblina, el predominio del color rojo en determinadas escenas). En cuanto al canon diegético-ritual, la aparición de escenas claves como los asesinatos, la persecución y el enfrentamiento final en un molino también vinculan al film con este género.

Al mismo tiempo, se introducen continuas alusiones a films destacados de este acervo. Entre ellos sobresalen los producidos por la compañía inglesa Hammer en las décadas de 1950 y 1960. La elección de los actores Michael Gough y Christopher Lee para interpretar personajes relevantes supone una primera referencia al cine de terror inglés que estos solían protagonizar en aquellas décadas. También se debe mencionar la importancia de *Captain Kronos, Vampire Hunter* (Brian Clemens, 1974), otra producción de Hammer. Finalmente, la mayor referencia procede de *El pozo y el péndulo* (*The Pit and the Pendulum*, Roger Corman, 1961); en particular en la escena que muestra la tortura y el asesinato de la madre del protagonista y que remite directamente al desenlace del film dirigido por Corman.

Si en el film colisionan la historia detectivesca y el cine de terror, esto deriva en gran medida de la contraposición de sus dos protagonistas. En tanto el agente Crane anticipa el racionalismo decimonónico, el jinete condensa el irracionalismo vencido que se niega a ceder territorio. Esta tensión entre ambos personajes y géneros se resuelve a través de la apelación al modo fantástico. Como ya se señaló, Todorov define al modo fantástico a partir de la vacilación y deriva de esta sus leyes constitutivas. Señala que hay tres condiciones que debe cumplir un relato fantástico: debe generar una doble posibilidad de lectura (natural y sobrenatural); el lector debe rechazar las interpretaciones poética y alegórica; y la vacilación debe ser compartida por un personaje y el lector (Todorov, 2003: 30).

Esta última condición se relaciona estrechamente con las focalización del relato en el personaje del agente[4]. En la tradición de las narraciones policiales detectivescas suele privilegiarse esta focalización debido a que permite la dilucidación progresiva del caso tanto para el personaje como para el lector o espectador. En este film, esta

---

[3] El vestido que caracteriza a Lady Van Tassel está inspirado en *Sidonia von Bork* (1860), un célebre cuadro del pintor prerrafaelista Edward Burne Jones basado, a su vez, en la novela gótica *Sidonia the Sorcess* (1849) de Lady Wilde, concebida como una reescritura de *Sidonia von Bork. Die Klosterhexe* de Johann Wilhelm Meinhold (1847)

[4] Así se recupera la "localización fronteriza" analizada en *Dracula: Pages from a Virgin's Diary*. *La leyenda del jinete sin cabeza* no se narra desde el punto de vista del monstruo (el jinete), sino desde un punto de vista periférico, ubicado en los márgenes de lo social. Si bien el agente Crane llega a Sleepy Hollow como representante de la ley, en realidad su envío funciona como un castigo al que lo condenan sus superiores por su voluntad de resolver los casos policiales a través de procedimientos racionales. De este modo, también su ubicación resulta lindera.

simultaneidad es relevante porque consigue que las sospechas del protagonista sean compartidas por los espectadores. Esto se manifiesta con claridad cuando, ante la certeza del agente de que debe haber una explicación racional para los crímenes, se suprime (mediante la elipsis y el fuera de campo) la representación de estos. La incertidumbre, por lo tanto, acompaña al personaje y al espectador.

El contraste entre los dos personajes, en el escenario del pasaje del año 1799 al 1800, introduce una primera reflexión sobre el tiempo. La caracterización del agente Crane vincula tres dimensiones: un tiempo (el siglo XIX), un género (las historias de detectives) y un elemento fundante (la razón). Por el contrario, el jinete aparece como un fantasma que retorna de tiempos pretéritos. De esta manera, se lo define como habitante del pasado (el siglo XVIII), protagonista de otro tipo de relatos (el terror gótico) y concebido a partir de otro elemento fundante (la violencia irracional). Esta primera confrontación habilita un abordaje de las problemáticas temporales que definen uno de los aspectos significativos del film[5].

El enfrentamiento entre ambos personajes podría definirse como el conflicto entre un monstruo y un excéntrico. El jinete se encuentra en el marco de los personajes monstruosos característicos de la narrativa gótica. De acuerdo con Marcos Arza (2004), en él se reconstruye la historia del "lansquenete", un tipo militar alemán surgido en el siglo XV, que seguía en actividad a fines del siglo XVIII. Los lansquenetes formaban un cuerpo de élite que sembraba el terror entre sus enemigos. En el film al jinete se lo denomina hessiano, debido a que gran parte de los lansquenetes procedían de la localidad alemana de Hesse. Muchos de ellos fueron reclutados por Inglaterra para combatir en la Guerra de Independencia en Estados Unidos (1775-1783).

En uno de los *flashbacks* que representan su accionar durante la guerra, se muestra que este mercenario había afilado sus colmillos para que tuviesen una forma amenazante. Esta intervención sobre su cuerpo manifiesta la necesidad de narrar su ferocidad a través de su propia apariencia (Imagen 7). A su vez, cuando lo resucitan para que cometa una serie de crímenes, lo caracteriza su ausencia de cabeza, es decir que carece de aquello que cobija el imperio de la razón. El jinete es puro instinto, su accionar no está atravesado por la racionalidad. A su vez, incluso en los *flashbakcs* nunca tiene acceso al lenguaje. Se trata de un personaje pre-discursivo, que repite una única acción: el asesinato a través de la precisa mutilación de las cabezas de sus víctimas.

Frente a este personaje, concebido como una nueva figuración del monstruo, se erige el agente Crane. A diferencia del jinete, representa la potencia de la racionalidad. Si el monstruo irrumpe como una manifestación residual del siglo XVIII, el

---

[5] También se debería señalar el valor de la oposición espacial y nacional: en tanto Ichabod representa a Estados Unidos, el jinete procede de Alemania.

investigador se presenta como un anticipo del emergente siglo XIX. Su caracterización subraya su vínculo con la razón a través de la inclusión de ciertos elementos que funcionan como "extensiones del yo", es decir, elementos de la indumentaria que mantienen una estrecha relación con el cuerpo y a través de los cuales las percepciones visuales y táctiles se prolongan más allá de la propia figura, de modo que crean una ilusión de aumento. En este caso, se trata de la aparición de los instrumentos ópticos y quirúrgicos creados y empleados por Crane para desentrañar el origen de los crímenes cometidos en Sleepy Hollow. Estos artefactos remiten, indudablemente, a los descubrimientos científicos definitorios de esa fase de la modernidad (Imagen 8).

Así, Crane queda posicionado en una ubicación ambigua. Por una parte, está alejado de la otredad radical que representa el jinete. En este sentido, la definición de la otredad resulta inevitablemente relacional. Sin embargo, el investigador es considerado un inadaptado en Nueva York por intentar imponer criterios científicos en una sociedad aún apegada a la tradición religiosa y a un ejercicio jurídico medieval. Y, a su vez, funciona como un inadaptado en Sleepy Hollow porque busca ofrecer respuestas racionales a experiencias concebidas en términos sobrenaturales[6].

Por estos motivos, el agente es caracterizado como un "excéntrico", un sujeto definido por su ubicación marginal en relación con el centro desde el que se estipula, y se construye, la normalidad. Su excentricidad también se define en términos relacionales: es menos revulsivo que el jinete y resulta menos integrado que el resto de los habitantes de ambas comunidades (Nueva York y Sleepy Hollow). En los films analizados, la figura del excéntrico constituye un territorio fértil para abordar la otredad. En tanto algunos films se centran en los personajes monstruosos y configuran a estos como foco narrativo (Edward en *El joven manos de tijera*, Grace en *Los otros*), otros posicionan a personajes excéntricos en esa ubicación (Mary en *El secreto de Mary Reilly*, Oskar en *Criatura de la noche*, Lucy en *Dracula: Pages from a Virgin's Diary*). Si los primeros abordan las problemáticas derivadas de la figuración más radical de la otredad, los segundos exploran las emergentes de dimensiones menos rupturistas de la alteridad.

En *La leyenda del jinete sin cabeza*, el excéntrico materializa la figura del precursor. Aquello que lo aleja del centro, de las expectativas de su época, tiene que ver con su carácter de anticipo de un tiempo por venir. De este modo, no solo el pasado se concibe como el tiempo de la otredad. No solo la recurrencia a lo pretérito inaugura la posibilidad de introducir figuras de la alteridad. También el futuro implica la posibilidad de pensar nuevas formas y manifestaciones de lo otro.

---

[6] En relación con este aspecto, el film recupera el tópico que vincula el universo femenino con las potencias de lo irracional. Los personajes femeninos se definen a partir de su relación con diversas expresiones de la magia: la madre de Crane y sus experiencias ópticas, Katrina y su práctica de la magia blanca, su madrastra y la magia negra, y la hermana de esta caracterizada como la bruja del bosque.

Mariano Veliz

El tiempo y los fantasmas

Desde su emergencia con la publicación de *El castillo de Otranto* en la segunda mitad del siglo XVIII, la narrativa gótica tendió a desplazar sus historias en el tiempo y/o el espacio. Si durante su primer ciclo el escenario elegido era la Edad Media, la narrativa gótica del siglo XX y comienzos del XXI posiciona al siglo XIX en ese lugar de privilegio. De esta manera, se opera una transformación notable, debido a que se elige como marco temporal de las historias el momento en el que la narrativa gótica alcanzó su máxima expansión. Por lo tanto, se produce un proceso de literaturización del pasado histórico. El contexto histórico no es tanto el siglo XIX como el imaginario gótico afianzado en, y sobre, ese período. A su vez, más allá del marco espacio-temporal sugerido, esta política del desplazamiento implica una redistribución de las ansiedades sociales epocales.

Esta elección se vincula con un rasgo relevante del goticismo narrativo: la anacronía que permite interpretar el pasado a partir del presente y el presente a partir del pasado. Si la Edad Media constituyó el territorio remoto al que se trasladaban las angustias por la irrupción incontenible de la modernidad, el siglo XIX devino el campo en el que se depositan las ansiedades contemporáneas, los terrores nacidos de la actual fase del desarrollo histórico. En este sentido, como señala María Negroni, "La poética gótica levanta lo inactual como estandarte y hace de la errancia imaginaria un baluarte contra la escena iluminada de la Historia" (1999: 21). La narrativa gótica amenaza la fe en las concepciones históricas lineales y procede a desmontar las nociones orgánicas de progreso, avance y desarrollo. Al respecto, *La leyenda del jinete sin cabeza* presenta una notoria oportunidad para evaluar esta relación compleja del presente con las múltiples capas de pasado.

Si las concepciones temporales anacrónicas resultan articuladoras en esta narrativa, de aquí deriva la importancia que las historias de fantasmas detenten en su interior. En la figura del fantasma se condensa y materializa el tiempo en la otredad. Si los fantasmas son doblemente extraños (por su condición de muertos y por su carácter de muertos que sufren un enrarecimiento en su proceso), su relación con el tiempo extraña incluso más su carácter representativo de la otredad.

Los fantasmas que pueblan *La leyenda del jinete sin cabeza* evidencian la variabilidad que pueden asumir. Dos fantasmas recorren el film: el jinete hessiano y la madre de Crane. La oposición continua entre ambos personajes refuerza la multiplicidad del universo de los espectros. En principio, esta variabilidad depende de la función que cumple su regreso de la muerte. Según Eduardo Berti, "En *La leyenda dorada* (*Legendi di Sancti Vulgari Storiado*), el libro más popular de la Edad Media después de la Biblia, el dominico italiano Santiago de la Vorágine (¿1228?-1298) indica que uno de los efectos de los aparecidos consiste en ayudar o instruir a los vivos" (2009:

8). De esta manera, una primera función desempeñada por los fantasmas es la de servir como guía para que los vivos resuelvan sus propios conflictos. En este sentido, la madre del agente cumple con este cometido. Sus apariciones en sueños permiten a Ichabod comprender su pasado y actuar sobre su presente y futuro. Por otra parte, desde el origen de la literatura de fantasmas, estos se vinculan con la exigencia de respeto a los muertos. La honra a los muertos surge como una demanda central de los espectros. Por este motivo, "hay que enterrarlos con los rigores debidos, hay que cuidar sus sepulturas o, de lo contrario, es muy probable que se irriten y regresen para vengarse o quejarse" (*Ibid.*: 8). El entierro adecuado constituye una estrategia necesaria para desprenderse de la recurrencia del fantasma. En *La leyenda del jinete sin cabeza,* el mercenario cumple con esta función. Sus apariciones solo se detienen cuando se le restituye la cabeza a su cadáver y concluye la profanación de su sepultura.

Otra clasificación de los fantasmas deriva de la forma en la que se manifiestan. La distinción fundamental reside entre aquellos que aparecen en sueños y aquellos que se manifiestan durante la vigilia. Así, Lady Crane irrumpe en los sueños de su hijo; en tanto el jinete se materializa en la vida diurna de los habitantes de la aldea. En este marco, esta clasificación se relaciona con otra, aquella que analiza el carácter del fenómeno de los espectros. El fantasma puede concebirse como un fenómeno corpóreo y material o puede concebirse como un fenómeno de carácter espiritual. En líneas generales, podría considerarse que los fantasmas que retornan en sueños recuperan con mayor asiduidad la concepción espiritualista de los fantasmas (la madre del agente), en tanto los fantasmas que se manifiestan en la vigilia retoman su concepción material (el jinete hessiano).

Finalmente, otra posible clasificación de los fantasmas fue propuesta por Claude Lecoutex en *Fantasmas y aparecidos en la Edad Media*. Allí, Lecoutex propone distinguir entre los falsos y los verdaderos aparecidos. Los falsos fantasmas serían aquellos que fueron a la tumba a su pesar y retornan obligados por diversas circunstancias (principalmente, este retorno se debe a la profanación de su sepultura, la invocación de un tercero o la obligación por medio de la necromancia [Berti, 2009: 13]). Por el contrario, los verdaderos fantasmas son aquellos difuntos que regresan por sí mismos en función de su interés. Siguiendo esta clasificación, el jinete constituiría un falso fantasma, dado que regresa a causa de la manipulación operada por un vivo; en tanto la madre de Crane sería un fantasma verdadero, dado que vuelve en sueños para auxiliar a su hijo.

Más allá de estas someras posibilidades clasificatorias, ambos personajes se definen en una contraposición continua. Ocupan posiciones opuestas en cada una de las taxonomías existentes. Al mismo tiempo, cada uno se relaciona con dimensiones y alcances diversos: mientras la madre de Crane pertenece al dominio individual y funciona como un fantasma que se manifiesta en la interioridad de un personaje, el jinete constituye un fantasma colectivo que introduce un momento particular de la historia de los Estados Unidos.

Muerto en 1779, en el marco de la Guerra de Independencia de los Estados Unidos, el jinete sin cabeza y sin nombre se encuentra desprendido de todo rasgo de individualidad. Esta des-individualización se relaciona con su carácter dependiente. Durante su vida dependía de los británicos que lo habían convocado; luego de su muerte es controlado por un ser vivo que intenta beneficiarse de sus actos. En este sentido, Barry Curtis precisa que "Ghosts in ancient times were associated with restless victims and with unresolved issues of inheritance, often appearing to enforce law or intimidate those who sought to interfere with the legal transmission of property" (2008: 34)[7]. En este caso, el espectro es manipulado para modificar el destino de una herencia. Lady Van Tassel, su instigadora, lo emplea como instrumento de su venganza.

Sin embargo, el contexto histórico resignifica la figura del fantasma. La presencia recurrente de la bandera de los Estados Unidos supone un indicio de la problematización de la dimensión histórica y política del film. En la inmediatez del fin de la Guerra, la irrupción del jinete también implica la aparición de un tiempo vencido que se niega a morir. La colisión entre estas diversas temporalidades se relaciona con la voluntad de supervivencia del pasado. Al respecto, Barry Curtis indica que "The present is full of ruins of the recent past and they epitomize the fragility of boundaries, the disturbing presence of unfulfilled projects and aspirations and the materials for a haunting awareness of what forces might still linger in signs and traces" (Ibid.: 202)[8]. El presente de la independencia está plagado de la presencia estallada del pasado colonial. El tiempo es constituido como un campo de batalla. Los tiempos nuevos y los viejos establecen un combate feroz que no concluye con el fin de la contienda[9].

---

[7] "Los fantasmas en tiempos antiguos estaban asociados con las víctimas sin descanso y con los conflictos de herencia irresueltos, frecuentemente aparecían para hacer cumplir la ley o intimidar a quienes procuraban interferir con la transmisión legal de la propiedad" (mi traducción).

[8] "El presente está repleto de las ruinas del pasado reciente y estas epitomizan la fragilidad de los límites, la presencia perturbadora de los proyectos y aspiraciones inconclusas y los materiales para una conciencia evocadora de lo que las fuerzas pueden aún conservar en signos y trazos" (ni traducción).

[9] El enfrentamiento temporal también se encuentra espacializado. Al igual que en otros films analizados, como *El joven manos de tijera* y *El secreto de Mary Reilly*, aquí se hace presente el conflicto entre diversos espacios. La gran oposición que articula el film se representa topográficamente: Nueva York-Sleepy Hollow. Sin embargo, esta contraposición alterna semejanzas y diferencias en las representaciones propuestas. Entre las similitudes, se destaca la ausencia de planos de situación o el extrañamiento de los incluidos. Los espacios se definen de un modo impreciso y oscuro. Si bien este recurso se plantea desde los planos iniciales en Nueva York, se refuerza con la llegada a la aldea. El contraste entre estos dos primeros espacios dominantes debe atravesar un ámbito intermedio: el viaje necesario para llegar a la aldea. La travesía es relevante por dos motivos. Por un lado, porque permite apreciar la transformación del espacio urbano en rural. Por otro, porque impone una mirada no bucólica de lo campestre. En oposición a las imágenes pastorales, el campo se representa de manera sombría y monocromática.

Incluso después de su clausura, el paisaje del triunfo de los norteamericanos está enturbiado por los fantasmas de los muertos y por los restos de sus cadáveres insepultos. Por eso, "Ghosts lie outside the 'commodified memoryscape'. The process of establishing national heritage and making the past safe for display and consumption is also an act of ritual amnesia and exorcism" (*Ibid.*: 202)[10]. Si la pacificación de la historia se construyó a partir de la abolición de las figuras oscuras del pasado, el retorno del jinete implica la asunción de su no conclusión y su apertura hacia el presente. La presencia del espectro asigna valor a lo olvidado e invisible y postula la imposible pacificación del pasado. Si los fantasmas, como sostiene Derrida en *Espectros de Marx*, se vinculan estrechamente con la justicia, la irrupción del mercenario señala la inevitable reaparición de todo aquello que no fue reconocido por los archivos de la historia. La aparición espectral promueve una revisión obligatoria del pasado negado y sus vinculaciones con el presente.

La historia del jinete se reconstruye en el film de dos maneras: a través de los relatos orales de los habitantes de la aldea y mediante la inclusión de dos *flashbacks*. El primero ilustra el relato dirigido a Crane por parte de los notables de la aldea. El segundo retoma la misma escena (el asesinato del jinete en un enfrentamiento con soldados norteamericanos) desde el punto de vista de Lady Van Tassel. De este modo, la repetición explica las causas y las condiciones del retorno del fantasma.

La estrategia para presentar al fantasma de la madre de Crane resulta más compleja. Su historia se reconstruye de manera fragmentaria a través de la inclusión de tres imágenes mentales que se posicionan en un lugar indeterminado entre el sueño, la pesadilla y el recuerdo. De este modo, evaden la posibilidad de ser consideradas estrictamente como *flashbacks*. Pero, a su vez, detentan la posibilidad de materializar el pasado, aunque sea de una manera oblicua. Cada una de estas imágenes mentales retoma a la anterior y completa la historia de la infancia de Ichabod y la muerte de su madre. La primera describe el marco familiar: un padre pastor protestante y una madre dedicada a la fantasía y los juegos ópticos. La segunda se centra en la condena a la que es sometida la madre, por parte de su marido, por la práctica de la magia

---

La espesa niebla que lo atraviesa dificulta su visión. Su apariencia fragmentada, recortada por lo que puede verse desde un carruaje, genera un ámbito indiscernible. La llegada refuerza la opacidad de la configuración espacial. El valle del río Hudson, donde la población está emplazada, fue construido en un *set* cinematográfico. Rick Heinrichs, el director artístico del film, realizó su diseño a través de la recuperación del imaginario rural de los grabados del francés Gustave Doré, uno de los grabadores e ilustradores más notables del siglo XIX; ciertas representaciones paisajísticas de ese ambiente producidas por la Escuela del Río Hudson; y las ilustraciones de Arthur Rackham, el extraordinario artista inglés responsable de las ilustraciones más notables de los cuentos de los hermanos Grimm y de varios cuentos de Poe. El contraste espacial entre Nueva York y Sleepy Hollow se complementa con la dimensión temporal y replica la polémica entre el presente y el pasado.

[10] "Los fantasmas yacen fuera del 'paisaje-memoria ofrecido'. El proceso de establecimiento de la herencia nacional y la conversión del pasado en seguro para su exhibición y consumo es también un acto ritual de amnesia y exorcismo" (mi traducción).

blanca. La tercera muestra al pastor, de espaldas, caminando con la severa capa negra que constituye su atuendo. El plano presenta un leve contrapicado que genera que su cabeza no sea visible. De esta manera, la figura del padre queda asimilada a la figura aterradora del jinete sin cabeza. Luego, Crane descubre que su madre fue asesinada para salvar su alma. El esclarecimiento progresivo de sus propias experiencias infantiles evidencia que para Crane la figura de su madre también constituye una supervivencia del pasado insepulto.

La posible coincidencia temporal del asesinato de la madre y del asesinato del jinete refuerza la idea de dos pasados simultáneos que retornan debido a que no fueron sepultados adecuadamente. Son dos duelos que se realizan en el presente para compensar su ausencia en el pasado. Para Crane, estas "cosas que había olvidado" lo condujeron a su elección del juicio y la razón y a su confianza en las relaciones establecidas en una lógica de causas y consecuencias. Su valoración de los abordajes racionales deriva de esta experiencia infantil de fanatismo e hipocresía. Por eso, desestima la necesidad de apelar a la creencia en fantasmas para resolver el caso policial. Sin embargo, el develamiento progresivo de su historia y los indicios que encuentra de la existencia del jinete lo llevan a reformular sus primeras certezas racionalistas. Su confianza exacerbada en la razón tampoco le permite resolver los crímenes que se cometen. Solo cuando es capaz de cuestionar su propio fanatismo es capaz de resolver el misterio. Así, se convierte, como Hamlet para Derrida, en el enderezador de entuertos. Acosado por los pasados insurrectos (individuales y colectivos), debe lidiar con los fantasmas para devolverlos a sus sepulcros.

A su vez, de su experiencia infantil conserva una huella: las marcas dejadas en su mano por el accidente que tiene en el momento de encontrar el cadáver de su madre. Estos trazos conservados en su cuerpo no hacen más que materializar el pasado. Constituyen también un señalamiento de su propia otredad. Conforman la inscripción corporal de su diferencia, su excentricidad.

En el marco de las vinculaciones entre pasado, presente y futuro, entre lo que se niega a morir y lo que puja por emerger, surgen los problemas que se articulan a lo largo del film: la potencia de los muertos, la supervivencia de los resabios del pasado, la conversión de la figura del huérfano en el *locus* de las disyuntivas temporales, la interiorización (imposible) de la otredad. La indagación de estas problemáticas puede encontrar sugerencias relevantes en algunas aproximaciones y categorías propuestas por Jacques Derrida.

Los huérfanos y el tiempo

En 1981, un año después de la muerte de Roland Barthes, Jacques Derrida publicó "Las muertes de Roland Barthes" en el número 47 de la revista *Poetique*. A partir de allí, la escritura de oraciones fúnebres se convirtió en una práctica constante ante la muerte de sus amigos (Louis Althusser, Michel Foucault, Paul de Man, Gilles Deleuze, Jean-François Lyotard y Emmanuel Levinas, entre otros). En los más de veinte años que separan la primera y la última, escrita en ocasión de la muerte de Maurice Blanchot en 2003, Derrida compuso, a través de estos textos, tanto una política del duelo como una teoría del fantasma[11]. A lo largo de estos escritos, Derrida interroga la posibilidad de llevar a cabo una elaboración efectiva del duelo y se pregunta reiteradamente en qué sentido su interiorización puede ser efectiva. En este marco, si el duelo implica la incorporación o introyección del otro, eso supone que detrás de la política del duelo derridiana se encuentra agazapada una teoría de la otredad.

En "Contar con los muertos. Jacques Derrida y la política del duelo", Pascale-Anne Brault y Michael Naas (2005) señalan que la teoría derridiana sostiene que los muertos están "entre nosotros" en la medida en que están "en nosotros". Al respecto, Derrida sugiere que los muertos solo pueden hablar "a través de nosotros" y que solo hablando de los muertos y en su nombre podemos esperar conservarlos "en vida". De esta manera, el duelo conduce a la aceptación de la otredad en nosotros. Sin embargo, la dificultad de esta aseveración deriva de su apelación topológica. Dado que la preposición "en" supone la existencia de límites precisos entre aquello que se es y aquello que no se es, entre el interior y el exterior, entre lo mismo y lo otro, inaugura una serie de equívocos irresolubles. La complejidad de la situación reside en indagar si es posible que la interiorización se cumpla o si se cruza en su camino con límites infranqueables. También es necesario explorar si la interiorización implica la anulación de la diferencia, el desvanecimiento de la otredad del otro[12].

En "Las muertes de Roland Barthes", Derrida comienza a esgrimir su teoría del fantasma. Allí, lo define como "el concepto del otro en el mismo" (2005: 64). De todos modos, ese otro en el mismo no resulta anulado, sino que conserva una otredad diferencial. Por eso, su mirada "está en nosotros pero no es nuestra, no disponemos

---

[11] Esta política del duelo encuentra una referencia ineludible en *Circonfesión* (1991), donde Derrida plantea una nueva aproximación a esta problemática a partir de la enfermedad y muerte de su madre.
[12] En sus oraciones fúnebres, Derrida cita en extenso la palabra de los amigos muertos. Esta retórica del duelo puede concebirse como una forma de interiorización textual del otro. Así, "Citar al otro hablando de la muerte, de su propia muerte, es ofrecer al muerto una especie de *supervivencia*" (Brault y Naas, 2005: 45). Sin embargo, esta estrategia conduce a la aparición de dos dificultades: por una parte, es necesario evitar la conversión del otro en un mero objeto del discurso propio; por otra, se impone la obligación de resolver la tensión entre la simple asignación de la voz al otro sin una intervención y/o la negación de la palabra al otro. Derrida acentúa y disuelve este conflicto a través de un proceso que alterna la cita y la interrupción de la palabra del otro.

de ella como si fuera un momento más o una parte de nuestra interioridad. Y esa mirada que nos observa bien puede ser indiferente o afectuosa, terrible, agradecida, atenta, irónica, silenciosa, aburrida, reservada, ferviente o sonriente" (*Ibid.*: 66). Esa mirada no del todo inapropiable revela que en el proceso del duelo se asiste a la complejidad de reconocer que el otro está al mismo tiempo en el mismo y más allá del mismo, "en nosotros", pero distinto "a nosotros". En este sentido, el duelo constituye siempre un repliegue de lo externo, una inclusión fracasada de la otredad.

Al respecto, en "Louis Althusser", el texto leído en el funeral del filósofo francés, y luego publicado en el número 4 de *Les Lettres Françaises* en 1990, Derrida puntualiza que "él solo me oye dentro de mí, dentro de nosotros [...] que solo podemos ser *nosotros mismos* a través de la resonancia en nosotros del otro, también del otro mortal" (*Ibid.*: 130). Así, defiende no solo la posibilidad de conservar alguna forma de separación en el proceso de interiorización, sino que precisa que el sujeto se constituye también a través de estos procesos (imposibles) de interiorización. La inclusión (fracasada) del otro detenta un lugar de privilegio en los procesos de constitución identitaria. Por este motivo, Derrida despliega su defensa de la contaminación: el ser y el otro se contaminan en su permeabilidad y desarrollan una relación de parasitismo muto. En esa interacción se define el sujeto y se interioriza al otro.

También en "Mnemosyne", uno de los ensayos que conforman *Memorias - para Paul de Man*, Derrida retoma estas problemáticas[13]. Allí, a partir del abordaje del vínculo narración-memoria, cuestiona cuál es, en relación con el amigo muerto, la traición más injusta. Se pregunta entonces si es la más angustiante, o la más fatídica, la de un duelo posible que interiorizaría en nosotros la imagen, ídolo o ideal del otro que está muerto y vive únicamente en nosotros, "¿o acaso es la de ese duelo imposible, el cual, dejando al otro su alteridad, respetando así su infinito distanciamiento, rehúsa tomar o es incapaz de tomar al otro dentro de uno mismo, como en la tumba o la bóveda de un narcisismo?" (2011: 23). Debido a esta disyuntiva en torno a la traición, Derrida cifra en la imposibilidad de la interiorización efectiva la posibilidad de conservar al otro como otro. Por eso, señala que

> A la muerte del otro nos damos a la memoria, y así a la interiorización, pues el otro, fuera de nosotros, ahora no es nada. Y con la oscura luz de esta nada, aprendemos que el otro resiste la clausura de nuestra memoria interiorizante. Con la nada de esta ausencia irrevocable, el otro aparece como otro, y como otro para nosotros, a la muerte o al menos en la anticipada posibilidad de una muerte, pues la muerte constituye y vuelve manifiestos los límites de un *mí* o un *nosotros* que están obligados a

---

[13] Antes de la publicación de su libro, una primera versión condensada de estas ideas está presente en "*In memoriam*: del alma", un homenaje leído el 18 de enero de 1984 en la Universidad de Yale en el marco de una ceremonia en honor de Paul de Man, muerto el 21 de diciembre de 1983. El texto fue luego publicado en el número 69 de *Yale French Studies*, con el título "The Lesson of Paul de Man" (1985).

albergar algo que es mayor que ellos y es otro; algo *fuera de ellos dentro de ellos* (*Ibid.*: 26).

El fracaso en la interiorización, la participación de la otredad en la mismidad, la permeabilidad y la contaminación resultan nociones claves para reflexionar en torno a los fantasmas. Los espectros que recorren *La leyenda del jinete sin cabeza* constituyen un terreno apropiado para explorar la dinámica de los fantasmas. En primer lugar, debe destacarse que el desafío inicial lanzado por los espectros reside en su cuestionamiento del ordenamiento cronológico del tiempo: si la muerte se concibe como un acontecimiento irreversible, los fantasmas repudian esta irreversibilidad. El desafío a las concepciones lineales del tiempo se asienta en la negativa de los espectros a aceptar su reclusión en el pasado. Así, señalan que la inmunidad contra su retorno resulta meramente imaginaria. A lo largo del film, los fantasmas retornan de distintas maneras y se introducen entre y en los vivos de modos variables. Por una parte, esta permeabilidad entre lo otro y lo mismo se produce en la dimensión político-histórica mediante el regreso del fantasma del mercenario; por otra, se produce en el orden familiar a través del retorno del fantasma de la madre de Crane. En los dos casos, ambas apariciones se inscriben en el presente como una inclusión fracasada, pero perseverante. Instaladas en el cuerpo vivo del presente, señalan a un mismo tiempo su otredad y su actualidad.

Los espectros se inscriben de modos heterogéneos. En tanto el jinete lo hace a partir de sus acciones e intervenciones concretas, la madre del agente lo hace a través de recuerdos y fantasías. En ambos casos, los fantasmas están concebidos como la irrupción del otro en sí (colectivo o individual). El presente parece habitado por otra multiplicidad de pasados espectrales. En este sentido, determinados objetos se encargan de conducir al presente estos tiempos pretéritos. En particular, la herencia se manifiesta a través de libros[14] (legados a Katrina por su madre) y juegos ópticos (heredados por Ichabod de su madre). En todos los casos, los objetos materializan la supervivencia del pasado, el valor del legado de la sangre y la importancia de los linajes.

Al respecto, la complejidad del film reside en la contradicción existente entre la necesidad comunitaria de erradicar el pasado y la urgencia individual por recuperarlo. La introducción violenta del pasado operada por el jinete supone una alteración del precario equilibrio social obtenido. La construcción del presente parece erigirse sobre la anulación y negación del pasado. El jinete conforma así la imagen de un muerto insurrecto que repudia la pacificación de la historia. Por este motivo, su accionar se orienta a la aniquilación de los responsables de su derrota. A su vez,

---

[14] Los libros conforman una clase privilegiada de objetos a lo largo del film. En ellos se desplaza el enfrentamiento central de la película a través de la incorporación del conflicto entre la Biblia y las obras de carácter científico.

sus víctimas constituyen los representantes del poder en la comarca: el reverendo Steenwick, el magistrado Philipse, el doctor Lancaster, el escribano Hardenbrook y el terrateniente y banquero Baltus van Tassel. En ellos confluyen los poderes religiosos, legales, científicos y económicos. Al mismo tiempo, son los vencedores de ese pasado que se quiere anular. Sin embargo, la promoción de esa negación conduce a su propio desvanecimiento. La política de negación del pasado violento implica la anulación final de sus actores.

Por el contrario, el retorno inesperado del espectro de la madre de Crane inaugura la posibilidad de recomponer el orden perdido en el personaje. Más allá de la diferencia en las formas de manifestarse, ambos fantasmas se conforman como reparadores del pasado. Los dos constituyen diversas formas de retorno de lo silenciado o anulado. A la vez, en los dos casos, a pesar de la discrepancia en su carácter y función, sus apariciones modifican el presente y abren el futuro. Así, los fantasmas se piensan, en concordancia con lo propuesto por Derrida en *Espectros de Marx*, en relación con la justicia y la reparación. La emergencia de estas presencias espectrales se pone al servicio de la reparación de situaciones no resueltas del pasado. Pero, en ese gesto reparador, inciden sobre el presente y lo transforman.

Esta reflexión acerca del tiempo, la persistencia del pasado y su irrupción en el presente se materializa en *La leyenda del jinete sin cabeza* a través de una figura privilegiada, el huérfano. La clausura del film acentúa la importancia de esta figura. Allí se narra el triunfo de los personajes excéntricos, tanto sobre la otredad radical del jinete como sobre la normalidad comunitaria. Los tres integrantes de esta cofradía de excéntricos (Ichabod Crane, Katrina van Tassel y el joven Masbath) son huérfanos. La madre de Ichabod fue asesinada durante la infancia del protagonista, la madre de Katrina fue envenenada por su sucesora y su padre fue asesinado por el jinete al igual que el padre del lacayo. En todos los episodios, se trata de muertes violentas, asesinatos que condujeron a los personajes al territorio desolado de la orfandad. De ese pasado solo quedan los hijos como huellas o trazos. En ellos se inscribe la presencia mediada de sus ancestros. Y sobre ellos se señalan los límites difusos que se establecen entre lo mismo y lo otro, el adentro y el afuera.

Por este motivo, en la figura del huérfano se imbrican el pasado, el presente y el futuro. En ellos se cruzan los tiempos que retornan a través de los fantasmas y constituyen, a su vez, un desafío lanzado hacia el futuro. Como señala Derrida en *Espectros de Marx*, la pregunta por la herencia no remite tanto al pasado como al futuro, a las ideas de supervivencia y de retorno. Pensar en el linaje supone abrir la promesa del regreso, la certeza de la vuelta. La herencia se instaura como un territorio fronterizo entre tiempos heterogéneos.

De este modo, la reflexión sobre el fantasma como figura procedente del pasado introduce, a través de sus repercusiones en los vivos, la categoría clave de lo por-venir. En ella confluyen la memoria y el futuro. En esta noción se asienta la dimensión política del fantasma. Para Derrida, la política se instala siempre en lo que todavía no tuvo lugar. Allí encuentra su aspecto programático y prospectivo. Los fantasmas se encargan de auxiliar a los vivos a reparar un tiempo que, como se señala en *Hamlet*, está fuera de quicio. Los huérfanos son quienes inscriben en el presente un retorno al pasado que abre el futuro. Ese retorno, sin embargo, no adquiere la forma de la nostalgia ni de la conservación mortuoria. Por el contrario, promueve un diálogo entre el pasado y el presente en función de la fundación del futuro. El regreso del fantasma se pone así al servicio de la emancipación y la justicia. Si, como precisa Shakespeare, "The time is out of joint", el espectro es el encargado de denunciarlo y el huérfano es el encargado de repararlo. De esta manera, el tiempo puede volver a su cauce.

En el desenlace del film, los tres huérfanos llegan a la ciudad de Nueva York en la celebración del comienzo del siglo XIX. El paisaje urbano, por primera vez luminoso, parece anticipar el inicio del transparente siglo positivista. Allí parece afirmarse la clausura de una era oscurantista y la llegada de una época diurna. La desaparición de los representantes del antiguo régimen (tanto el jinete como los patriarcas de la aldea) coincide con la inauguración del imperio de la razón. Al mismo tiempo, la reparación de la memoria de la madre de Crane refuerza el cierre de un período de persecuciones y fundamentalismo religioso. Sin embargo, el duelo supone siempre la interiorización (fracasada) del otro. Por lo tanto, esas figuras en apariencia negadas no están tanto suprimidas como introyectadas. La racionalidad y la claridad del siglo XIX cobijan en su interior las potencias de la oscuridad que aniquilaron. La otredad no se encuentra solo en el pasado concluido, sino en el presente y en el futuro apenas vislumbrado. La dimensión política de la otredad se refugia en la certeza del retorno de los espectros, en el regreso fulgurante del pasado silenciado y en su productividad para transformar los tiempos por venir. El sujeto colectivo representado por los huérfanos funciona como el trazo presente de esos pasados y como el anticipo de su reaparición futura.

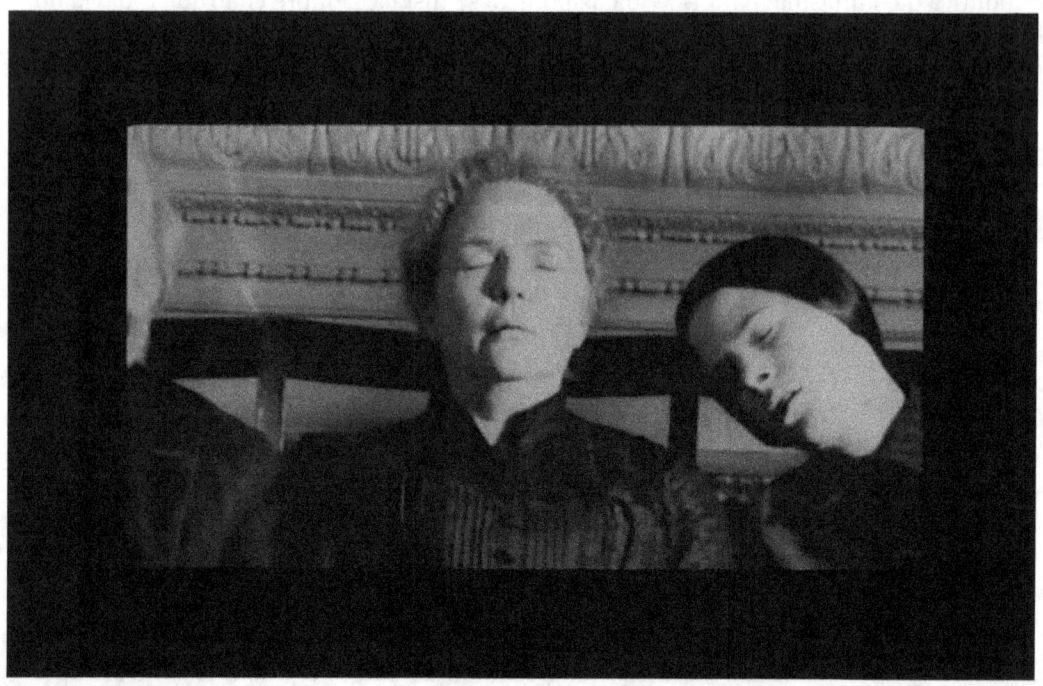
Imagen 5: El álbum con fotos de muertos.

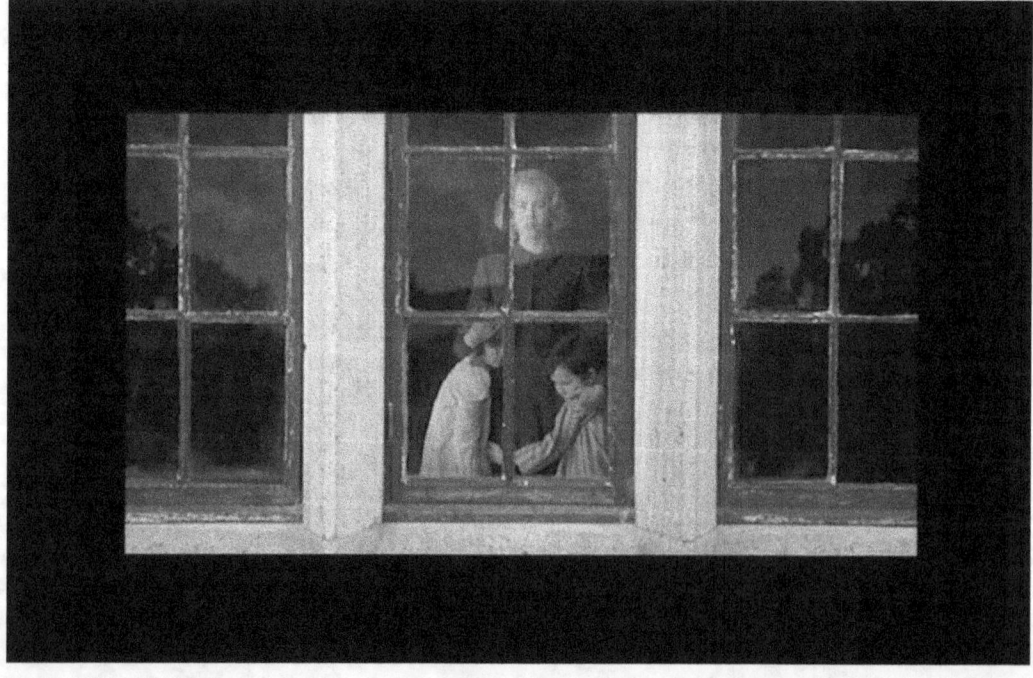
Imagen 6: El triunfo de los fantasmas y la conservación de la propiedad.

Tiempos huérfanos (*La leyenda del jinete sin cabeza*)

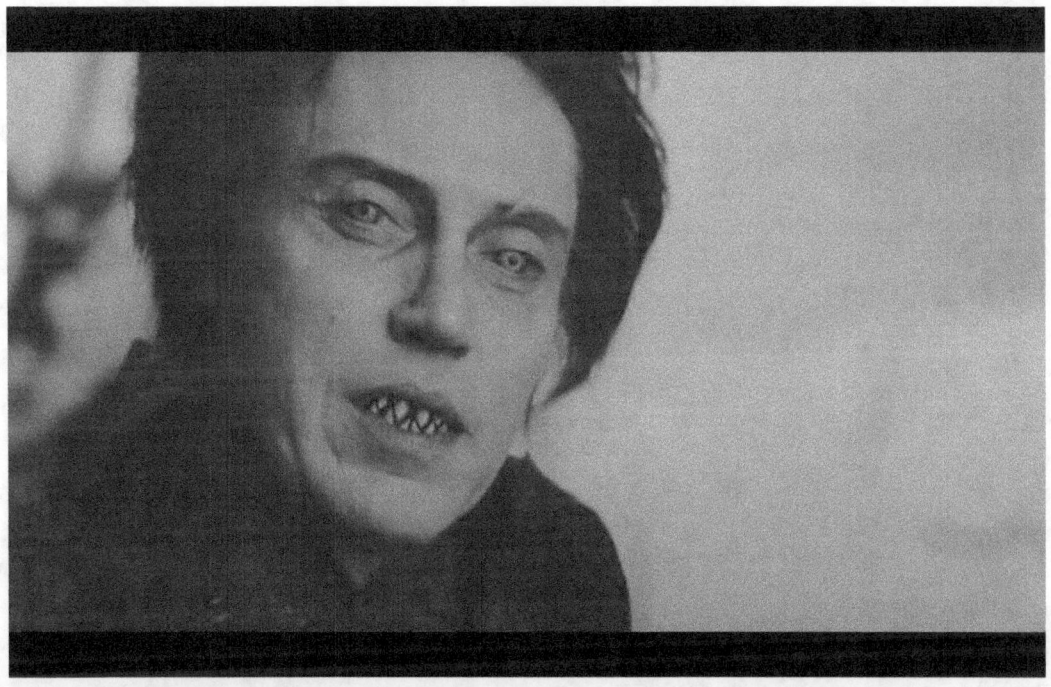

Imagen 7: La intervención sobre el cuerpo en La leyenda del jinete sin cabeza.

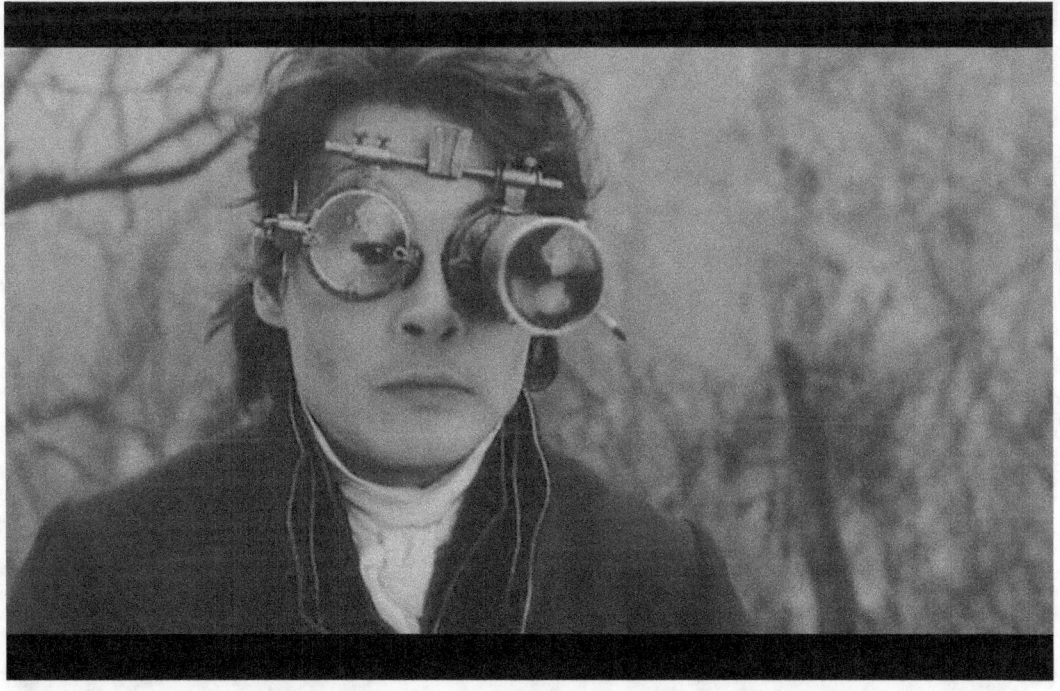

Imagen 8: Los dispositivos ópticos empleados por Ichabod Crane.

Figuras de la otredad: autómatas

*"Queremos crear al hombre por segunda vez,
a imagen y semejanza del maniquí"*

Bruno Schulz

Autómatas

La historia de la creación de Adán en el Génesis; el relato sagrado egipcio sobre Jnum, el dios alfarero que modelaba humanos empleando su torno y el lodo del Nilo; la creación de Galatea por Pigmalión en la mitología griega; la historia de Hefesto, el dios griego de los herreros que creaba a sus propios sirvientes, dispositivos mecánicos inteligentes de apariencia humana; la leyenda inuit de Tupilaq, en el norte de Canadá, acerca de las invenciones de un mago, son variantes de una interrogación radical sobre la naturaleza de lo humano, su origen y su destino. Los relatos sobre la creación de vida proliferan en todas las culturas y en todos los tiempos. La necesidad de reflexionar acerca de la definición de lo humano es uno de los motores narrativos de los que emergieron algunas de las leyendas, mitos y relatos más perdurables de la historia de la cultura. Su núcleo, a pesar de sus notorias diferencias, se repite: la figura creada permite abordar el misterioso origen de lo humano y las paradojas que anudan los destinos de la creación, el creador y el ser creado.

La Edad Media sumó la búsqueda obsesiva de la creación efectiva de autómatas, *homunculus* y máquinas humanoides. En el siglo XIII, Alberto Magno inventó "El hombre de hierro" y Roger Bacon desarrolló "La cabeza parlante". En el siglo XVI, en las prácticas necrománticas heredadas de los alquimistas medievales, Paracelso llevó adelante experimentos destinados a la invención de un homúnculo, un ser creado sin la participación de una mujer en el proceso de fecundación. Los filósofos naturales de aquellos siglos creían en la existencia de tres procedimientos que permitían la gestación de vida: enterrar durante cuarenta días una bolsa en la que se hubiera mezclado carbón, mercurio y fragmentos de piel o cabello humanos; alimentar con leche y miel una mandrágora, crecida en la tierra en la que se hubiera volcado el semen esparcido por un ahorcado en sus últimas convulsiones; reemplazar en el huevo puesto por una gallina negra una parte de su clara por esperma.

Los siglos XVIII y XIX, alejados de la intención de crear vida, asistieron a la aparición de científicos que se dedicaron a fabricar autómatas. Entre los intentos más notables se encuentra "El niño músico" del francés Jacques de Vaucanson, en el siglo XVIII, capaz de interpretar melodías breves; "El Turco", el autómata ajedrecista diseñado por Wolfgang von Kempelen y heredado por su continuador en la corte de Viena, Johann Mäzel, en el siglo XIX; "El Escritor", "El Músico" y "El Dibujante", autómatas creados por el suizo Henri Jacquet-Droz y su hijo Pierre a mediados del siglo XVIII[1]. Los personajes más ilustres de las cortes europeas se deslumbraron con estas invenciones y contrataron a sus creadores para que realizaran nuevos trabajos. La preocupación por el origen de lo humano había abandonado la convicción medieval en la posibilidad de crear vida, pero la búsqueda de imitar la capacidad demiúrgica seguía siendo una obsesión en los sabios de la modernidad.

Más allá de estas invenciones, la posibilidad de crear vida y sus sustitutos, los autómatas, fue una constante en la narrativa. En gran medida, esta indagación del vínculo del creador y su creación no deja de ser, al mismo tiempo, una reflexión sobre el arte y la habilidad demiúrgica del artista. Desde la creación del homúnculo en la segunda parte de *Fausto* (*Faust*, 1832) de Johann Wolfgang von Goethe (1749-1832) hasta la fascinación de E.T.A. Hoffmann (1776-1822) en relatos como "El autómata" ("Die Automate", 1814) y "El hombre de arena" ("Der sandman", 1817), la posibilidad de abordar este vínculo atraviesa el siglo XIX. También debe destacarse, entre los exponentes más notables, el autómata femenino de *La Eva futura* (*L'Eve future*, 1886) de Villiers de l'Isle-Adam.

A lo largo del siglo XX, el cine recuperó este interés en la figura del autómata. Su primera manifestación, *Homunculus, 1. Teil*, narra el drama del protagonista cuando descubre su origen artificial. El homúnculo había sido creado por el profesor Hansen y su ayudante Rodin. La formación que recibe le permite convertirse en un sujeto ilustrado y llega a ser el dictador de un gran país. A partir de allí, el autómata aparece de manera recurrente en el cine alemán del período de entreguerras. El sonámbulo Cesare de *El gabinete del Dr. Caligari*, las pequeñas criaturas creadas por el ilusionista de *El gabinete de las figuras de cera*, la falsa María de *Metrópolis* y la muñeca y su doble humana en *La muñeca* (*Die Puppe*, 1919) –la parodia de Ernst Lubitsch de los motivos de Hoffmann– ponen de manifiesto esta tendencia. En años posteriores, los autómatas estuvieron presentes tanto en el cortometraje animado *Fétiche* (Wladyslaw Starewicz, 1934) como en *Le joueur d'échecs* (Raymond Bernard, 1927), que

---

[1] En *La invención de Hugo Cabret* (*Hugo Cabret*, 2011), Martin Scorsese realiza no solo un homenaje a estos creadores, sino que propone un vínculo estrecho que conduce de estas experimentaciones a la invención del cine a fines del siglo XIX. De esta manera, el cine parece proceder de los estudios llevados a cabo por estos personajes excéntricos.

retoma la historia de Mäzel. Más cerca en el tiempo, los años ochenta propusieron representaciones de los autómatas en distopías urbanas como *Blade Runner* (Ridley Scott, 1982) y *Terminator* (*The Terminator*, James Cameron, 1984).

Frankenstein

Las explícitas referencias a los alquimistas medievales y sus continuadores posicionan a *Frankenstein, o el moderno Prometeo* en la senda de estos relatos. Mary Shelley indaga en su novela el secreto alquímico por excelencia: la creación de vida[2]. En su búsqueda, Victor Frankenstein apela a la confluencia de una serie de saberes y discursos. Por un lado, descubre las obras del cabalista alemán Cornelius Agrippa de Nettesheim, del precursor de la química y místico suizo Theophrasto von Hohenheim Paracelso y del teólogo dominico Alberto Magno. Por otro lado, acude al estudio de las ciencias modernas en la Universidad de Ingolstadt, la cuna de la secta de los Illuminati. La imbricación de los estudios de los sabios medievales y la racionalidad moderna le permite descifrar los enigmas de la vida y convertir al hombre en su propio creador[3].

Entre las discusiones suscitadas por *Frankenstein*, se destaca aquella relacionada con la pertinencia o no de su ubicación en el linaje del mito prometeico. Si la novela se inscribe en esa tradición desde su subtítulo, no lo hace a partir de la versión de Hesíodo (el titán filantrópico que le roba el fuego a Zeus para entregarlo a los hombres), sino de la versión de Ovidio (el titán que modela al hombre con arcilla). Al mismo tiempo, debe tenerse en cuenta que, en la estela del Romanticismo, el mito prometeico es también el mito del artista. Victor Frankenstein se concibe así como un científico artista que pretende liberar al ser humano de las ataduras de los dogmas y sus restricciones morales. Sin embargo, la novela se articula como una fábula moral que denuncia los peligros de la búsqueda irrestricta del saber y las

---

[2] Entre los vastos relatos y leyendas sobre la creación de vida sobresale la influencia de la historia del Golem. Suele atribuirse la creación del auténtico Golem a Judah Loew (1512-1609), rabino en Praga durante el reinado de Rudolf II de Hasburgo, cuando Praga era la capital del reino de Bohemia. Román Gubern (1979) precisa dos discrepancias significativas entre Frankenstein y el Golem. La primera es que Victor Frankenstein elabora su criatura a partir de partes orgánicas de otros cuerpos, en tanto el Golem es creado con arcilla. La segunda es que el doctor Frankenstein recurre a la ciencia para llevar adelante su invención, mientras que el rabino recurre exclusivamente a la religión y a conocimientos herméticos.

[3] Su acción debe concebirse no solo como un desafío lanzado a la divinidad, sino como una impugnación a la atribución de la creación a las mujeres. Al respecto, Gayatri Chakravorty Spivak sostiene, en "Three Women's Texts and a Critique of Imperialism", que la novela de Shelley problematiza la representación de la mujer como "maker of children" (1985: 249).

consecuencias de la ambición suprahumana. En esta contradicción entre la figura del benefactor de la humanidad y la denuncia de los riesgos de sus investigaciones se origina la discusión acerca de la pertenencia de *Frankenstein* al conjunto de las reelaboraciones del mito prometeico.

Para Roman Gubern (1979), el texto literario desafía las lecturas político-religiosas del mito del rebelde. Esto se debe a que, a diferencia de lo que ocurre en las historias de Adán, Satanás y Prometeo, la relación inicial entre la autoridad y el subordinado nunca es armónica; la criatura no se orienta a una búsqueda del poder, sino a su subsistencia; la hostilidad se inicia en la acción del creador; hay poderosos sentimientos de culpabilidad en el monstruo; la alianza de la autoridad con el derrotado es imposible porque el creador viola su palabra y torna inviable el acuerdo. Estos múltiples alejamientos de la variante político-religiosa del mito del rebelde conducen a Gubern a adscribir a *Frankenstein* a una variante familiar de este, vinculada con la relación filio-paternal. En este sentido, del mito prometeico solo quedaría la capacidad de crear vida; aunque en lugar de encarnar la figura del benefactor, Victor otorga oscuridad y destrucción. La novela se orienta así a la indagación del nexo entre un creador y su criatura como una formalización vicaria del nexo entre un padre y su hijo. Las secuelas de este desplazamiento son notables, dado que el protagonista del mito del rebelde no sería entonces el científico artista que desafía los límites estrechos del dogma religioso, sino su criatura, que cuestiona los poderes demiúrgicos de su creador. El monstruo se establece así como una figura de la rebelión[4].

El examen de la rebelión propuesto en la novela es mediado por la lectura del *Ensayo sobre el entendimiento humano* (1690) de John Locke, realizada por Mary y Percy Shelley en 1815 o 1816. De acuerdo con Jean-Jacques Lecercle (2001), en *Frankenstein* la reflexión sobre la infancia y sus procesos de socialización se articula como una ilustración narrativa de las ideas lockianas. Así, la hominización de la criatura se narra en los términos de la *tabula rasa*. En su recorrido se condensan todos los inicios: el descubrimiento de los elementos y las herramientas, la adquisición del lenguaje, de las normas sociales y del gusto. En concordancia con el método experimental, el monstruo recibe primero la sensación y luego accede a la reflexión. Constituye, de

---

[4] Por este motivo, si bien resulta difícil concebir a la novela como una versión del mito del rebelde en su variante política, su historia sí fue leída en clave política en múltiples oportunidades. Jean-Jacques Lecercle (2001) la interpreta como una reflexión sobre la fascinación inicial de la intelectualidad liberal inglesa por el fenómeno de la Revolución Francesa y su posterior rechazo y condena. En esta lectura, la criatura queda configurada como un monstruo político nacido del arrobamiento y la repulsión provocados por las masas después de la gesta revolucionaria y la implantación del terror. De un modo semejante, Franco Moretti propone, en *Signs Taken for Wonders* (1983), la posibilidad de concebir a la criatura como una cifra de la clase obrera en expansión, despojada de nombre e individualidad. En este sentido, debe tenerse en cuenta que su escritura se produjo en pleno auge de la Revolución Industrial, aunque su autora decidió ubicar la acción en un momento indeterminado del siglo XVIII.

este modo, una variante del proceso atravesado por el niño en su descubrimiento del mundo social[5]. Al mismo tiempo, la teoría de la *tabula rasa* del empirismo inglés confluye con las teorías rousseaunianas del buen salvaje. La maldad de la criatura, lejos de ser inherente, es aprehendida en el intercambio con el exterior, en la interacción con la comunidad que lo expulsa de su seno. La voluntad aniquiladora de ese marco social solo surge como respuesta a la exclusión inicial de la que es víctima.

La complejidad del texto literario se debe a su ambigua posición en relación con esta figura monstruosa. En el juego de relatos encastrados que conforma su estructura, a la criatura solo se le asigna de manera restringida el punto de vista. Y este queda encorsetado en los relatos marco de Victor Frankenstein y Robert Walton. Su carácter monstruoso es mayoritariamente percibido desde el punto de vista de la racionalidad europea que teme sus efectos perniciosos. Mary Shelley narra doblemente la gestación del monstruo: en primer lugar, se asiste a su formación por parte del científico; en segundo lugar, se describen los episodios que asimilan esa anomalía física a la moral[6]. El carácter monstruoso de la criatura se define en contraposición con la normalidad establecida por la cultura europea. El capitán del barco que rescata a Victor Frankenstein señala, al ver por primera vez la silueta lejana del médico, que "Al contrario que el viajero divisado la noche anterior, no era un ser salvaje, habitante de una isla inexplorada todavía, sino un europeo" (Shelley, 1986: 138). Su apariencia (piel amarilla, dientes blancos, ojos vidriosos, labios negruzcos) despierta la aversión inmediata. La contradicción de la novela se acentúa al puntualizar, por un lado, que su crueldad no es inherente, sino adquirida a causa de los rechazos padecidos; y señalar, por otro lado, que "sus rasgos traslucían la maldad y la perfidia" (*Ibid.*: 133). En esa tensión irresuelta se cifra la riqueza del relato y se encuentra la clave para pensar su productividad.

Aunque el origen de *Frankenstein* es literario, su conversión en mito es cinematográfica. Si bien a lo largo del siglo XIX la historia del científico y su criatura había tenido una repercusión notable, solo adquirió estatuto mítico a partir del estreno en 1931 de *Frankenstein* (James Whale) y su secuela, *La novia de Frankenstein* (*The Bride of Frankenstein*, Whale, 1935). En tanto el primer film traspone una versión teatral de la novela, *Frankenstein: An Adventure in the Macabre*, de Peggy Webling[7] (1927), el segundo retoma el texto de Shelley. En los dos casos se trata de relatos enmarcados preocupados por subrayar su voluntad didáctica y moralizante. La transgresión

---

[5] En este proceso, la lectura cumple un rol destacado. Oye a Felix, el hijo del ciego, comentar *Ruins, or Meditantions on the Revolution of Empires* de Volney; estudia con pasión *Werther*, la historia del héroe romántico de Goethe, y *El Paraíso perdido* de Milton, el emblema de lo sublime.
[6] En algunos de sus cuentos, como "La transformación" ("The Transformation", 1851) e "Historia de pasiones" ("A Tale of the Passions", 1828), se asiste a una equiparación semejante de los valores éticos y estéticos.
[7] Antes de esta versión, se habían realizado dos trasposiciones fílmicas: *Frankenstein* (J. Searle Dawley, 1910) y *Life Without Soul* (Joseph W. Smiley, 1915).

operada por Victor Frankenstein en su intento de apropiación de los poderes divinos recibe un castigo ejemplificador. En el inicio de *La novia de Frankenstein* se muestra a los asistentes a las veladas de Villa Diodati escuchando el relato de Mary Shelley. Allí, la autora puntualiza que "Mi propósito fue escribir una lección moral sobre el castigo que sufrió un mortal que se atrevió a emular a Dios".

Entre las múltiples modificaciones introducidas en el film de 1931, la bondad natural de la criatura se encuentra disminuida, dado que el doctor Frankenstein le trasplanta, accidentalmente, el cerebro de un criminal. A pesar de esto, su conducta no es criminal antes de ser expulsado de la comunidad humana. A partir de allí, una vez que su furia es puesta en marcha, devuelve a la sociedad la imagen que esta ha proyectado sobre él. En la secuela, se recupera la estrategia de asignarle, de manera acotada, el punto de vista a la criatura. Sin embargo, su relato no tiene la elocuencia retórica que posee en la novela, sino que presenta un habla precaria centrada inicialmente en una escasa serie de palabras pertenecientes al campo discursivo del cristianismo (pan, vino).

La tosquedad discursiva funciona como un complemento adecuado para la tosquedad de su apariencia. Esta, debida al trabajo del maquillador Jack Pierce, retoma un célebre grabado de la serie de los *Caprichos* de Francisco de Goya. Como señala Alberto Manguel (2005), en las dimensiones desmesuradas de la criatura se formaliza el producto exagerado de los poderes creadores del hombre. Sus proporciones siniestras emergen como el fruto de una imaginación desbordada. El interés del film reside, precisamente, en la tensión que establece entre esta monstruosidad (moral y estética) y su definición como el mero producto de la monstruosa búsqueda del conocimiento científico. Su ubicación ambigua como víctima y victimario, causa y consecuencia de la violencia, se acentúa en la apelación a una imagen crística en el desenlace para dar cuenta del linchamiento por parte de la muchedumbre.

En torno a la historia del autómata y su creador se desplegó una proliferación abrumadora de reescrituras. Entre las versiones epigonales de los años cuarenta, las parodias de esa misma década, las trasposiciones producidas en Inglaterra en los años sesenta y las del cine de terror italiano se cuentan innumerables variaciones. Cada una de ellas acudió a claves de interpretación diversas a partir de la matriz establecida por el texto de Mary Shelley. En 1990, Tim Burton dirigió una de las versiones más heterodoxas, por sus múltiples alejamientos de la historia y porque solo de manera oblicua se la puede considerar perteneciente a este linaje. Se trata de *El joven manos de tijera* (*Edward Scissorhands*), un abordaje audaz del vínculo creador-criatura y de los intentos denodados de esta por incluirse en el tejido social. Alejados de la historia de Shelley, Timothy y Stephen Quay realizaron en *El afinador de terremotos* (*The Piano Tuner of EarthQuakes*, 2005) una profunda indagación de los vínculos entre la creación artística, la investigación científica y la gestación de vida artificial.

Espacios reclusivos (*El joven manos de tijera*)

La figura del autor

La producción audiovisual realizada desde finales del siglo XX no puede ser analizada a partir de la categoría clásica de autor cinematográfico. Entre los fenómenos que propiciaron esta imposibilidad pueden mencionarse la proliferación de la tecnología digital, la yuxtaposición del cine con otras manifestaciones visuales, la multiplicación de los canales de distribución, la modificación de la noción de propiedad intelectual y la comprensión de las figuras del curador y/o programador como autores. La combinación de estos y otros factores condujo a la crisis de la noción de autor defendida tradicionalmente por la "política de los autores".

Sin embargo, a pesar de las crisis recurrentes, la noción de autor no desapareció. Ante al fracaso de los repetidos intentos de supresión de esta categoría debe impulsarse una necesaria revisión. Frente a la idea de autoría promovida previamente, puede fomentarse una noción de autor atenta a las condiciones de producción, a la inscripción genérica, a los diálogos con movimientos estéticos, a la aceptación del carácter colectivo de la realización cinematográfica.

En primer lugar, es necesario dilucidar en qué medida es posible sostener que un realizador, o un autor, imprime su firma en el texto. La noción tradicional de autor es solidaria de la de intencionalidad. Y ambas parecen apuntar a una definición comunicativa del cine (o de la escritura). Desde este punto de vista, el cineasta sería el encargado de comunicar un mensaje, a través de un canal, que llegaría indemne a su destinatario[1]. Al respecto, en "Firma, acontecimiento, contexto"[2], Jacques

---

[1] Esta asimilación de la escritura al cine puede pensarse a partir de la posibilidad, abierta por Derrida, de extender la noción de escritura a todas las especies de signos y comunicación.

[2] Publicado por Derrida en *Márgenes de la filosofía* en 1972. La publicación de este artículo generó una difundida discusión con J. R. Searle, uno de los representantes más importantes de la teoría anglo-americana de los actos de habla. La réplica de Searle, "Reiteración de las diferencias. Respuesta a Derrida", fue publicada en la revista americana *Glyph*, en la que también se publicó la respuesta de

Derrida discute la concepción comunicativa y representativa de la escritura. Para llevar adelante su cuestionamiento, erige a Étienne Bonnot, abate de Condillac, como representante de esta tradición. Condillac establece, en *Ensayo sobre el origen de los conocimientos humanos* (1746), un orden jerárquico y cronológico que se dirige desde el pensamiento a la comunicación y desde esta a la escritura. En esta concepción, el contenido del mensaje sería transmitido por diferentes canales, pero siempre "en un medio fundamentalmente continuo e igual a sí mismo, en un elemento homogéneo, a través del cual la unidad, la integridad del sentido no se vería esencialmente afectada" (Derrida, 1988: 351). En el desarrollo argumentativo sostenido por Condillac, la escritura depende de la necesidad de los hombres de comunicar. A partir de esta premisa, se sostiene que

> si los hombres escriben es porque tienen algo que comunicar, porque lo que tienen que comunicar es su "pensamiento", sus "ideas", sus representaciones. El pensamiento representativo precede y rige la comunicación que transporta la "idea", el contenido significado, porque los hombres se encuentran ya en situación de comunicar y de comunicarse su pensamiento cuando inventan, de manera continua, este medio de comunicación que es la escritura (*Ibid.*: 352).

Derrida postula la necesidad de introducir un quiebre en esta concepción. Y lo concreta al sostener que las condiciones de posibilidad de la escritura son la diferencia y la ausencia de destinatario. También Condillac sugiere que la comunicación parte de una ausencia; pero esta se suple por una presencia diferida. Derrida, en cambio, lleva al extremo una lógica de la ausencia. Por un lado, sostiene que esta presencia diferida o lejana del destinatario no es un hecho, sino una posibilidad. Propone la existencia de un "absoluto de la ausencia" en la definición misma de la escritura. Por otro lado, Derrida suma la ausencia del emisor. El autor se separa del mensaje emitido, y este "continúa produciendo efectos más allá de su presencia y de la actualidad presente de su querer decir, incluso más allá de su misma vida" (*Ibid.*: 354). De este modo, se genera una concepción de la escritura como una "estructura reiterativa, separada de toda responsabilidad absoluta, de la conciencia como autoridad de última instancia" (*Ibid.*: 356). Un aspecto notable de la propuesta de Derrida es que rompe con la comprensión de la comunicación como intercambio entre las conciencias o como transporte semántico del querer decir. Esta autonomía del mensaje respecto a su contexto de emisión (que nunca es absolutamente determinable)

Derrida a Searle, "Limited Inc a b c".

permite quebrar con el respeto a una supuesta intencionalidad manifiesta, exhaustiva y recuperable del emisor[3].

De la operación realizada por Derrida surgirían dos consecuencias: la concepción del signo escrito como "una marca que queda, que no se agota en el presente de su inscripción y que puede dar lugar a una iteración en ausencia y más allá de la presencia del sujeto empíricamente determinado que, en un contexto dado, la ha emitido o producido" (Goldschmit, 2004: 161); y la aceptación de la fuerza de ruptura que posee todo signo escrito en relación con su contexto. La condición de posibilidad de la escritura es que debe poder ser repetida y reproducida "en otro contexto diferente a aquel en el que ha sido producida y emitida; debe entonces poder significar fuera de su contexto de emisión: no existe, en este sentido, escritura fuera de contexto" (*Ibid.*: 161).

En segundo lugar, Derrida complementa la deconstrucción de la noción de escritura con la de la noción de "firma" o "signatura". La concepción tradicional de firma presupone la presencia de un autor, quien se inscribe a través de ella en el texto. La firma señalaría su presencia única. Para Derrida, la signatura no permite que la intención significante se vuelva una intención presente a sí misma y consciente de todas las significaciones posibles. Por eso, propone una noción de firma alejada de la metafísica de la presencia y solidaria de su comprensión de la escritura. Para hacerlo, parte de una premisa: una firma escrita implica la no presencia actual o empírica del signatario. Sin embargo, allí donde la concepción tradicional sostiene que la firma "señala también y recuerda su haber estado presente en un ahora pasado, que será todavía un ahora futuro, por tanto un ahora en general, en la forma trascendental del mantenimiento" (*Ibid.*: 370), Derrida opone una deconstrucción de este mantenimiento inscrito en la puntualidad presente de la forma de la firma. En tanto la comprensión tradicional supone que su ligadura con la fuente depende de la retención de "la singularidad absoluta de un acontecimiento de firma y de una forma de firma: la reproductibilidad pura de un acontecimiento puro" (*Ibid.*: 370), Derrida no cree que esta singularidad absoluta de un acontecimiento se produzca alguna vez. Por el contrario, "para ser legible, una firma debe poseer una forma repetible, iterable, imitable; debe poder desprenderse de la intención presente y singular de su producción" (*Ibid.*: 371). La originalidad de la postura derridiana surge de asumir que la firma deconstruye la posibilidad de la conservación de la significación por parte de un sujeto consciente, la posibilidad de control del sujeto sobre el texto que firma. Así, firmar sería separarse de lo que se firma e incluso de la signatura.

---

[3] Este gesto no busca desconocer la existencia de una posible intención, sino quitarle la exclusividad en la determinación de la significación del mensaje. "Lo que está puesto en cuestión (en SEC) no es la intención o la intencionalidad, sino su *telos* (el fin como cumplimiento natural), lo que orienta y organiza su movimiento, la posibilidad de su cumplimiento, de su plenitud actual y presente, presente a sí, idéntica a sí" (Goldschmit, 2004: 169).

El cuestionamiento de la naturaleza comunicativa de la escritura, trasladable al dominio del discurso cinematográfico, permite dejar a un lado la atención a la intencionalidad supuesta del autor. Si no se piensa en la escritura como comunicación de las conciencias, entonces no hay un contenido semántico preciso a develar. La imposibilidad de reconstruir la intención del autor abre la recontextualización infinita del texto. Si la lectura se establece como una instancia necesaria del proceso de escritura, entonces a la noción de firma se debe sumar la de "contra-firma". Esto se debe, como indica Jorge Panesi, a que

> el requerimiento o la demanda de la firma reclama otra firma, la contra-firma de la lectura y los efectos contaminantes, dispersivos y repetitivos del futuro, de la supervivencia y la no menos fantasmática obligación afirmativa de un lector que estará obligado a decirle "sí" a mi texto (2000: 101).

La variabilidad de las lecturas reafirma la heterogeneidad identitaria de todo autor. Los autores de los films del goticismo contemporáneo se conciben en este sentido. De esta manera, Tim Burton[4] no se asimilará a una identidad fija y coherente, cerrada sobre sí misma y regida por una serie de principios inmodificables, sino a una polifonía de voces, multiplicadas por el efecto dispersivo de las lecturas. Tim Burton, al igual que el resto de los cineastas (Guy Maddin, Stephen Frears, Alejandro Amenábar, Tomas Alfredson, Stepehn y Timothy Quay), conforma una firma repetida, pero no una esencia que deba ser reconstruida. No es posible buscar su origen, su ser antes de los textos. Solo una detenida atención dirigida a estos puede evitar los riesgos del encierro metafísico en la consideración de la manifestación sensible como una mera representación segunda.

---

[4] Tim Burton (1958-) se formó en el interior del cine de animación. Durante sus primeros años, se desempeñó como ilustrador en Disney. Sus largometrajes manifiestan una clara incidencia de esa experiencia así como un notorio interés en la cultura popular; en especial, en aquella surgida en los medios de comunicación alrededor de las décadas de 1950 y 1960. Sus películas suelen abordar, de manera paródica, los tópicos del cine de terror y la ciencia ficción. A lo largo de su extensa filmografía se destacan: *Beetlejuice* (*Beetlejuice*, 1988), *Batman* (*Batman*, 1989), *El joven manos de tijera* (*Edward Scissorhands*, 1990), *Batman vuelve* (*Batman Returns*, 1992), *Ed Wood* (*Ed Wood*, 1994), *¡Marcianos al ataque!* (*Mars Attacks!*, 1996), *La leyenda del jinete sin cabeza* (*Sleepy Hollow*, 1999), *El cadáver de la novia* (*Corpse Bride*, 2005) y *Sombras tenebrosas* (*Dark Shadows*, 2012). Su ubicación en el campo cinematográfico americano contemporáneo resulta compleja por su participación en el marco del cine producido por los grandes estudios hollywoodenses y la conservación simultánea de cierta autonomía característica del cine independiente. Véase: Ferenczi (2010), Rodríguez (2006), Arza (2004), Fernández Valenti (1997), Hanke (2000), Merschmann (1999), Salisbury (1995) y Sánchez Navarro (2000).

Delimitaciones espaciales

Los conflictos suscitados por la irrupción de la otredad suelen manifestarse en la distribución espacial. La relación polémica entre lo otro y lo mismo tiende a espacializarse y a concebirse como un dilema que se plantea en términos topográficos. El combate se materializa en las luchas que los oponen territorialmente. Ambos se afincan geográficamente y defienden sus dominios de las amenazas que intuyen en sus respectivos otros. Por este motivo, todo análisis de la alteridad debe ser sensible a los valores topográficos de las representaciones. En el caso de *El joven manos de tijera*, la configuración espacial se pone al servicio de la delimitación precisa de los ámbitos enfrentados de lo mismo y lo otro. Así, la dimensión espacial se estructura, inicialmente, en términos binarios. Esta construcción dual promueve una concepción de los representantes de la alteridad como figuras inasimilables, pertenecientes a un universo distinto, radicalmente ajeno[5].

La teoría constructivista desarrollada por David Bordwell (1996) puede resultar productiva para analizar la configuración espacial en estos términos. Esta teoría sostiene que los films ofrecen claves a las que el espectador aplica una serie de conocimientos denominados "esquemas". Guiados por estos, el espectador hace asunciones e inferencias y formula hipótesis sobre los acontecimientos de la historia y las coordenadas espacio-temporales. Se presupone la participación de un espectador activo que trabaja a partir de los indicios suministrados por el film. Durante su transcurso, el espectador elabora hipótesis que deben ser comprobadas, lo cual transforma la recepción en un proceso dinámico. En este, según Bordwell, "el observador examina los planos respecto a lo que espera ver y ajusta las hipótesis de acuerdo con ello" (1996: 112).

La teoría constructivista afirma que la representación espacial se elabora en función de un propósito narrativo. Esta presuposición, aplicada principalmente al modelo del cine clásico, se cumple manifiestamente en la configuración de *El joven manos de tijera*. Su construcción se articula en torno a un principio de comunicabilidad espacial. La intención narrativa requiere que el territorio representado sea claro, total y coherente. Desde el inicio, es necesario que se proponga un "mapa del

---

[5] En gran medida, el interés de *El joven manos de tijera* reside en su reescritura de las historias de la creación de vida. En relación con *Frankenstein*, su modelo canónico, presenta una serie de continuidades y rupturas. Entre las primeras, se destaca la equiparación del proceso de hominización con la idea lockiana de la *tabula rasa*. Entre las segundas, la asignación del punto de vista a la criatura y la sustitución del *mad doctor* negativo por un inventor que crea objetos lúdicos. Finalmente, la principal divergencia radica en su rechazo a cumplir una función pedagógica y a condenar a los sujetos que se atreven a desafiar las limitaciones (sociales, religiosas, morales, científicas) en su búsqueda del conocimiento. El interés de Burton en el mito frankensteiniano se había manifestado con anterioridad en el rodaje de su cortometraje *Frankenweenie* (1984) y, luego, en su propia reelaboración como largometraje animado, *Frankenweenie* (2012).

espacio escenográfico", es decir, del espacio imaginario de la ficción. Al respecto, Bordwell puntualiza que, en general, "el mapa es más bien una codificación y un almacenaje selectivo de los elementos más sobresalientes narrativa y espacialmente" (*Ibid.*: 113). Si bien el espectador no puede evocar una réplica detallada del espacio, sí es capaz de descifrar las principales configuraciones que le permiten orientarse en la construcción topográfica. La comunicabilidad se sustenta en el establecimiento temprano de un mapa del espacio global del film orientado a explicitar la ubicación de los ambientes representados.

En *El joven manos de tijera* esta cartografía se establece a través de la conjunción de dos *travellings* aéreos, estructurados como planos únicos de larga duración. Se trata de los planos que permiten el pasaje de la primera a la segunda escena y que describen el trayecto que conduce desde la casa de Kim hasta la mansión de Edward en la montaña, atravesando el ámbito de la pequeña comunidad que media entre ambos[6]. Desde esta presentación, la función narrativa del mapa del espacio escenográfico se orienta a señalar la delimitación de los dominios enfrentados de lo mismo y lo otro.

Esta necesidad de establecer una delimitación precisa requiere la proposición de un repertorio de figuras de la demarcación. Estas cumplen la función de indicar la cercanía y, simultáneamente, la abismal separación de los ámbitos. En *El joven manos de tijera*, esta demarcación territorial incluye objetos carcelarios como rejas o jaulas. Estos elementos se ponen al servicio del señalamiento de la reclusión de la figura de la otredad. La mansión que habita Edward está aislada del resto de la ciudad, a la que no pertenece, por dos rejas: una se encuentra en la base de la montaña y otra rodea la propiedad. Esta doble demarcación parece sugerir la peligrosidad de aquello que se esconde en el interior, aunque, finalmente, ambas resultan fácilmente transgredidas.

Otra figura de la demarcación se encuentra en la recurrente aparición de rutas y carreteras. Los desplazamientos espaciales son constantes y permiten apreciar la distancia, geográfica y simbólica, que separa los ámbitos de lo mismo y lo otro. La mansión de Edward se encuentra en un considerable aislamiento en relación con la ciudad de los alrededores. Las carreteras, como las otras figuras de la demarcación, parecen combinar la función comunicativa, la indicación de la proximidad, con la puntualización rigurosa del alejamiento. Cada figura señala la ambigüedad que la constituye: la imposible reconciliación de la proximidad geográfica y la distancia simbólica.

Esta misma delimitación puede analizarse en la dimensión de los espacios institucionales. Su representación señala claramente la no pertenencia del protagonista a estos marcos. En la ciudad se hallan un banco, una escuela, un centro comercial,

---

[6] Estos planos se caracterizan por proponer un recorrido de carácter espacial y temporal. A medida que el plano recorre el terreno, se produce una analepsis. De este modo, se propone una imbricación temporo-espacial.

un local de comida rápida, una comisaría y un juzgado. Estos lugares se introducen en el relato a través de planos de establecimiento estáticos de sus fachadas. En estas, se hace hincapié en la función social que los define mediante la incorporación de carteles. La representación, sin embargo, desnaturaliza estos dominios de lo social. A través de diferentes procedimientos, introduce breves rupturas en su construcción. En algunos casos, como en el plano del banco al que acude Edward, apela a marcados contrapicados que subrayan el poderío de las instituciones en relación con los individuos no inscriptos en ellas. En otros, como en la presentación del centro comercial, recurre a planos oblicuos para acentuar su visión distorsionada. De estas maneras, se propone una mirada desnaturalizada de los ámbitos de la normalidad social y se señala la no inclusión del protagonista.

El binarismo espacial de *El joven manos de tijera* subraya el enfrentamiento de dos territorios. Por una parte, el vecindario característico de las décadas del cincuenta y del sesenta. Su cohesión espacial está asegurada por la recurrencia a una misma gama cromática, en torno a los colores pálidos. La reiteración de un parámetro arquitectónico similar en su diseño (una única planta, ventanas pequeñas, jardines austeros) subraya su carácter uniforme. Por otra parte, como desafío a esta dimensión se presenta el dominio habitado por Edward, la lóbrega mansión gótica en la montaña.

El contraste entre el vecindario y la mansión se produce en diversas dimensiones. Por un lado, a partir de la diferencia entre la quietud y el movimiento. El vecindario es presentado, inicialmente, en planos fijos. De este modo, se introduce el inmovilismo de ese entorno suburbano. Este experimenta una primera ruptura a partir del momento en el que Peg decide visitar la mansión. Desde allí, el relato incorpora el movimiento. Por otro lado, la oposición se construye en el par antinómico horizontal-vertical. No se trata solo del emplazamiento de la mansión en la montaña, sino que esta es filmada en *travellings* verticales que refuerzan el sentido ascensional. Por el contrario, los suburbios son filmados mediante *travellings* laterales que acentúan el efecto de horizontalidad (Imagen 8). Si la narrativa gótica implica siempre una emoción del espacio, debería acotarse que se trata de una emoción del espacio vertical. La necesidad de huir del dominio de lo pragmático se expresa en esta preponderancia de lo alto, de aquello que señala un gesto ininterrumpido de huida del mundo. También la iluminación señala la diferencia entre la luz diurna del vecindario y la penumbra permanente de la mansión. Si la transparencia de la ciudad permite apreciar sus apariencias, la oscuridad remite a aquello no visible o que escapa al control racional de los sentidos. La estética *kitsch* de la comunidad, la predilección por los colores llamativos y los múltiples objetos que decoran las casas, implican un contraste evidente con el vacío y el despojamiento del castillo. Los amplios salones no ornamentados, los techos abovedados, el gris de las paredes y de las máquinas (en una dislocada reconstrucción del imaginario maquínico del siglo XIX), indican un rechazo extremo a la concepción utilitaria del espacio del vecindario. Si la pequeña ciudad responde a una noción del espacio centrada en lo útil y en la acumulación, característica de la sociedad de consumo, la propiedad de Edward implica la entrada en un universo imaginario. La morada negra procedente de los cuentos de terror se opone a las casas de los suburbios de los Estados Unidos. El cuento de hadas se constituye como el opuesto del *kitsch* consumista (Imagen 9).

La guarida gótica

En la composición binaria diseñada, los contrastes se refuerzan por la apelación a los principales tópicos espaciales de la narrativa gótica para caracterizar el dominio habitado por Edward. En su configuración se recurre a los rasgos determinantes de su origen en la arquitectura medieval. Este estilo arquitectónico, dominante en la Baja Edad Media, se distinguió por la conversión de la desmesura en su categoría estética privilegiada. A diferencia de la búsqueda clásica de la armonía, el equilibrio y la economía en el empleo de los recursos, la arquitectura gótica se centró en aquello que escapaba a lo mensurable. La construcción de las catedrales, emblemas de este período, se rigió por la preponderancia que el efecto de lo inmenso debía tener en los feligreses. Esta búsqueda determinó la elección de los procedimientos necesarios y las dimensiones requeridas. La desmesura fue así uno de los ejes que condujo al deslumbramiento de quienes contemplaban la magnificencia de las catedrales medievales[7]. Si la desmesura fue el principio rector de la arquitectura gótica, su espectro puede percibirse todavía en los espacios de las películas góticas contemporáneas. En *El joven manos de tijera*, su aparición se vislumbra en el exceso de las dimensiones humanas detentado por la mansión. Esta desmesura no se limita a la cuantificación de su tamaño y proporciones, sino que se incrementa por su presentación a través de *travellings* ascendentes. Estos planos también recurren a pronunciados contrapicados que acentúan la inmensidad del edificio. La sumatoria del movimiento y la angulación propicia un efecto de majestuosidad frente a su contemplación.

A su vez, debe recordarse la predilección de la arquitectura gótica por la inclusión del hombre en la naturaleza. Su arquetipo se basó en los refugios naturales,

---

[7] Wilhelm Wörringer señala que esta tendencia a la desmesura genera el enfrentamiento de la arquitectura gótica con la arquitectura clásica y relaciona esta contraposición con la existente entre lo dionisíaco y lo apolíneo en la filosofía nietzscheana. En sus palabras, "el desenfreno subversivo, la reivindicación de la naturaleza salvaje contra la civilización, de la sabiduría lindante con el horror, del éxtasis de la embriaguez (Nietzsche) concuerda con la abstracción de lo inorgánico, la expresión de la vida interior, la movilidad centrífuga, la fuerza de expresión, la asimetría" que definen la concepción gótica de la arquitectura (Wörringer, 1967: 163).

fundamentalmente en las cavernas, consideradas una confluencia sintética de las dos principales moradas naturales del hombre: el útero y el sepulcro. Su arraigo en la tierra, la ausencia de una delimitación clara en relación con la roca de la que formaba parte, la convertía en la manifestación privilegiada de la concepción gótica de la morada negra. Este espacio de encierro adquirió diversas figuras en las representaciones literarias y cinematográficas; sin embargo, el sustento de sus concepciones espaciales no varió.

En la narrativa gótica la trama se organiza siempre en función de un *locus*. Las moradas negras, caracterizadas por el extremismo de su aislamiento, constituyen algo más que el escenario del drama. La lucha por su apropiación se erige como el conflicto central de los relatos. Desde el inicial *El castillo de Otranto* (*The Castle of Otranto*, Horace Walpole, 1764), el combate por el territorio articula la narración y formaliza la acción. El intento de Edward de insertarse en el marco comunitario se inscribe en este linaje de historias centradas en las querellas por el espacio. Si el conflicto estructural se relaciona con la posesión o apropiación de los diferentes dominios, o con la posibilidad de inserción en los contornos del cuerpo social, el drama se desarrolla en esta batalla declarada por la defensa o la invasión territorial.

En *El joven manos de tijera*, la recurrencia a la espacialidad gótica también se aboca a la recuperación de ciertas figuras e imágenes constitutivas de esta narrativa; en particular, en la caracterización del entorno reclusivo del protagonista. La inscripción del film en el modo fantástico resulta consustancial a la elección del personaje, definido como un habitante de la periferia, un sujeto aislado de la comunidad. Su ubicación es un desplazamiento, un alejamiento del centro. Rosmary Jackson (1986) recurre a la noción de "espacio paraxial" para definir los territorios situados a cada lado del eje principal. Para Jackson, la literatura fantástica elabora su narrativa a partir de la amenaza que este ámbito ejerce sobre el central. En *El joven manos de tijera* se materializa la idea de un espacio paraxial y se le atribuye una serie de propiedades relacionadas con las moradas negras de la literatura gótica. Así, el film se inscribe en "una tradición cinematográfica en la que la casa se mostraba como el foco principal, como el escenario solitario y tenebroso en el que la desgracia cae sobre los protagonistas" (Arza, 2004: 97). Entre las figuras más evidentes de esta tradición se encuentra el marcado arcaísmo de estas mansiones o castillos abandonados. La supervivencia de la mansión de Edward se opone a la comunidad que la rodea, liberada de toda relación con la Historia.

Al mismo tiempo, este arcaísmo confluye con un marcado anacronismo. La irrupción de lo anacrónico constituye un tópico de las consideraciones topográficas del modo fantástico, dado que permite espacializar las confusiones temporales. La anacronía posibilita la yuxtaposición de distintos tiempos: el pasado, el presente y el futuro. Esta pérdida de la secuencia cronológica puede percibirse en la imposibilidad de adjudicar un tiempo preciso a *El joven manos de tijera*. Su temporalidad se construye a través de la sumatoria equívoca de informantes anacrónicos. En su construcción se alternan elementos tecnológicos de fines del siglo XX, como reproductores de discos compactos; vestuario y edificaciones de mediados del mismo siglo; y la mansión que remite a los castillos góticos configurados por el imaginario romántico del siglo XIX.

Más allá de esta identidad escindida, otra característica recurrente es la irrupción sorpresiva. La aparición de estas propiedades siempre resulta inesperada, imprevisible. Se las aísla de las ciudades para señalar la absoluta distancia que las separa de su exterior. Para conseguir este señalamiento, se apela a la problematización de la visión: Peg percibe la mansión a través del espejo de su auto (Imagen 10). Esta apelación al espejo resulta sintomática dentro de la narrativa gótica. Allí, el espejo funciona como la superficie comunicante de diferentes planos de existencia. Lo imaginario y lo real confluyen en la imagen proyectada. En su delgada superficie se ponen en contacto dominios extraños, opuestos y, muchas veces, irreconciliables. En palabras de Jackson,

> muchos de los mundos extraños del *fantasy* moderno se localizan en, o a través, o más allá del espejo. Son espacios que están detrás de lo visible, detrás de la imagen, presentando áreas oscuras de las que puede surgir cualquier cosa (1986: 40).

La visibilidad de la mansión a través de su imagen reflejada en el espejo pone de manifiesto la preocupación del modo fantástico por la temática de lo visible. Por ello, "la topografía del fantástico moderno sugiere una preocupación por los problemas de visión y visibilidad, ya que se estructuran alrededor de imágenes espectrales: espejos, cristales, reflejos, retratos, ojos" (*Ibid.*: 41). Estas mediaciones permiten hacer visible lo invisible.

Este lugar invisible, aislado y arcaico se encuentra, además, rodeado por distintos elementos climáticos que duplican su extrañeza. La nieve, un recurso frecuente en la narrativa gótica (presente también en *Criatura de la noche*), se introduce en escenas claves del film. También se suma la niebla, un elemento inseparable del clima melancólico que se imprime a esta morada. Esta diferencia entre los cristalinos dominios comunitarios y los opacos territorios paraxiales, abrumados por elementos que obstaculizan su visión, recupera una certeza de Jackson: los parajes góticos son espacios desolados, "vacíos e indeterminados, menos definibles como lugares que como espacios, como huecos blancos, grises o sombreados" (*Ibid.*: 40).

En el interior de las moradas se repite el aislamiento. La narrativa gótica se ordena como un juego de cajas chinas. La duplicación produce la sensación de infinitud que orienta también la estructura narrativa –la narrativa gótica describe círculos, con lo cual propone la ausencia de clausura–. En esta economía, el ático ocupa un lugar destacado. Este, de acuerdo con María Negroni (1999), es habitado por los testigos silenciados de la sociedad. Edward espera allí, luego de la muerte de su inventor, para ser concluido. El ático funciona como un territorio seguro cuando el resto de los espacios son invadidos por los representantes del exterior. Este encierro voluntario es la reacción frente a la cercanía del afuera. Si en el cine de terror, el ático es el terreno donde ocurre lo siniestro, la inversión operada en este film lo convierte en la guarida protectora del otro, el territorio donde puede evadirse la persecución tenaz de los representantes del orden social.

Su ubicación en la montaña refuerza la capacidad estratégica de su emplazamiento. La morada negra funciona como un centro indudable de poder. Su posición dominante, su ubicación privilegiada, permite la visibilidad del exterior y la opacidad del interior. Su construcción recuerda una fortaleza caída en el olvido. Finalmente, la compenetración del espacio y quien lo habita conduce a una equiparación de ambos. La mansión en la montaña duplica a Edward. Su aislamiento, su vastedad, su arcaísmo, su anacronía y su invisibilidad constituyen al sujeto y su ámbito.

Comunidad

Edward ocupa las periferias de la sociedad, es un habitante de sus contornos. Desde esa posición, sin embargo, deviene una amenaza para el orden social. El peligro que representa no depende necesariamente de su accionar, o de su voluntad, sino de su propia existencia. Su presencia resulta perturbadora. Por ello, el equilibrio solo puede sostenerse a través de la separación rigurosa de los espacios. El conflicto, por consiguiente, estalla cuando esa frontera es transgredida.

La presencia de Edward puede ser inicialmente tolerada. La calle se postula como el primer lugar de convivencia. Este ámbito se hace presente de manera recurrente y se acentúa la participación del protagonista en los acontecimientos del vecindario. Las calles y sus sustitutos (centros comerciales, escuelas, juzgados) se instalan como los ámbitos de la convivencia temporaria. Estos dominios se representan en planos generales, no solo por una necesidad de amplitud, sino porque están regidos por la intención de señalar la copresencia en el campo de los distintos personajes: los representantes de lo otro y de lo mismo. Hasta ese punto, entonces, la convivencia en un territorio común se evidencia a través del empleo del campo compartido.

A pesar de esto, la integración nunca deja de ser parcial y la inclusión no llega a realizarse por completo. La supervivencia de una línea divisoria imaginaria se materializa en el empleo de ciertos recursos del montaje. Así, en el film se propone una representación homogénea de los miembros de la comunidad que excluye a Edward. En las dos escenas que muestran los diálogos telefónicos sostenidos por las vecinas, se recurre al procedimiento del plano/contraplano. Este procedimiento es utilizado habitualmente para dar cuenta de la pertenencia de dos encuadres a un mismo espacio. Sin embargo, en estos casos se lo utiliza para producir una anulación de la distancia existente entre los ámbitos presentados. De esta manera, se genera la impresión de inclusión en un mismo espacio. Las hablantes se representan en una situación de copresencia y se subraya, de este modo, su homogeneidad. Por otro lado, la simultaneidad con la que se relatan la partida y la llegada de los habitantes masculinos del barrio indica, con ironía, la masificación de sus conductas. La mostración de las largas hileras de mujeres esperando que Edward les corte el cabello, se lo corte a sus mascotas o pode sus árboles, también se orienta a subrayar el funcionamiento de este proceso homogeneizador.

La noción que domina esta construcción espacial es la de comunidad. La comprensión del rol que esta cumple en el film requiere tener en cuenta la "teoría de la comunidad" desarrollada por Zygmunt Bauman[8]. La posibilidad de propiciar un cruce de esta teoría con el discurso cinematográfico se debe a la importancia adjudicada al espacio en el análisis de la contemporaneidad realizado por este sociólogo polaco. En su explicación, el afianzamiento de la búsqueda comunitaria surge como respuesta a la incertidumbre característica del período de la "modernidad líquida". Frente a la creciente licuefacción de la vida moderna, los sujetos se recluyen en la seguridad comunitaria. Esta se postula como la promesa de un refugio eficaz ante los efectos devastadores de la globalización. La potencia de las fuerzas desintegradoras impulsadas por la modernidad líquida fomenta la recuperación de las evocaciones paradisíacas de la idea de comunidad. Dentro de esta perspectiva, la comunidad ideal sería un completo "*mappa mundi*: un mundo total, que proporciona todo lo necesario para una vida significativa y gratificante" (Bauman, 2005b: 183). El mundo comunitario está completo porque todos los demás son irrelevantes u hostiles. Bauman indica que "la armonía interna del mundo comunitario reluce y centellea contra el fondo de la oscura y enmarañada jungla que empieza del otro lado del portal" (*Ibid.*: 183). Si la modernidad líquida y la fluidez de las tecnologías de la comunicación convierten en vaporosos los límites de la comunidad, entonces esta comienza a ser percibida como "una fortaleza asediada y bombardeada por enemigos externos y desgarrada por los disturbios internos" (*Ibid.*: 21).

La defensa del dogma comunitario impulsa la demonización del otro. Esta conversión es requerida por la incertidumbre ontológica experimentada por los integrantes de la comunidad. Su clausura, su renuencia a aceptar la existencia de algo exterior a sus límites, configura uno de los aspectos centrales de la representación espacial de *El joven manos de tijera*. Esto se puede plantear en dos dimensiones: por una parte, en la exclusión casi absoluta de todo espacio exterior. Este permanece fuera de

---

[8] La teoría de Bauman sobre la comunidad se desarrolla principalmente en textos como *Modernidad líquida* (2005), *Comunidad* (2005) y *En busca de la política* (2006).

campo y solo se actualiza breve y esporádicamente. Por otra parte, el representante de la otredad, quien parece ser extraño a la comunidad, pertenece en realidad a su límite. Es, al mismo tiempo, exterior e interior, propio y ajeno. Es un mal tolerado, una proximidad no elegida.

A su vez, el funcionamiento de la comunidad no requiere que sus miembros sean iguales en todos los aspectos. Solo es necesario que las semejanzas jerarquizadas neutralicen las diferencias existentes. Por eso, Bauman precisa que "El aspecto en el que todos somos iguales es decididamente más significativo que todo lo que nos distingue" (*Ibid.*: 187). Las estrategias homogeneizadoras se ponen al servicio de subsumir la diferencia a la norma comunitaria. De manera complementaria, tampoco los representantes de la otredad difieren en todos los aspectos, pero sí lo hacen en un rasgo *más importante que los demás. En este juego de similitudes y diferencias se trazan fronteras visibles y rigurosas*[9]. La prosperidad comunitaria depende de su encarnación territorial y del delineamiento de contornos precisos.

Por este motivo, Bauman concluye que la idea de una comunidad inclusiva implica una contradicción en los términos. Toda comunidad es definida por aquello que expulsa de sus límites. En su argumentación, retoma las investigaciones desarrolladas por Robert Redfield. Este antropólogo norteamericano caracteriza a las comunidades por la confluencia de tres rasgos: -distintivas: la división entre mismidad y otredad es tan exhaustiva como disyuntiva, no quedan casos intermedios; -pequeñas: la comunicación entre sus miembros es omniabarcante y densa, y las señales que esporádicamente llegan desde el exterior se presentan así a una luz desfavorable debido a su rareza, superficialidad y negligencia comparativas; -autosuficientes: "el aislamiento de 'ellos' es punto menos que completo, las ocasiones para romperlo son escasas y alejadas en el tiempo" (Bauman, 2005a: 18-19). La unidad comunitaria depende del bloqueo de las líneas de comunicación con el exterior. En este sentido, "la mismidad se evapora una vez que la comunicación entre sus miembros y el mundo externo se hace más intensa y más importante que los intercambios mutuos entre sus miembros" (*Ibid.*: 19).

Bauman señala que la limitación de la propuesta de Redfield reside en que solo puede aplicarse a comunidades pequeñas con una interacción restringida con el afuera. Sin embargo, la comunidad de *El joven manos de tijera* cumple rigurosamente con su definición y materializa este carácter distintivo, pequeño y autosuficiente. La recurrencia a la matriz de los cuentos de hadas[10] justifica la supervivencia

---

[9] En gran medida, la preocupación de Bauman acerca de la problemática de la comunidad se vincula con los conflictos suscitados tanto por el funcionamiento efectivo del Estado-nación como por su crisis actual. Por este motivo, en su argumentación adjudica una importancia crucial a las temáticas del "nacionalismo" y el "patrioterismo".

[10] Esta matriz se encuentra presente desde el prólogo, en el que una abuela le cuenta a su nieta la historia que constituye el centro del film, en el marco de una habitación infantil ambientada en concordancia con las ilustraciones de los cuentos de hadas.

anacrónica de una comunidad de esta clase. De hecho, lo analizado hasta ahora permite comprender que la construcción del espacio apunta a subrayar su aislamiento y demarcación. La separación descrita entre el nosotros y el ellos se configura a partir de la separación de los planos y la delimitación de los dominios de cada sector. La vida comunitaria implica el contacto con una reducida asociación de conocidos, en la que resulta perceptible y llamativa la aparición de un sujeto extraño.

El resultado de este proceso de gestación comunitaria es que esta solo puede configurarse como una "comunidad de mismidad". En esta homogeneidad fundacional se establece la ironía que guía su existencia: la consecución de la seguridad implica la aceptación de la renuncia a la libertad individual. Para Bauman, allí radica la necesidad comunitaria de desarrollar estrategias que le permitan transformar a la comunidad "de un temido adversario de la libertad de elección individual, en una manifestación y reconfirmación (genuina o ilusoria) de la autonomía individual" (2005b: 84). La consecución de esta cohesión puede estar dada por la existencia de una amenaza verdadera o supuesta o por algo que representa la figura del enemigo público. Toda comunidad sostiene su existencia a partir de aquellas otras que suprime. En este sentido, la figura del otro resulta central en la conformación comunitaria. Al respecto, Bauman puntualiza que en "En la figura del extraño (que no es solo el 'desconocido', sino el *ajeno*, el que está 'fuera de lugar'), los temores de la incertidumbre, presentes en la totalidad de la experiencia de la vida, encuentran su encarnación ávidamente buscada y por tanto bienvenida" (*Ibid.*: 137). La demarcación del peligro exterior es un requisito imprescindible en el proceso de conformación comunitaria. La exclusión de sus otros es una parte nuclear de la construcción de la mismidad.

Reclusión invasiva

El joven manos de tijera constituye un ejemplo privilegiado de los abordajes propuestos por el goticismo contemporáneo para pensar la espacialización de la otredad. El texto parte de una situación de orden en la que las esferas de lo mismo y lo otro se encuentran aisladas. La ruptura se ocasiona cuando el representante de la otredad incursiona en el territorio de la normalidad social. Como ya fue señalado, su entrada genera una aceptación inicial, cristalizada en las obras escultóricas realizadas por Edward con los árboles del vecindario. En ellas se pone de manifiesto no solo su inclusión, sino la transformación del espacio público propiciada por su llegada. Esta intervención estética se postula como el logro de la convivencia.

Sin embargo, también es una acción sobre el espacio la que desencadena la animosidad de la comunidad: la entrada del protagonista en la propiedad de Jim. A partir de allí, se lo considera una amenaza concreta a la supervivencia del vecindario. Edward deviene así en un enemigo público, en una condensación de la inseguridad padecida por los habitantes de los suburbios. Su violación de la propiedad privada, cimiento indudable de la arquitectura comunitaria, pone en movimiento las acciones que conducen al repudio final.

Si el orden es puesto en crisis a través de una alteración del espacio, su recuperación depende, nuevamente, de un reestablecimiento del orden topográfico. Peg, constituida en vocera de la voluntad colectiva, se encarga de subrayar la necesidad de reconquistar el equilibrio social perdido: Edward debe volver a su hogar para recuperar la armonía previa. Expulsar al otro del espacio público es la única estrategia que puede aplacar la hostilidad que despierta su presencia. En este punto, la comunidad apela a efectivas políticas de confinamiento. Estas suelen emplearse como un gesto extremo ante el otro, interior o exterior, renuente a las tecnologías normalizadoras.

Al mismo tiempo, debe precisarse que la reclusión final es tanto impuesta como elegida. La voluntad de supresión comunitaria coincide con la voluntad de alejamiento de Edward. Si desde un punto de vista el encierro es concebido como una forma de evitar la contaminación y la peligrosidad del otro, desde el punto de vista inverso remite a la certeza romántica del necesario recurso a un encierro literal que permite evadir el enclaustramiento que supone la aceptación sumisa de las pautas del orden cultural. Así, los muros del castillo en la montaña son más permeables que las paredes invisibles que aseguran el funcionamiento de la comunidad.

El escape reclusivo acentúa la distancia existente entre Edward y la comunidad. En tanto esta se construye a partir de la repetición de los principios homogeneizadores, Edward se conforma como la figura de una otredad individualizada. No alegoriza una otredad particular, sino que se erige en el representante de una otredad radical. Ningún colectivo reclama su pertenencia. Esta renuencia a ser incluido en una comunidad lo constituye como representante extremo de la otredad en su carácter inasimilable. En ese rasgo que lo aísla se encuentra la fortaleza del monstruo, la potencia activa del agente de la diferencia.

La frágil clausura del film introduce, al respecto, cuatro aspectos relevantes. El primero es el viaje circular que describe la narración. Edward comienza y concluye la historia recluido en su territorio. Esta preponderancia de la circularidad se vincula con el repudio gótico tanto a la noción de progreso como a la mirada esperanzadora en el devenir de la historia. Los viajes concluyen en el mismo lugar en el que se iniciaron. Rosmary Jackson (1986) deriva de este rasgo la función subversiva de la literatura gótica. Su carencia de fe en las nociones orgánicas de totalidad vence todo rasgo optimista de confianza en el progreso y, por ello, se configura como la negación radical del positivismo de fines del siglo XVIII y sus múltiples variantes posteriores.

En segundo lugar, esta mansión representa tanto el enclaustramiento de Edward como la consecución de su libertad. Fiel al ideal romántico que sustenta el film (materializado en su recuperación de la figura del artista solitario, melancólico e incomprendido por su marco histórico), el alejamiento de la sociedad implica la obtención de un mayor margen de libertad. La prisión y la libertad coinciden en una misma definición espacial y, por oposición, el espacio comunitario equivale a una novedosa forma de aprisionamiento. Por eso, la reclusión gótica puede percibirse como una de las formas que adquiere la resistencia ante los intentos normalizadores y disciplinarios.

En tercer lugar, la historia romántica, que funciona como sustento de la matriz melodramática del film, se clausura con una nueva construcción espacial: cada uno de los protagonistas, Kim y Edward, concluye ocupando el fuera de campo del otro. Si bien es un fuera de campo que se actualiza, su empleo señala la irreconciliable distancia que los separa. Este procedimiento es el encargado de explicitar la demarcación de los espacios, la imposible pertenencia de ambos a un mismo territorio. A pesar de la cercanía espacial, los espacios y los sujetos pertenecen a encuadres sociales inconmensurables.

Finalmente, se presenta un último elemento destacable, que relativiza las aserciones previas: en la comunidad nieva. Si la nieve se postula como el aporte de Edward a ese vecindario suburbano, su irrupción anual implica que su expulsión no pudo ser definitiva. La ocupación del espacio público a través de los copos de nieve indica la persistente presencia mediada del monstruo.

En este sentido, la reclusión en la montaña no implica el abandono de la política de re-apropiación territorial, sino que supone el desarrollo de estrategias oblicuas de participación en la cerca comunitaria. De esta manera, se desafía el orden cerrado de la comunidad y se amenaza la supervivencia de una concepción binaria de la otredad basada en la separación de los territorios y en la demarcación precisa de sus límites. Por el contrario, la delicada invasión de la nieve sugiere la posibilidad de encontrar mecanismos que cuestionen la efectividad de la reclusión y anuncia el hallazgo de soportes novedosos para la práctica invasiva de la seguridad comunitaria. Así, la nieve denuncia el carácter imaginario de la confianza de la comunidad en su capacidad para erradicar definitivamente a los monstruos.

Espacios productivos (*The PianoTuner of EarthQuakes*)

La cultura de la apropiación

Surgidos del mundo de la animación, los hermanos Stephen y Timothy Quay realizaron en 2005 *The PianoTuner of EarthQuakes*[1]. En el frenesí intertextual que suelen poner en escena en sus films, se destaca en este caso la apelación a dos exponentes claves de la literatura latinoamericana: Felisberto Hernández y Adolfo Bioy Casares[2]. La recurrencia al autor uruguayo[3] se centra en su célebre *nouvelle Las hortensias*, en tanto la aparición del autor argentino[4] se debe al diálogo establecido con su novela

---

[1] Los hermanos gemelos Stephen y Timothy Quay (1947-) estudiaron en la University of the Arts de Filadelfia, en su país natal, y en el Royal College of Art en Londres, ciudad en la que residen desde 1969. Formados como ilustradores, la mayor parte de sus cortometrajes se basan en la técnica del *stop motion*. Entre sus múltiples y reconocidas obras sobresalen: *Nocturna Artificialia* (1979), *The Eternal Day of Michel De Ghelderode* (1981), *The Cabinet of Jan Švankmajer* (1987), *Street of Crocodiles* (1987), *Stille Nacht I* (1988), *The Calligrapher* (1991), *De Artificiali Perspectiva* (1993), *Are We Still Married* (1993), *Duet* (2000), *In Absentia* (2000), *Songs for Dead Children* (2003) y *Maska* (2010). *The PianoTuner of EarthQuakes* es su segundo largometraje de acción real después de *Institute Benjamenta* (1995).
[2] Debe señalarse que ambos autores son analizados por María Negroni (2009) en su ensayo sobre la deriva de la literatura gótica en América Latina. Para Negroni, la literatura fantástica latinoamericana constituye una de las variantes de la narrativa gótica.
[3] Felisberto Hernández (1902-1964) publicó por primera vez *Las hortensias* en la revista uruguaya *Escritura* en 1949. Entre sus obras previas deben mencionarse: *Fulano de tal* (1925), *Libro sin tapas* (1929), *La cara de Ana* (1930), *La envenenada* (1931), *Por los tiempos de Clemente Colling* (1942) y *El caballo perdido* (1943). Posteriormente, publicó *Nadie encendía las lámparas* (1950) y *La casa inundada* (1964), entre otras.
[4] La publicación de *La invención de Morel* en 1940 supuso la consagración literaria de Adolfo Bioy Casares (1914-1999). En su vasta obra, en la que se destaca su afición por la literatura fantástica y el género policial, sobresalen las novelas *Plan de evasión* (1945), *El sueño de los héroes* (1954), *Diario de la guerra del cerdo* (1969), *Dormir al sol* (1973) y la colección de relatos *Una muñeca rusa* (1990). También escribió *Los que aman, odian* junto con Silvina Ocampo (1946) y diversos libros en colaboración con Jorge Luis Borges, bajo los seudónimos H. Bustos Domecq y B. Suárez Lynch, como *Seis problemas para*

Mariano Veliz

La invención de Morel. La recurrencia a ambos autores se atestigua desde la elección de los nombres de los dos protagonistas de *The PianoTuner of EarthQuakes*: Adolfo y Felisberto Fernández (sic). Más allá de esa mención explícita, deben señalarse otras correspondencias. Al igual que en *Las hortensias*, aquí se manifiesta una perturbadora fascinación por las muñecas. También se construye un teatro-vitrina desde donde se asiste a las representaciones de las que aquellas participan. En la *nouvelle*, Horacio organiza en un gran salón tres habitaciones de vidrio para que funcionen como escenarios de sus fantasías. En esta circulación del deseo, la presencia del vidrio resulta clave porque añade a la función teatral la apariencia del recuerdo. En ese marco, el gran proyecto del protagonista consiste en conseguir que el fabricante otorgue a las muñecas la calidez y la anatomía del cuerpo femenino. Horacio requiere la adecuación del cuerpo de las muñecas al de sus originales porque descuenta que aquellas poseen un alma semejante a la humana. Por eso, se pregunta: "¿necesariamente la transmigración de las almas se ha de producir solo entre personas y animales?" (Hernández, 2011: 36). Esta búsqueda del componente en el que confluyen lo humano y lo inanimado estructura el relato. En esa misma presunción se articula *The PianoTuner of EarthQuakes*.

Si la presencia de *Las hortensias* se limita a la irrupción de algunos de sus motivos privilegiados, la incidencia de *La invención de Morel* resulta más contundente y productiva. El fugitivo que narra la historia describe la sorpresa que le produce apreciar que "En las rocas hay una mujer mirando las puestas del sol, todas las tardes" (Bioy Casares, 2003: 32). Esta misma situación desencadena el conflicto en *The PianoTuner of EarthQuakes*. Tanto en el texto literario como en el fílmico, la admiración obsesiva articula la narración y pone en juego el deseo del protagonista. El film también recupera la aparición simultánea de dos soles, la exploración de los procesos de creación y de la relación del arte con su referente, la isla solitaria como marco de la acción, la gestación de dispositivos destinados a contrarrestar ausencias y el anticipo de la eternidad compartida, aunque en el territorio del arte o la memoria.

Más allá de estas referencias intertextuales, reconocibles por su relevancia articuladora de la narración y por la contundencia de la huella dejada, en el film también se opera una apropiación de textos europeos como el *Tratado sobre los maniquíes* (*Traktak o manekinach*, 1936) de Bruno Schulz, *El castillo de los Cárpatos* (*Le Château des Carpathes*, 1892) de Jules Verne, *El fantasma de la Ópera* (*Le Fantôme de l'Opéra*, 1909) de Gaston Leroux, *Locus Solus* (*Locus Solus*, 1914) de Raymond Roussel. Finalmente, también se recurrió al empleo de muñecos con historia, no construidos específicamente para el film, sino marcados por las trazas de sus usos previos. De esta manera, incluso los elementos materiales incluidos proceden de marcos utilitarios anteriores que se manifiestan, de alguna manera, en su desempeño actual.

---

don Isidro Parodi (1942) y *Dos fantasías memorables* (1946).

Estos diálogos y recuperaciones parciales, heterogéneas y no explicitadas hacen participar al film de la tendencia contemporánea a concebir al campo artístico como un repertorio de instrumentos a utilizar. En *Postproducción*, *Estética relacional* y *Radicante*, Nicolas Bourriaud propone una amplia serie de categorías para pensar este funcionamiento del arte contemporáneo. En principio, retoma la noción de "postproducción", surgida del ámbito de la televisión, el cine y el video. Según Bourriaud, "Desde comienzos de los años noventa, un número cada vez mayor de artistas interpretan, reproducen, reexponen o utilizan obras realizadas por otros o productos culturales disponibles" (2007: 7). En este sentido, se manifiesta una notoria voluntad de inscribir la obra en el interior de una red de significaciones y ya no considerarla como una forma autónoma u original. De esta manera, "la obra de arte contemporánea no se ubicaría como la conclusión del 'proceso creativo' (un 'producto finito' para contemplar), sino como un sitio de orientación, un portal, un generador de actividades" (*Ibid.*: 16).

En ese marco, el artista se define como un "semionatuta", un experto en promover recorridos imprevistos entre los signos[5]. En esas travesías, los objetos encuentran nuevos usos potenciales. Por eso, Bourriaud apela a la imagen del mercado de pulgas para definir esta nueva modalidad del arte como lugar donde convergen productos de múltiples procedencias a la espera de nuevos usos. Así, "la historia del arte constituye un repertorio de formas, posturas e imágenes, una caja de herramientas de la que cada artista puede sacar algo" (2009: 196).

Si bien la apropiación de materiales y textos previos es consustancial a la práctica artística, y el postmodernismo se definió a través de la proliferación abrumadora de mecanismos intertextuales, Bourriaud indica que se trata de fenómenos diferentes. Según su argumentación, en las últimas dos décadas se asistió a la aparición de una nueva cultura, denominada "cultura del uso" o "cultura de la actividad". En esta, la apropiación resulta el momento principal de la creación artística. A través de su operatoria, el arte se configura como una cadena infinita de contribuciones que se enlazan y combinan. De este modo, "la obra de arte funciona pues como la terminación temporaria de una red de elementos interconectados, como un relato que continuaría y reinterpretaría los relatos anteriores" (Bourriaud, 2007: 17). En este aspecto se establece la distancia entre el arte postmoderno de la cita y el arte contemporáneo de la apropiación. Para Bourriaud, practicar la cita es apelar a la autoridad: "midiéndose con el maestro, el artista se posiciona en una línea histórica por la que legitima primero su propia posición pero también, tácitamente, una visión de la cultura por la cual los signos 'pertenecen' inequívocamente a un autor (el artista x

---

[5] En *Formas de vida*, precisa que "Llamaremos semionauta al artista que inventa recorridos personales a través de los signos. Un semionauta imagina itinerarios y los señaliza con obras, acciones y proyectos. Se emplea a trazar líneas de pensamiento en el campo de los fenómenos sociales, culturales o mentales" (Bourriaud, 2009: 109).

o y), a quien el trabajo presente remite" (2009: 196). El arte de la cita naturaliza la ideología de la propiedad privada de las formas por el mero hecho de tejer un vínculo indisoluble entre estas y la autoridad de una firma individual o colectiva. Por el contrario, el arte de la apropiación se funda en una abolición de la propiedad de las formas.

En gran medida, esta nueva cultura deriva de las proposiciones esgrimidas por Roland Barthes en su ensayo "La muerte del autor" en 1968. Barthes eleva la tarea del lector, alienta su carácter activo, y relega al autor. Al respecto, Bourriaud señala que "Dado que se escribe leyendo y que se produce una obra de arte en tanto que observador, el receptor se vuelve la figura central de la cultura –en desmedro del culto al autor" (2007: 114). En esta nueva fase de la cultura, tanto el creador como el consumidor se definen a través de una nueva figura: la del "usuario de formas".

Esta concepción del usuario de formas tiene dos consecuencias notables. Por un lado, al generar comportamientos en el receptor, desafía y contradice la cultura pasiva que opone mercancías y consumidores. Por otro, propicia la emergencia de un "comunismo de las formas", un terreno cultural en el que las obras pertenecen a todos los sujetos. Para Bourriaud, lo llamativo de esta nueva etapa de la cultura reside en su oposición al modelo socio-económico neoliberal. La coincidencia entre esta visión "colectivista" del arte y la imposición del neoliberalismo en gran parte del mundo supone pensar que el universo de las formas concentra lo reprimido de ese sistema. El arte de la apropiación se inscribe así como una transgresión de la estructura socio-económica hegemónica.

Si los procesos de apropiación se proponen como uno de los rasgos centrales que definen la fase actual del arte, entonces los films del goticismo contemporáneo ocupan un lugar destacado en esta cartografía. En este sentido, *The PianoTuner of EarthQuakes* es representativo de las operatorias que rigen la construcción de los otros films[6]. A su vez, la construcción del espacio constituye una de las dimensiones en las que se explicita esta modalidad operativa del arte contemporáneo.

---

[6] En este sentido, podrían destacarse las apropiaciones de *Dracula: Pages from a Virgin's Diary* de los recursos del cine primitivo y de los movimientos cinematográficos expresionista y surrealista; la apropiación de los tópicos de la narrativa vampírica en *Criatura de la noche*; la apropiación de las versiones de Frankenstein en *El joven manos de tijera* o la apropiación de las historias de casas embrujadas en *Los otros*. En todos los casos, se evade la tentación postmoderna de la cita, de la apelación a la figura del autor de la obra original, y se elabora un proceso de apropiación heterogéneo y activo.

El espacio onírico

Las teorías sobre el cine prestaron una notable atención a la definición temporal de este arte. La preponderancia atribuida a esta dimensión propició su concepción como un arte de la temporalidad. Sin embargo, esta valoración implicaba, en una parte considerable de los casos, el desconocimiento o el menosprecio del eje espacial. Frente a este estado de situación, distintos autores intentaron paliar este olvido. Así, se desarrollaron una serie de enfoques teóricos y críticos que colocaron al espacio en el centro de la escena.

A partir de esta constatación de la importancia del espacio en la configuración del discurso cinematográfico, es posible retomar la "teoría del espacio narrativo" desarrollada por Stephen Heath en *Questions of cinema* (1981). Allí, Heath sostiene que el espacio cinematográfico se define por los acontecimientos que ocurren en él. Ordena su exposición proponiendo la división del análisis del espacio en dos momentos: en primer lugar, el examen del espacio en cuadro; y, en segundo lugar, el estudio del espacio fuera de cuadro, espacio en ausencia y restituido por el montaje o por los movimientos de la cámara. En relación con el primer momento, Heath puntualiza que

> la composición organizará el cuadro en función de las figuras humanas en sus acciones; lo que entra al cine es una lógica de movimiento y es esta lógica la que centra el cuadro. El espacio del cuadro, en otras palabras, está construido como espacio narrativo. Es la significación narrativa la que en cualquier momento establece el espacio del cuadro para ser seguido y "leído", y que determina el desarrollo de las sugestiones cinematográficas en sus contribuciones a la definición del espacio en cuadro (2000: 19).

En esta definición, las configuraciones del espacio dependen de las acciones desarrolladas por los personajes de la diégesis. Por eso, dado que las imágenes se mueven en el cuadro, se necesita cambiar de este, a través de movimientos de cámara o del montaje, para asegurar la fluidez de la narración. Pero la recurrencia al montaje, o a los movimientos de cámara, inscribe dos nuevas problemáticas: la fragmentación y el rol del espectador. En relación con la fragmentación, el problema reside en analizar qué asegura la cohesión de un espacio construido de manera fragmentaria. ¿Cómo puede reconstruirse una noción de espacio global ante un universo configurado a partir de la sumatoria heterogénea de fragmentos? Heath plantea una respuesta acorde con su concepción del espacio narrativo: la cohesión es producida por la narratividad. En especial, cuando esta se construye alrededor del personaje y el punto de vista.

Allí surge el segundo problema: el rol del espectador. Heath sostiene, y este es uno de los mayores aportes de su teoría, que el espectador es construido como el sujeto unificado y unificador de la visión fragmentada del discurso cinematográfico. Heath indica que "lo único que se mueve en el cine es el espectador que está, inmóvil, frente a la pantalla" (*Ibid*.: 24). La mirada del espectador funciona como el principal operador espacial. En su visión se sutura la fragmentación constitutiva de los espacios cinematográficos. Heath recupera la noción de "sutura", aparecida en un célebre artículo publicado por Jean-Pierre Oudart en *Cahiers du cinéma* en 1969. Allí, analizando los films de Robert Bresson, Oudart estudia la relación que se establece entre el campo fílmico y el campo ausente. Sostiene al respecto que "a todo campo fílmico, pues, le hace eco un campo ausente, el lugar de un personaje que coloca en él el imaginario del espectador, al que llamaremos el Ausente" (2005: 53). En esta interacción, las imágenes que se suceden no se imbrican entre ellas, sino que es el campo ausente el que habilita esa articulación. Para Oudart, la sutura consiste en que, en el marco de un enunciado cinematográfico articulado en un campo-contracampo, a la aparición de un vacío bajo la forma de alguien (el Ausente), le sigue su abolición por alguien (o alguna cosa) situado en su campo. Esta actividad de llenado se realiza en el imaginario del espectador. Este es el encargado de cubrir los vacíos abiertos por la fragmentación mediante la construcción de su mirada en esas grietas espaciales. Por lo tanto, su mirada constituye el lugar donde confluyen la narratividad, el espacio y el punto de vista.

Finalmente, Heath también retoma los análisis del espacio llevados a cabo por Noël Burch en *Praxis del cine*, en especial los vinculados con el fuera de campo. Para ambos, el espacio del campo y el fuera de campo se definen por su carácter intermitente. Ambas dimensiones se presentan en una rearticulación constante. De allí deriva la inestabilidad del espacio cinematográfico, pero, también, sus posibilidades narrativas. El valor de la construcción del espacio y, en particular, del fuera de campo, reside, como señala Heath, en que "estructurar esta fluctuación puede convertirse en una herramienta poderosa en manos de un realizador cinematográfico" (2000: 26). La construcción espacial se presenta como uno de los ámbitos en los que se inscribe la producción de sentido del discurso cinematográfico.

Heath atribuye una importancia capital a periodizar la relación entre espacio y narración. Para ello, recupera las herencias del perspectivismo renacentista presentes en el cine clásico y las confronta con el "cine independiente" (que incluye, en su argumentación, tanto al cine moderno como al experimental). El quiebre introducido por este se centra en la ruptura de la organicidad del cine clásico y en el desafío lanzado a la supremacía de la causalidad narrativa. Si la economía clásica del film se basaba en otorgarle al espectador una imagen ideal de la escena y convertirlo en un observador ubicuo, el cine independiente propone exploraciones de las dimensiones espaciales y temporales que tienden a desincorporar al espectador.

El cine independiente, según Ana Amado,

> aparece aliado a la cuestión del espacio y su inevitable correlato temporal, en sus temas (desplazamientos, nomadismos, traslados, inestabilidad de la sobrevivencia de las ciudades, entre las cuestiones más reiteradas ligadas al presente cultural posmoderno) y como síntoma, exhibiendo de algún modo en su funcionamiento las cláusulas que debilitan o ponen en cuestión las certezas con las que el sujeto observador debiera interpretar al mundo por vía de las imágenes filmadas (2000: 4).

En este sentido, la indagación de otros espacios se construye a través de procedimientos igualmente variables. Para Heath, el cine independiente se ocupa de desarrollar distintas instancias de perturbación que desintegran la relación clásica entre espacio, espectador y narración. Diversos procedimientos como la elección de emplazamientos imposibles de la cámara, o su autonomía en relación con el personaje, designan la presencia del dispositivo y cuestionan el propio origen de la narración. Sin embargo, estos recursos no pueden considerarse como integrantes de un repertorio de figuras que de manera inevitable suponga la aceptación del carácter construido del discurso cinematográfico. Por el contrario, en cada caso se apela a procedimientos diferentes para explorar múltiples formas de imbricar o desligar el espacio, la narración y el personaje.

En *The PianoTuner of EarthQuakes* se exploran nuevas formas de vincular estas tres dimensiones. La topografía se construye en torno a la gestación de un universo onírico. El ámbito de la otredad se asimila a un ambiente dominado por un clima de sueños o pesadillas. En este sentido, a los múltiples procesos de apropiación ya mencionados debería sumarse la incorporación de dos cuadros célebres de la historia del arte, retomados en la creación de la isla donde se desarrolla la acción. En ambos casos, se trata de obras de artistas interesados en la indagación de lo onírico. Por un lado, se recurre a *La isla de los muertos* (*Die Toteninsel*, 1880) del suizo Arnold Böcklin. Este integrante del movimiento simbolista de la segunda mitad del siglo XIX dio forma a una isla rocosa a la que se acercan un remero y una enigmática figura blanca. Suele identificarse a esta con Caronte, así como suele interpretarse un objeto presente en la barca como un ataúd[7]. A su vez, la melancolía y la aridez del paisaje y la pequeñez de los personajes ante la monumentalidad de la naturaleza derivan del Romanticismo decimonónico, en particular, del paisajismo romántico alemán de Caspar David Friedrich. Por otro lado, la configuración espacial también apela a *El imperio de las luces* (*L'empire des lumiéres*, 1954) de René Magritte. La obra de este surrealista belga se recupera por la gestación de un territorio marcado por la incongruencia, evidenciada en el contraste existente entre el cielo diurno, luminoso

---

[7] Böcklin realizó cinco versiones del cuadro. La primera de ellas habría sido encomendada por Marie Berna luego de la muerte de su marido, Georg Berna.

y despejado, y la plaza y el edificio sumidos en las penumbras nocturnas. La tensión irresoluble entre el día y la noche, la luz y la oscuridad, introduce la concepción de una naturaleza onírica que reaparece en *The PianoTuner of EarthQuakes* (Imagen 11). En el film, lo onírico se configura a través del subrayado de la artificialidad de los espacios representados. El rodaje en falsos exteriores acentúa su carácter escenográfico[8]. La naturaleza construida encuentra en el bosque, el mar y la cueva submarina sus manifestaciones privilegiadas.

En gran medida, este carácter onírico deriva de la ausencia de marcos referenciales. Esta falta promueve la asignación espacial a una dimensión no realista. El vacío referencial se puede vislumbrar en una doble dimensión. Por una parte, en un sentido amplio, en la imposibilidad de determinar cuál es el espacio donde se sitúa la historia. Al respecto, solo puede señalarse que se propone un imaginario acerca de lo latino[9]. Este (relacionado con las ya mencionadas apropiaciones de Hernández y Bioy Casares) se evidencia en la proliferación de nombres y apellidos de este origen (Assumpta, Fernández, Echeverría), en la denominación de las instalaciones (Villa Azucena), en el acento latino con el que distintos personajes pronuncian el idioma inglés y en elusivas referencias a un terremoto ocurrido en Lisboa que afectó a Salamanca. Al llegar a la isla, Felisberto únicamente puede precisar "Vengo de allá", indicando con un gesto el espacio que se extiende más allá del mar.

Por otra parte, la ausencia de planos de establecimiento genera una creciente confusión espacial. Las distorsiones de la racionalidad arquitectónica y topográfica propician la creación de una topografía imprecisa y variable. Esta imposibilidad de establecer coordenadas espaciales rigurosas y constantes se presenta en correspondencia con la propia ruptura identitaria de quienes habitan la isla. Así, Malvina puntualiza "No sé si estoy en este mundo o en otro" y de allí deriva su interrogante "¿Quién soy?". De esta manera, la confusión espacial replica la confusión identitaria, la indefinición topográfica duplica la vaguedad de los personajes.

La indeterminación del espacio onírico se acentúa por la continua inclusión de procedimientos de puesta en abismo. Tras su llegada, a Felisberto se le indica la existencia de un fresco pintado en los muros rocosos que representa su arribo a la isla. Desde ese momento inicial, la puesta en abismo se instaura como el principio que guía las construcciones espacial y narrativa. Los espacios dentro de espacios y las historias dentro de historias constituyen la base del film. La topografía se subsume a este proceso de duplicación. Una maqueta de la isla, incluida en una cúpula de cristal, es observada atentamente por el Dr. Droz. Sobre esa superficie, asiste a los eventos que ocurren efectivamente en el espacio representado. Estas duplicaciones

---

[8] El film fue rodado en un estudio de marionetas. La escenografía fue realizada en un modelo de corcho y el agua fue agregada digitalmente. A esta combinación se le sumaron las imágenes con los actores.
[9] Esta confusión se repite en el plano temporal. Es imposible aseverar en qué período histórico transcurre la historia, debido a lo evasivo y anacrónico de los informantes temporales.

se incrementan hacia el desenlace. En primer lugar, a través de la invitación del Dr. Droz a Felisberto para que participe de la función de ópera mediante la cual pretende curar a Malvina. Esa ópera no solo se suma a la cadena de representaciones dentro de representaciones, sino que es una réplica de la primera secuencia del film. La reconstrucción del trauma de Malvina se produce para asegurar su salvación. En la clausura, Felisberto y Malvina permanecen recluidos en el interior de uno de los dispositivos que contenían a los autómatas. Así, se materializa la fusión entre la puesta en abismo espacial y la narrativa. Este predominio de la puesta en abismo también inscribe al film en el dominio del arte contemporáneo, dado que, como señala Pascal Bonitzer, en este la representación se ofrece como un *trompe-l'esprit*. Esto se debe a que "La obra representa un drama que transcurre sobre varias escenas a la vez, el drama mismo de la representación, explícitamente puesto en escena como falso testimonio o como coartada" (Bonitzer, 2007: 80). A su vez, esta recurrencia a la duplicación y la puesta en abismo refuerza la adscripción del film a la narrativa gótica y sus concepciones espaciales. El empleo de espacios replicados, la reflexión sobre la representación, la inclusión de los personajes en nuevos planos narrativos constituyen algunos de los rasgos más recurrentes en esta narrativa.

La construcción espacial se aleja, mediante estos procedimientos, de la configuración clásica analizada en *El joven manos de tijera*. Por el contrario, incluye una serie de recursos orientados a presentar un espacio equívoco, complejo e indeterminado. En gran medida, esto desencadena la irrupción de ese ámbito fantástico en su extrañeza que es la isla donde se desarrolla la historia. Allí se postula, a su vez, una notable reflexión sobre el espacio y la gestación de la otredad.

Heterotopías

En diciembre de 1966, Michel Foucault dictó una conferencia titulada "Las heterotopías"[10]. Allí, procedió a analizar el espacio no desde las escuelas arquitectónicas o desde las formas de producción, sino desde su imbricación con el ejercicio del poder. De esta manera, sumó su reflexión acerca de las heterotopías a su exploración de las tecnologías de poder. En su argumentación, instituyó al espacio como el territorio ideal para comprender su funcionamiento. A su vez, su abordaje se encontraba en relación con una nueva valoración del espacio propuesta en la clausura de

---

[10] También en 1966 había publicado *Las palabras y las cosas*. En su inicio, Foucault había definido la "heterotopía" como el desorden que hace brillar los fragmentos de un gran número de órdenes posibles. En este sentido, las heterotopías funcionan como un límite del pensamiento. En la conferencia pronunciada el mismo año, incorpora un nuevo uso para esta categoría. Así, como señala Daniel Defert, "no depende ya de un análisis de los discursos sino de los espacios" (2010: 38).

los años sesenta. Al respecto, Foucault señala que el problema acuciante consistía en "saber qué relaciones de vecindad, qué tipo de almacenamiento, de circulación, de localización, de clasificación de los elementos humanos deben ser preferentemente tenidos en cuenta en tal o cual situación para llegar a tal o cual fin" (2010: 66).

Su interés en indagar la dimensión política del espacio lo orientó al estudio de las utopías. En su conferencia, constata que existen países sin lugar e historias sin cronologías, así como "ciudades, planetas, continentes, universos cuya huella sería muy imposible detectar en ningún mapa ni en cielo alguno, muy sencillamente porque no pertenecen a ningún espacio" (*Ibid.*: 19). Se trata de utopías, espacios que surgieron de la imaginación de los hombres y que no cuentan con correlatos efectivos. Su existencia solo se da en los intersticios de las palabras.

Al mismo tiempo, Foucault precisa que también hay "utopías que tienen un lugar preciso y real, un lugar que se puede situar en un mapa" (*Ibid.*: 19). En esta deriva, su interés se centra en la proliferación de estos dominios que, aunque se encuentren ubicados geográfica y socialmente, poseen un carácter radicalmente distinto e inasimilable al de su entorno. Se trata de contraespacios, "utopías localizadas", lugares reales fuera de todos los lugares. Entre estos, Foucault menciona los jardines, los cementerios, los asilos, los prostíbulos, las prisiones e incluso al Club Méditerranée. Para Foucault, su abordaje debería conducir a la fundación de una nueva ciencia que se dedicara a estudiar "no las utopías, puesto que hay que reservar ese nombre a lo que no tiene realmente ningún lugar, sino las heterotopías, los espacios absolutamente diferentes" (*Ibid.*: 21).

Esta ciencia, la "heterotopología", se basaría en una serie de principios. El primero es que no hay sociedad que no haya construido sus heterotopías. Estas constituyen una constante en todo marco social. El segundo principio indica que en el curso de su historia, toda sociedad puede reabsorber y hacer desaparecer una heterotopía y organizar otras que no existían. Por este motivo, su definición debe ser necesariamente histórica y sensible a sus procesos y desplazamientos. Su tercer principio es que "la heterotopía tiene por regla yuxtaponer en un lugar real varios espacios que, normalmente, serían, deberían ser incompatibles" (*Ibid.*: 25). Este carácter híbrido se destaca como uno de sus rasgos centrales. El cine y el teatro conforman ejemplos privilegiados de esta característica. El cuarto principio destaca que las heterotopías suelen ligarse a recortes singulares del tiempo, las "heterocronías". En este sentido, el cementerio se distingue como el lugar en el que el tiempo ya no transcurre. También los museos y las bibliotecas constituyen heterotopías que se estrechan con recorridos temporales particulares, críticos de la hegemonía cronológica. Algunas heterotopías se ligan al tiempo no por su recurso a la eternidad sino por la instauración de un tiempo de la fiesta. Finalmente, otras se estrechan al pasaje y la transformación, como los colegios, los cuarteles y las prisiones[11]. Por último, el quinto principio puntualiza que las heterotopías tienen un sistema de apertura y cierre que las aísla respecto del espacio circundante. Foucault precisa que "o bien uno entra porque está obligado a hacerlo (evidentemente las prisiones), o bien cuando uno se ha sometido a ritos, a una purificación" (*Ibid.*: 28).

Como conclusión a esta enumeración, Foucault destaca que las heterotopías funcionan como la impugnación de todos los otros espacios. Esta impugnación puede producirse de dos maneras: mediante la creación de una ilusión que denuncie el carácter igualmente ilusorio del resto de la realidad o a través de la gestación de un espacio real tan perfecto, meticuloso y arreglado que evidencie la imperfección y el caos del espacio hegemónico. A su vez, estos contraespacios se hallan interpenetrados por todos los otros dominios que ellos cuestionan. Como señala Daniel Defert en su estudio de las categorías espaciales propuestas por Foucault, las heterotopías "ritualizan escisiones, umbrales, desviaciones, y los localizan" (2010: 38). Implican siempre una ruptura de las homogeneidades espaciotemporales. De esta manera, suman una grieta a la definición monolítica de la subjetividad, dado que conforman lugares donde el sujeto es y no es.

La categoría de heterotopía puede resultar significativa para analizar las conformaciones espaciales de la narrativa gótica. En este sentido, ilumina el funcionamiento de determinadas configuraciones, su vinculación con las construcciones temporales y su relación polémica con el entorno. La gestación de heterotopías sería así una de las constantes más notables de la narrativa gótica. El castillo medieval de *El castillo de Otranto*, el Palacio de Alkorremi de *Vathek* (William Beckford, 1782), la abadía de *El monje* (*The Monk*, Mathew Gregory Lewis, 1796), el laboratorio de *Frankenstein* (Mary Shelley, 1818), la mansión de "La caída de la casa Usher" ("The Fall of the House of Usher", Edgar Allan Poe, 1839), el castillo de Csejthe de *La condesa sangrienta* (*La Comtesse Sanglante*, Valentine Penrose, 1962) constituyen otras tantas formalizaciones de las heterotopías. No solo condensan los atributos mencionados, sino que se proponen como experimentaciones de sus posibilidades infinitas y su extrema variabilidad.

La isla donde transcurre *The PianoTuner of EarthQuakes* conforma un caso notable de heterotopía. En particular, por su yuxtaposición de espacios incompatibles. La isla se define de manera simultánea como un laboratorio, un ámbito de creación, un campo de batalla y un enclave reclusivo. En principio, se la concibe en tanto laboratorio. La versión oficial precisa que el Dr. Droz es un alienista, un experto en la cura de "pacientes con mentes rotas". La isla entera funciona como una clínica en la que se llevan a cabo sus tratamientos. Assumpta, asistente y diario viviente del doctor, la

---

[11] En todos los casos, Foucault indica que "la heterotopía se pone a funcionar a pleno cuando los hombres se encuentran en una suerte de ruptura absoluta con su tiempo tradicional" (*Ibid.*: 76).

caracteriza como una combinación de asilo y santuario. Allí recurren quienes sufrieron "traumas" en un intento desesperado de salvación. El Dr. Droz experimenta en ese territorio nuevas maneras de reparar sus grietas. Así, en esta primera variante de la isla-laboratorio, el Dr. Droz conforma una novedosa encarnación de la figura del *mad doctor*. En este caso, se trata de un *mad doctor* en quien confluyen los conocimientos de la ciencia y el arte. Un amante de la música dedicado a sanar, en términos científicos, los quiebres inexplicados de sus pacientes.

En la isla-laboratorio, el poder de Droz es, en gran medida, un poder escópico. Desde la primera escena, observa las acciones del resto de los personajes a través de un complejo dispositivo óptico. Recluido en su isla, asiste a los eventos que ocurren en el camarín del teatro que está del otro lado del mar. En su encierro, Droz posee la capacidad de acceder a todos los eventos lejanos y cercanos. A partir de allí, el poder de la mirada se asimila a la elevación espacial. Droz ejerce su control desde la altura. Tanto en su isla como en el teatro, esta ubicación le permite asistir a los acontecimientos desde un punto de vista privilegiado. La comprensión de este como un equivalente topográfico del poder conduce a la inclusión de recurrentes planos cenitales[12]. En este sentido, se refuerza la unión entre la distribución espacial y la distribución del poder. Al mismo tiempo, se acentúa la concepción de la mirada como un eficaz dispositivo de poder. El ejercicio escópico se dirige al control del cuerpo de Malvina. Esto se debe tanto a que el tratamiento de la paciente requiere su encierro como a que la obtención de la mujer amada implica su control obsesivo.

La isla también se define como una isla-fortaleza, el lugar del encierro definitivo. De este modo, se conforma como una utopía localizada surgida de la imaginación de un sujeto, aunque poseedora de una existencia concreta. Ese lugar real, exterior a los lugares reales, es un universo creado por el Dr. Droz. El afinador, Felisberto, señala que experimenta la sensación "de vivir en la imaginación de alguien". El mundo concentrado en la isla depende de los gestos creadores de Droz. Esta capacidad demiúrgica propone la equiparación manifiesta de Droz con Dios[13]. En "Villa Amalia", su voluntad es incuestionable y su palabra es inobjetable. En el momento de secuestrar a Malvina, Droz solamente dice "Cantarás en mi jaula". En esa isla-fortaleza, o isla-jaula, Droz es quien dicta sus normas, quien regula su funcionamiento, quien ordena los cuerpos, quien dispone las leyes y sus límites.

---

[12] Luego de los primeros planos cenitales adjudicados a la mirada de Droz, estos proliferan en prescindencia de toda justificación diegética. Los siguientes planos cenitales, oblicuos y dislocados, anulan su capacidad orientativa y autonomizan la posición superior de la visión subjetiva del doctor.

[13] Aquí debe plantearse una mención al nombre del personaje. Por un lado, Emmanuel remite de manera evidente a la divinidad (su traducción del hebreo sería "Dios está con nosotros"). Por otro, Droz conduce a Henri Jacques-Droz, el célebre constructor de autómatas del siglo XIX. De esta manera, a través de su nombre el film subraya la cercanía de los inventores maquínicos y las figuras divinas. A esto puede sumarse su ubicación en las alturas.

A su vez, la isla es el lugar de la creación. Se trata de una isla-atelier. Incluso antes de representarla, en el film se muestra un teatro. De este modo, el interés en los procesos de la creación artística se establece desde la instancia inaugural. Si bien ninguno de los dos protagonistas es estrictamente un artista, los dos están ubicados en los límites de esa noción equívoca. Uno de ellos es un afinador de pianos, contratado para mejorar los dispositivos de los siete autómatas que participarán de una función teatral. El otro es un científico con pretensiones artísticas y compositor de una ópera. En la isla-atelier se lleva adelante una indagación sobre los mecanismos del arte, la relación del creador y sus criaturas, la vida como obra de arte.

Finalmente, la isla es un territorio en disputa. Por eso, se configura como una isla-campo de batalla. Los protagonistas combaten en su interior. Droz lucha para imponer su creación. Felisberto se opone mediante la proposición de una contra-creación. La batalla tiene dos objetivos: la sumisión/liberación de Malvina y la representación/no representación teatral. En los dos casos, se enfrentan una estrategia organizada desde el poder y un mecanismo de resistencia. En gran medida, el desafío al poder se plantea en términos espaciales. El modo de escapar a las tecnologías de poder supone la entrada a una nueva heterotopía que surge del colapso de la isla. En el desenlace, ante su desaparición solo se conserva uno de los escenarios ocupados por los autómatas. Allí, ahora se reproduce interminablemente el momento en el que Felisberto y Malvina se conocieron. De esta manera, la heterotopía se yuxtapone a una heterocronía, a una concepción temporal circular y repetitiva que anula la concepción cronológica del tiempo. En esa reclusión final se asiste a un comienzo que se anticipa incansable en sus repeticiones[14]. Al mismo tiempo, la equiparación de los humanos y los autómatas introduce una severa reflexión sobre la producción de la otredad y su estrecha relación con el espacio.

---

[14] La clausura en la vitrina de los autómatas recupera el desenlace de *La invención de Morel*. Allí, el inventor explica: "Nosotros viviremos en esa fotografía, siempre. Imagínense un escenario en que se representa completamente nuestra vida en estos siete días. Nosotros representamos. Todos nuestros actos han quedado grabados" (Bioy Casares, 2003: 99). Los participantes de esa representación vivirán allí eternamente. Morel recuerda que "el fundamento del horror de ser representados en imágenes, que algunos pueblos sienten, es la creencia de que, al formarse la imagen de una persona, el alma pasa a la imagen y la persona muere" (*Ibid.*: 141). Finalmente, comprende que "la hipótesis de que las imágenes tienen alma parece necesitar, como fundamento, que los emisores la pierdan al ser tomados por los aparatos" (*Ibid.*: 142). Así, la consecución imaginaria de la inmortalidad con Faustine demanda su supresión como sujeto.

Mariano Veliz

Procesos de desubjetivación

En la isla se realiza un acto doble: una creación artística (una representación teatral) y una conversión de subjetividad (la curación de Malvina). Solo una heterotopía posee la capacidad de imbricar estos espacios y estas prácticas. En ambos confluyen el arte y la ciencia, así como lo mecánico y lo humano. En este último aspecto reside, en gran medida, el interés de *The PianoTuner of EarthQuakes*.

La última década del siglo XX y la primera del siglo XXI fueron prolíficas en la proposición de relatos sobre la humanización de la máquina y la mecanización de lo humano. En un contexto de redefinición de las nociones modernas de subjetividad, propiciada en parte por los vertiginosos cambios tecnológicos, estas narraciones dieron cuenta del acelerado acercamiento de la máquina y el ser humano[15]. Según Santiago Koval, la proximidad progresiva de estas categorías depende de su participación en una organización social no binaria, en la que estas nociones "empiezan a perder sus atributos distintivos y resultan cada vez más homogéneas" (2008: 16)[16]. Frente a estos procesos, diversas teorías comenzaron a interrogar la aparición de nuevas modalidades de la subjetividad. Entre ellas, se destacan las que piensan la irrupción de *cyborgs* y formas de lo poshumano[17].

Sin embargo, en *The PianoTuner of EarthQuakes* la modificación del estatuto de lo humano no se aborda desde la contemporaneidad de estas teorías, sino a partir de concepciones de la relación humano-máquina características de los inicios del siglo XX, como la propuesta por Bruno Schulz en sus "Tratados sobre los maniquíes"[18].

---

[15] Entre los múltiples ejemplos, podrían mencionarse: *Blade Runner* (Ridley Scott, 1982), *Terminator* (*The Terminator*, James Cameron, 1984), *Terminator 2: el día del juicio final* (*Terminator 2: Judgement Day*, James Cameron, 1991), *Yo, robot* (*I, Robot*, Alex Proyas, 2004) e *Inteligencia artificial* (*Artificial Intelligence: AI*, Steven Spielberg, 2001).

[16] Koval plantea este acercamiento en el marco de su estudio sobre el desarrollo de lo "poshumano", un "ser humano con una capacidad física, intelectual y psicológica sin precedentes, autoprogramable, autoconfigurable, ilimitado y potencialmente inmortal, y cuya apariencia exterior y funcionamiento general lo convierten en casi indistinguible de su modelo mecánico" (2008: 32). Su comprensión del fenómeno se incluye en un programa positivista en el que se confía en la superación de las limitaciones humanas.

[17] La aproximación más interesante se encuentra en la teoría de los *cyborgs* propuesta por Donna Haraway en "A Cyborg Manifesto: Science, Technology, and Socialist-Feminism in the Late Twentieth Century" (1991). También puede consultarse su artículo "Las promesas de los monstruos" (1999).

[18] Considerado uno de los escritores polacos más relevantes del siglo XX, la breve producción literaria de Bruno Schulz (1892-1942) quedó interrumpida por su asesinato por parte de la Gestapo durante la invasión alemana de Drohovicz en la Segunda Guerra Mundial. Solamente publicó dos libros de cuentos: *Las tiendas de canela* (*Sklepy cynamonowe*, 1934) y *Sanatorio de la Clepsidra* (*Wiadomości Literackie*, 1937). En el primero se encuentran los tres tratados sobre los maniquíes: "Los maniquíes", "Tratado de los maniquíes o el segundo génesis" y "Fin del tratado de los maniquíes". Antes del rodaje de *The PianoTuner of EarthQuakes*, los hermanos Quay habían realizado una trasposición de su cuento *La calle de los cocodrilos* en su cortometraje *Street of Crocodiles* (1987).

Allí, Schulz se detiene en la observación minuciosa de la pérdida de individualidad del sujeto en la sociedad moderna. En su perspectiva, la civilización del consumo fomentó la caída de los rasgos tradicionalmente asignados a la definición de la humanidad. En este sentido, Schulz les atribuye una importancia equivalente a los procesos de asignación de características humanas a las máquinas y de adjudicación de características maquínicas a los sujetos. En la descripción de estos procesos de desubjetivación se encuentra la relación de los cuentos de Schulz con el film dirigido por los hermanos Quay. En ambos casos se propone al maniquí/autómata como la figura que condensa la noción contemporánea de la subjetividad.

En los tres cuentos que conforman los "Tratados de los maniquíes", el narrador repone la figura y la voz de su padre, un "prestidigitador metafísico". Este quiere arrancar al Demiurgo el monopolio de la creación. Cree que

> la creación es una potestad de todos los espíritus. La fecundidad de la materia es ilimitada, posee una fuerza vital inagotable, y, al mismo tiempo, un poder de seducción que nos lleva a moldearla. En el corazón oscuro y recóndito de la materia se esbozan sonrisas indefinidas, se crean tensiones y se concentran las formas larvarias. La materia late ante las posibilidades interminables que la atraviesan como vagorosos estremecimientos. Mientras espera un soplo de vida, la materia reverbera sin cesar y nos tienta con un sinfín de formas dulces y maleables, nacidas de sus oscuros delirios (Schulz, 2011: 24).

Luego de extensos períodos de sumisión ante el terror provocado por la perfección inalcanzable del Demiurgo, habría llegado el momento de movilizar la propia creación. Sin embargo, el protagonista no pretende igualar la obra del Demiurgo. Quiere, por el contrario, ser el creador de una esfera baja y propia. Con ese objetivo, desarrolla un "programa de la segunda demiurgia", un "Génesis heterodoxo". Su proyecto es manifiesto: crear al hombre por segunda vez, a imagen y semejanza del maniquí. Por eso, se orientará a la creación de figuras casi provisionales. Ya no se valorará a los materiales refinados, sino a aquellos descartados, menores, caídos en desuso. El nuevo programa se sustenta en una defensa de la materia. Si el "Demiurgo, ese gran señor y artista, hace la materia invisible al hacerla desaparecer bajo los ojos de la vida; nosotros, al contrario, amamos sus disonancias, sus resistencias, su torpeza de golem" (*Ibid.*: 29).

En su proyecto, el personaje analiza obsesivamente los puntos intermedios entre el sujeto y el autómata, el ser humano y la máquina. Por un lado, narra la historia de las tribus que embalsaman a sus muertos; relata la agonía y muerte de un familiar reducido a ser solo un tubo; él mismo comienza a caminar como un autómata. Por otro, admira la capacidad vital contenida en la materia inerte, sus metamorfosis, sus potencialidades infinitas. Estudia las transformaciones y los estadios intermedios.

Sueña con una *Generatio aequivoca*, con la emergencia de seres semi orgánicos, con la irrupción de una seudofauna y una seudoflora.

En la senda recorrida por Bruno Schulz, *The PianoTuner of EarthQuakes* recupera el interés en los procesos que equiparan a los sujetos con distintas modalidades de lo maquínico. La isla-laboratorio es el espacio de una producción experimental de subjetividades. Sus pacientes se comportan como autómatas, con movimientos férreamente sincronizados. Los movimientos están ajustados a la perfección por los mecanismos regulatorios del Dr. Droz. En este sentido, poco parece diferenciarlos de los siete autómatas hidráulicos[19], definidos como maravillas mecánicas. Si esta semejanza está presente desde el inicio del film, su desarrollo permite asistir al intento de conversión de Malvina en una variación de los autómatas.

Droz señala con ironía que está preparando un último autómata para la representación. Se trata, por supuesto, de la equiparación de Malvina con una de sus creaciones. El desvanecimiento parcial de las fronteras entre lo humano y la máquina, la disolución de la separación rigurosa entre sus atributos definitorios, conduce a un proceso de homogeneización progresiva. Si bien las teorías de lo poshumano analizan este acercamiento a partir de la noción de una "integración endógena", que maquiniza al ser humano a través de la inserción de tecnologías protésicas y organismos cibernéticos[20], en *The PianoTuner of EarthQuakes* la mecanización de lo humano se opera mediante otros procedimientos. En particular, se pone en juego la efectividad del tratamiento reclusivo implementado por Droz. En el desenlace, Malvina participa de la representación con la asistencia de los pacientes que la sostienen como si se tratara de una marioneta.

La isla se define como un espacio de reclusión, pero también de producción. Allí se asiste al encierro no voluntario y a los procesos de conversión de los sujetos recluidos. En ese territorio se plantea el combate entre dos fuerzas: la maquinización de Malvina por parte de Droz y la restitución de lo humano intentada por Felisberto. El resultado de la batalla es equívoco: Felisberto consiente en asumir a su manera la conversión en autómatas. Tanto el afinador como la paciente quedan, efectivamente, encerrados en una de las vitrinas-teatro. Sin embargo, Felisberto altera el mecanismo para que el espacio del autómata número seis los cobije y repita continuamente el momento en el que ambos se conocieron. De esta manera, se propone

---

[19] Aquí surge una nueva equivalencia entre la creación artística y el relato bíblico de la creación. Debido a que el afinador repara un autómata por día, el proceso conjunto demanda siete días. El séptimo es el día de la representación.

[20] Santiago Koval (2008) contrasta la integración endógena con la exógena, centrada en los procesos de humanización de la máquina. Los androides, los replicantes o los autómatas constituirían sus variedades más características. Edward, en *El joven manos de tijera*, sería un ejemplo de esta posibilidad. Para Koval, estos "personajes biotecnológicos encuentran su origen primitivo en los seres fisiológicos, conformados con materiales puramente orgánicos o inorgánicos no mecánicos" (2008: 114).

Espacios productivos (*The PianoTuner of EarthQuakes*)

una hibridación de lo maquínico y lo humano, la apropiación de los intrincados mecanismos de los autómatas para eternizar el contacto humano (Imagen 12).

La relevancia narrativa de la isla heterotópica refuerza el valor que el goticismo contemporáneo asigna al espacio en las batallas libradas en torno a la otredad. En este sentido, la isla constituye el territorio donde se asiste al intento de conformación de una subjetividad despojada de algunos atributos distintivos de lo humano. Ese proceso de sumisión de la diferencia, a partir de la implementación de específicas tecnologías de poder, encuentra su respuesta en una estrategia de apropiación territorial. Esta se constituye como un proceso de ocupación espacial e inversión de la práctica del poder. Ante la reclusión forzada, la resistencia supone la posibilidad de encontrar mecanismos que desbaraten el control y hallen, en el campo del poder, espacios que impugnen el funcionamiento de la topología normativizada.

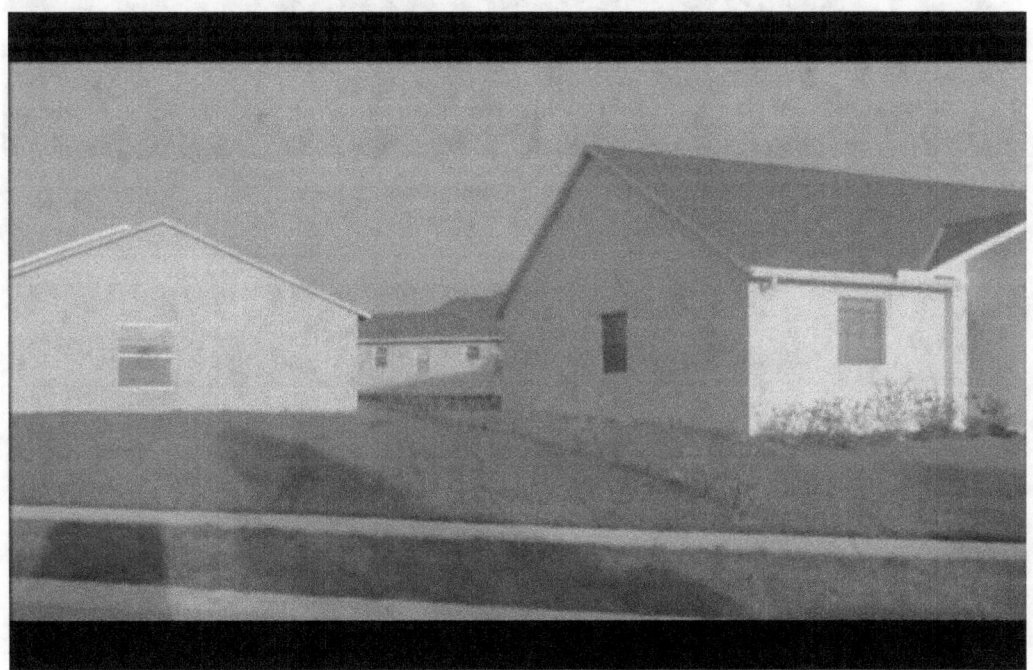

Imagen 9: La uniformidad y el kitsch de los suburbios.

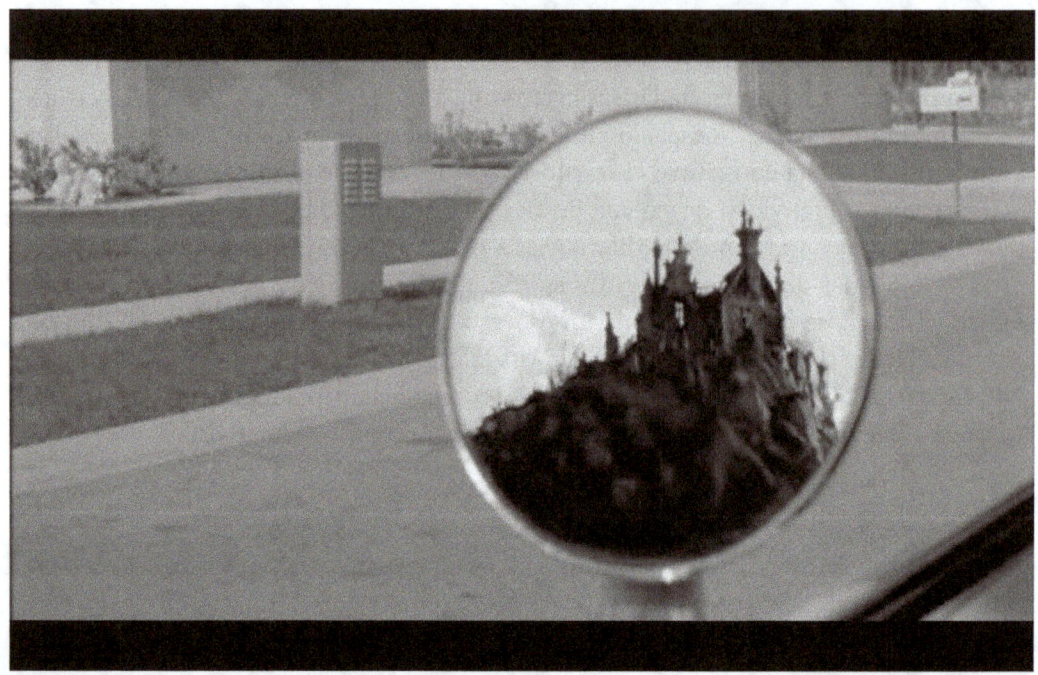

Imagen 10: El castillo gótico irrumpe en el espejo retrovisor.

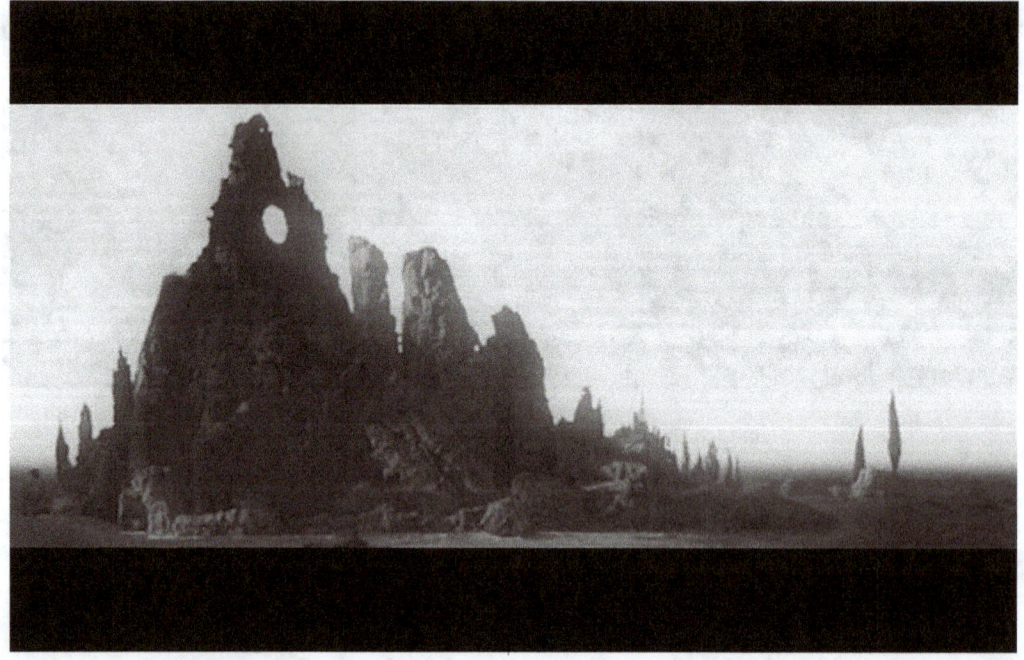

Imagen 11: De día en el cielo y de noche en la isla en The PianoTuner of EarthQuakes.

Espacios productivos (*The PianoTuner of EarthQuakes*)

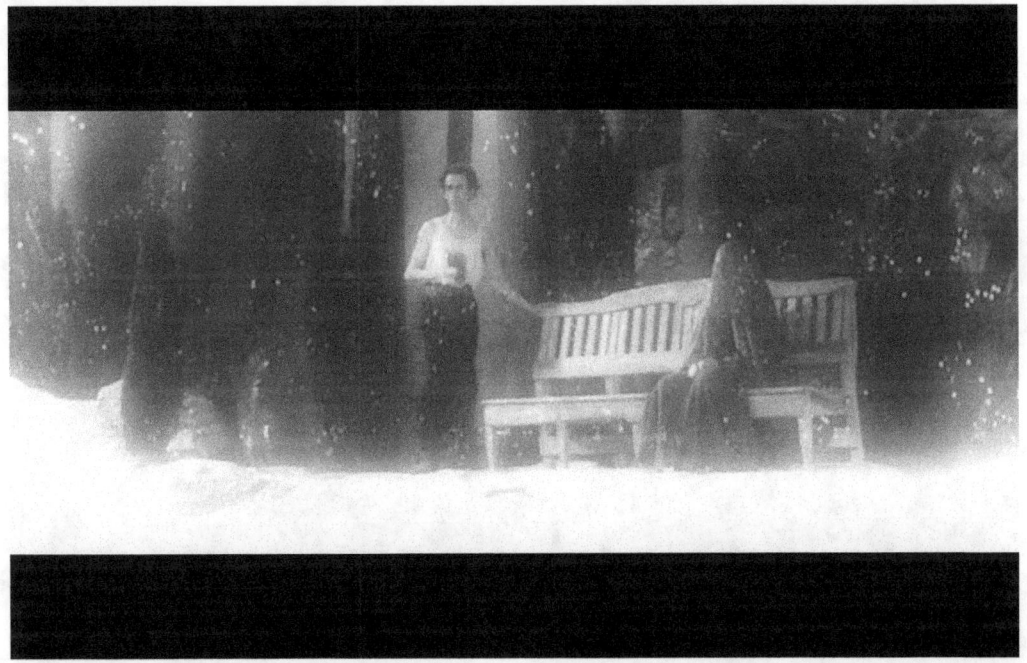

Imagen 12: Felisberto y Malvina ocupan el lugar de los autómatas.

Figuras de la otredad: dobles

> *"¿Qué relación tenemos con nuestras sombras?*
> *Si las proyectamos nosotros mismos,*
> *¿no forman también parte de nosotros?"*
>
> Valerie Martin

Dobles

La literatura formalizó en el tópico del doble las antiguas reflexiones acerca de la imagen refleja y la unidad del sujeto. La indagación sobre la sombra y la imagen especular como prolongaciones naturales del hombre permitió vislumbrar los dobleces escondidos detrás de la máscara unívoca del sujeto. En su variante literaria, las primeras manifestaciones de este tópico se produjeron en el seno de la comedia. La confusión entre Menaechmi de Epidamnus y Menaechmi de Siracusa en *Menaechmi* (206 a.C.), la célebre comedia de Plauto (254-184 a.C.), inició el camino del abordaje humorístico de la temática del doble, luego transitado por William Shakespeare en *La comedia de las equivocaciones* (*The Comedy of Errors*, 1592) y por Molière en *Anfitrión* (*Amphitrion*, 1668), entre muchos otros.

Sin embargo, más allá de este origen, centrado en los efectos cómicos promovidos por los equívocos, la historia del doble está ineludiblemente ligada a su redescubrimiento durante el Romanticismo. En ese período, esta temática se constituyó como el terreno apropiado para explorar las problemáticas vinculadas con los procesos de autodescubrimiento y bucear en los dominios siniestros ocultos en el sujeto. El doble se instituyó desde ese momento como una categoría eminentemente espacial, capaz de anticipar el estudio del sujeto descentrado y de las múltiples dimensiones que lo constituyen.

La prolífica producción narrativa fue acompañada por una igualmente prolífica producción teórica, crítica y ensayística. En *El doble*, su reconocido estudio de psicología literaria, el psicoanalista austríaco Otto Rank propone destituir la lectura alegórica tradicional de la figura del doble como una representación del pasado que se aferra a un sujeto y se convierte en su destino. Frente a esta interpretación, Rank promueve la concepción del doble como un mito narcisista[1]. En su ensayo, este discípulo de Freud elabora una taxonomía para dar cuenta de las variantes que adquirió la figura del doble a lo largo de la literatura del siglo XIX. La primera categoría incluye aquellos textos en los que el doble se desprende de la sombra o el reflejo del protagonista. Rank analiza algunos casos distintivos, como "La sombra" ("Skygge", 1847) de Hans Christian Andersen, el poema "Anna" (1838) de Nikolaus Lenau y *La maravillosa historia de Peter Schlemihl* (*Peter Schlemihls wundersame Geschichte*, 1814) de Adelbert von Chamisso.

Una segunda variante estaría constituida por aquellas historias basadas en la existencia de figuras reales del doble. Para Rank, se trata de personas físicas de una notoria semejanza externa y cuyos senderos se cruzan de manera recurrente. Entre los ejemplos posibles para ilustrar esta categoría, Rank privilegia *Los elixires del diablo* (*Die Elixiere des teufels*, 1815) de Hoffmann y *Siebenkäs* (1797) de Jean Paul.

En una tercera categoría se encuentran aquellas historias centradas en los relatos subjetivos de protagonistas que creen ser perseguidos o acechados por sus dobles. Rank ilustra estas creaciones a través de "El horla" ("Le horla", 1886) de Guy de Maupassant. Rank también incluye dos de las obras cumbres de los relatos de dobles del siglo XIX, "William Wilson" de Poe y *El doble* (Двойник, 1846) de Fiódor Dostoievski. Por último, incluye la categoría de los relatos que narran casos de amnesia, en los que un mismo sujeto dispone de dos vidas distintas, y aquellos basados en los casos clínicos de las dobles conciencias.

En el análisis de Rank, la repetición de una serie de rasgos asegura la cohesión de estos relatos. En primer lugar, una de las partes debe definirse por aquello de lo que carece. Se caracteriza como una sombra y ocupa un lugar de dependencia. En segundo lugar, el doble es siempre una versión degradada, una materialización imperfecta. En tercer lugar, su aparición produce un efecto devastador en la figura original. En cuarto lugar, entre las causas que promueven la aparición del doble sobresalen, por su recurrencia, el amor y el dinero. Finalmente, su desaparición implica, ineludiblemente, la muerte de su original.

---

[1] En su análisis de la relación entre la literatura del doble y esta categoría psicoanalítica, Rank refuerza la importancia narrativa de los personajes femeninos que se disputan el protagonista y su doble. Para Rank, los protagonistas nunca pueden amar a estas mujeres porque siempre se interpone o interfiere su propia imagen especular.

Dr. Jekyll y Mr. Hyde

En 1886, Robert L. Stevenson publicó *El extraño caso del Dr. Jekyll y Mr. Hyde* (*Strange Case of Dr. Jekyll and Mr. Hyde*), uno de los abordajes más lúcidos del tópico literario del doble. En su novela, Stevenson propone un ajuste de este tópico a las corrientes sociales de su período. En el momento de mayor expansión del victorianismo (tanto en sus políticas imperiales como en la imposición de sus criterios morales), este escritor escocés articuló una historia que formaliza la doblez victoriana entre los vicios privados y las virtudes públicas[2].

El extraño caso... indaga la dualidad entre el bien y el mal que conforma a los sujetos. Si bien suele considerarse a cada uno de los personajes como la encarnación absoluta de estos valores, Vladimir Nabokov precisa que el Dr. Henry Jekyll no puede ser reducido a la imagen de la bondad pura, sino que debe ser pensado como un ente en sí mismo compuesto. En su estudio de esta novela, puntualiza que "La moral de Jekyll es escasa desde el punto de vista victoriano. Se trata de un ser hipócrita que oculta con esmero sus pequeños pecados" (Nabokov, 2010: 279)[3]. Antes de la concreción de sus experimentos, Jekyll vive la disociación de deber esconder sus placeres, que lo acompañan desde su juventud, de la mirada escrutadora del puritanismo. Desde el origen, Edward Hyde se encuentra agazapado en su interior[4]. Por eso, como señala Nabokov, el proceso que tiene lugar no es estrictamente el de una transformación, sino el de una proyección. Jekyll libera en la figura de Hyde un concentrado de mal puro[5]. Así, una vez que la prueba da resultados positivos, Jekyll deja de percibirse como un hipócrita, dado que a partir de allí las dos partes pueden actuar de manera espontánea. De esta manera, el científico descubre que "el hombre no es verdaderamente uno, sino dos" (Stevenson, 1998: 64). Su proyecto de disociación

---

[2] Esta tensión constituye el núcleo de la extraordinaria novela de James Hogg de 1824 *Memorias privadas y confesiones de un pecador justificado* (*The Private Memoirs and Confessions of a Justified Sinner*).

[3] En su confesión, el Dr. Jekyll explica que "la misma frontera (más marcada en mí que en la mayoría de los hombres), que separaba en mí esos dos dominios del bien y el mal, era la misma que divide y conjunta la doble naturaleza humana" (Stevenson, 1998: 63). Esos dos dominios, artificialmente separados, son igualmente definitorios del personaje.

[4] Los nombres de los personajes fueron largamente interpretados. Nabokov plantea su origen escandinavo. En su explicación, "Hyde viene del anglosajón *hyd*, que es el danés *hide*, 'puerto, abra'. Y Jekyll procede del danés *Jökulle*, y quiere decir 'carámbano'" (Nabokov, 2010: 279). También podría rastrearse la cercanía entre Hyde y *hide* (*to hide*: "esconder" en inglés) y Jekyll y *je* (el pronombre personal de la primera persona singular en francés) y *kyll-kill* (*to kill*: "asesinar" en inglés).

[5] Los placeres y pecados son aludidos, pero no mencionados. Nabokov señala sagazmente la extrañeza que genera esta ausencia en el marco de un texto que apela al efecto realista y pragmático. Ese vacío promovió una notoria efervescencia hermenéutica. Nabokov mismo subraya la sorprendente construcción de un mundo cerrado, articulado como una comunidad de monjes. No solo los protagonistas son hombres, sino que además son solteros (Utterson, Jekyll, Poole, posiblemente Enfield). Esta ausencia sensible de lo femenino orientó a algunas lecturas del texto a encontrar el origen del escándalo en las prácticas homosexuales del protagonista.

parte de su certeza de que alojar a cada uno en una identidad distinta resuelve la maldición que arrastra la humanidad: vivir condenada a atar esos haces incongruentes de manera forzada. Por ese motivo, Hyde es exterior e interior al mismo tiempo. En su confesión, Jekyll repite "Yo también era ese" (*passim* Stevenson, 1998). Ese ente desprendido de su propio ser le pertenece. Al mismo tiempo, habla de Hyde en tercera persona y explica que "no puedo decir yo" (*Ibid.*: 75). En esa contradicción entre el reconocimiento y la extrañeza se postula la tragedia de la disociación, tan irresoluble como la tragedia, previamente mencionada, de la conjunción.

El conflicto entre estas dimensiones se focaliza mediante la narración de dos personajes de la periferia de la acción, el abogado de Jekyll, John Utterson, y uno de sus amigos, Richard Enfield. Estos hombres sensatos, poco propensos a los poderes de la imaginación, se instituyen como representantes de las normas victorianas. Su arreglo a las prácticas y a los valores de su tiempo los hacen confiables, al mismo tiempo que introducen el efecto de vacilación compartido por el lector. Su principal valor narrativo reside en sus descripciones de Edward Hyde. Enfield, testigo de los golpes asestados por Hyde a una niña, describe su caminar renqueante, su baja estatura, y señala con horror la sensación de estar frente a algo que "no parecía humano" (*Ibid.*: 9). La visión de ese ser le produce una aversión inolvidable. Le llama la atención la fuerte impresión de deformidad que desprende, aunque no puede determinar cuál es la fuente de este efecto. Indica que ninguna de las palabras de las que dispone logra explicar la repulsión provocada. Utterson coincide con su amigo "El señor Hyde era pálido y diminuto; daba la impresión de una deformidad que no residía en nada concreto" (*Ibid.*: 18). El abogado comprende que la revulsión no se debe exclusivamente al horror visible. Algo inexplicable ocasiona el rechazo inmediato frente a su presencia. Ese algo monstruoso, no identificable en ninguno de sus rasgos, es la inscripción de la maldad. El doble es la versión degradada de Jekyll y la versión degradada de un ser humano. La pierna renqueante lo diferencia de su otro yo. Su mayordomo distingue los pasos arrastrados de Hyde de la pisada firme y resuelta de Jekyll.

A diferencia del monstruo, Jekyll es descripto sin la mediación de ningún personaje de la diégesis. Así, al médico se lo define como un "cincuentón, alto, apuesto, de rostro proporcionado, con cierto aire de reserva, pero con todos los signos de la inteligencia y la bondad" (*Ibid.*: 21). La diferencia entre los dos también se percibe, desde el título de la novela, en la forma de sus respectivas inscripciones sociales: en tanto Jekyll es Dr., Hyde es Sr.

Junto con su contraposición a Hyde, el Dr. Jekyll participa de otra dualidad, derivada del conflicto existente entre dos formas de ejercer la medicina. Si Henry Jekyll se postula como la encarnación del médico temerario, aventurero en sus proyectos y tenaz en sus búsquedas, su amigo y rival, el Dr. Lanyon, ve en los experimentos de su colega meras herejías científicas. Lanyon introduce en la novela la idea de una ciencia racionalmente ejercida, sujeta a sus protocolos y fronteras. Sin embargo, su racionalismo extremo se ve perturbado al ser el único testigo del fenómeno del desdoblamiento de Jekyll/Hyde. La degradación moral que percibe en ese gesto lo condena a la muerte. Lo aniquila la comprobación del posible carácter criminal de la ciencia.

Los desdoblamientos y las duplicidades que organizan la historia se replican a su vez en una cartografía de la dualidad. La construcción de los espacios sintetiza la configuración de un universo binario. La mansión victoriana de Jekyll constituye la figura arquitectónica del doble. El científico sumó a su propiedad una casa vecina que el anterior propietario, un cirujano, usaba como sala de disecciones. Desde su propia utilización para diseccionar, la sala se convierte en el refugio del experimento y el desdoblamiento. En su exterior, este laboratorio se presenta como el frente de lo desconocido, dado que no tiene ventanas y solo posee una puerta. Su apariencia es tan siniestra en las descripciones como el semblante de Hyde. Este laboratorio funciona como una entrada lateral de la casa de Jekyll, su costado ominoso. Por el contrario, el frente presenta los atributos positivos de una suntuosa mansión victoriana. Desde el exterior resulta imposible adivinar que ambas propiedades están relacionadas por un patio interior. Al mismo tiempo, en tanto la calle lateral es un muestrario de la miseria de la exclusión victoriana, el frente es luminoso y elegante y se inscribe en un paisaje urbano desarrollado.

La novela de Stevenson resultó traspuesta al cine en múltiples oportunidades. Tal vez esto se deba a que, como señala Otto Rank en *El doble*, el cine constituye el hogar natural para las historias de personajes duplicados. Según su explicación, la técnica cinematográfica puede formalizar al doble debido a su capacidad para "expresar algunos hechos y relaciones psicológicos –que a menudo el escritor es incapaz de describir con claridad verbal–, con imágenes tan claras y patentes" (1982: 32). Entre las diferentes versiones cinematográficas[6], *Dr. Jekyll and Mr. Hyde* (John S. Robertson, 1920) resulta ilustrativa de algunas políticas de lectura del mito stevensiano del doble. En el marco del cine silente, y con antelación al afianzamiento del género del terror, esta trasposición acentúa la confrontación entre las dos dimensiones del bien y el mal e introduce algunas modificaciones significativas al texto literario.

En el prólogo, los intertítulos anticipan que existen siempre dos naturalezas en guerra en el hombre: la bondad y la maldad. En concordancia con la doctrina del libre albedrío, se precisa que la responsabilidad de elegir correctamente recae en el hombre. A diferencia de la complejidad del personaje literario, en este caso Jekyll es la encarnación de la bondad pura y ya no de la hipocresía victoriana. Es definido

---

[6] La primera trasposición conocida es *Dr. Jekyll and Mr. Hyde* (Lucius Henderson, 1912). En el período del cine clásico americano se distinguen *Dr. Jekyll and Mr. Hyde* (Rouben Mamoulian, 1931) y *Dr. Jekyll and Mr. Hyde* (Victor Fleming, 1941). Jean Renoir dirigió una notable trasposición en *Le testament du Docteur Cordelier* (1959). Finalmente, entre muchas otras, puede mencionarse la parodia realizada por Jerry Lewis en *El profesor chiflado* (*The Nutty Professor*, Lewis, 1963).

insistentemente como un idealista y un filántropo. Los personajes que lo rodean acentúan este carácter casi sacro al compararlo con San Antonio y sus obras caritativas. A su vez, su trabajo experimental en el laboratorio se complementa con su dedicación a los indigentes, a quienes atiende en un consultorio ambulatorio. Su pureza se relaciona, de acuerdo con la moral victoriana, con un rechazo radical del erotismo y una concentración compulsiva en el trabajo. En contraposición con el texto de Stevenson, no es Jekyll quien reflexiona acerca de la dualidad de lo humano, sino su amigo George Carew, padre de su prometida, quien le dice que todos los hombres están compuestos por dos partes y que "No se puede desconocer la parte salvaje del hombre". Convencido de esa imposibilidad, George lleva a Henry a un cabaret donde es seducido por una prostituta. Si bien su fortaleza le permite rechazar la tentación, los intertítulos subrayan que "Se despierta por primera vez un instinto básico de la naturaleza". Solo a partir de este recorrido por los territorios del deseo, Henry decide dirigir sus experimentos hacia el desdoblamiento del sujeto. Su objetivo es encontrar mecanismos que le permitan preservar la pureza inmarcesible de su bondad.

Antes de obtener éxito en sus estudios, la figura de Jekyll se contrasta con dos personajes de su entorno. Por un lado, su devoción cristiana se opone a la frivolidad de su amigo George. Frente a la liviandad de este, se destaca la austeridad y la severidad del protagonista. Por otro lado, se lo confronta con Richard Lanyon, el científico conservador, quien actúa en función de un apego irrestricto a las normas éticas de su profesión. Si a Jekyll lo motiva interrogar qué puede hacer la ciencia con el cuerpo y la mente de sus pacientes, Lanyon únicamente puede evaluar los peligros de acercarse a lo sobrenatural y advertir sobre los riesgos de esa conducta. En este juego de dualidades, Jekyll manifiesta el desplazamiento de la conducta apropiada, la caridad cristiana de la burguesía, a la prohibida, los desafíos lanzados a la aceptación de los límites humanos. En esa travesía se configura la tragedia de Jekyll y se establecen las bases de la expiación final.

Si el film conserva la idea del doble como degradación (su caracterización se basa en la mostración de sus manos delgadas y alargadas, la forma triangular de su cabeza y una joroba), el horror físico que despierta su visión, la relación estrecha entre represión y salvajismo, el terror del médico ante la liberación progresiva de Hyde y la distribución topográfica de los personajes, existe sin embargo una diferencia notoria. En el film se acentúa la matriz melodramática a través de la introducción del universo femenino que había quedado desterrado de la novela. En esta dimensión, se repite la dualidad que articula la historia. Henry Jekyll está comprometido con la casta Millicent, hija de su amigo George; pero su deseo se arrebata con Gina, una prostituta a quien conoce por acción de George. La tensión entre estas dos mujeres se resuelve cuando la escisión entre Jekyll y Hyde permite que cada uno de ellos se relacione con la mujer que le corresponde. Hyde torturará despiadadamente a Gina, en tanto Jekyll abandonará progresivamente a Millicent a medida que la transformación pierde el control. En la lógica férreamente binaria del film, la oposición de ambas se realiza en todas las dimensiones: Gina es morocha y Millicent, rubia; una es italiana y la otra, sajona; una es bailarina y prostituta y la otra es una doncella que vive en la clausura de su hogar; una se pasea semidesnuda y la otra se viste de acuerdo con la moral victoriana; una es erótica y la otra, virginal; una se mueve en el espacio público y otra, en el privado; una es inmoral y la otra, moral; una no tiene familia y la otra, sí.

Las diversas variaciones cinematográficas en torno a esta figura propiciaron exploraciones de sus posibilidades narrativas. En el marco del goticismo contemporáneo, distintos films se introdujeron en el terreno problemático del doble. Uno de ellos, *El secreto de Mary Reilly*, se incluye en este dominio mediante una reescritura de la novela de Stevenson. El otro, *Institute Benjamenta*, se arriesga por caminos menos transitados en la tradición de la narrativa gótica.

Miradas dislocadas (*El secreto de Mary Reilly*)

La caída de la función del Amo

En *El acoso de las fantasías*, Slavoj Žižek manifiesta su interés por la aparición de un procedimiento recurrente en determinadas producciones culturales de las últimas décadas: en *Rosencrantz y Guildenstern han muerto* (*Rosencrantz and Guildenstern are Dead*, 1967), el checo Tom Stoppard reescribe *La tragedia de Hamlet, Príncipe de Dinamarca* (*The Tragedy of Hamlet, Prince of Denmark*, 1599) a través de la asignación del punto de vista a estos dos personajes periféricos en la tragedia shakespeareana; en *Ancho mar de los Sargazos* (*Wide Sargasso Sea*, 1966), la dominicana Jean Rhys propone una reelaboración de la célebre *Jane Eyre* (1847) de Charlotte Brönte mediante la atribución del punto de vista a Antoniette Cosway (Bertha Mason en la novela decimonónica), la primera mujer de Rochester, la loca encerrada en el ático; en la actualidad, expertos en tecnología digital intervienen los episodios de la serie televisiva *Viaje a las estrellas* (*Star Trek*, 1966-1969) para hacer explícita la tensión homosexual existente entre sus protagonistas. En todos los casos, las estrategias de reescritura amenazan la estabilidad de los textos y abren sus posibilidades significantes.

A Žižek le interesa puntualizar la coincidencia del auge de estas políticas de reescritura con la expansión de un contexto artístico-cultural que no tolera la aparición de vacíos. Esta confluencia requiere el llenado de las lagunas textuales y la explicitación de lo que había quedado en suspenso. La intolerancia ante la falta está en la base de estas reescrituras polémicas que ponen de manifiesto los contenidos latentes de los relatos. A su vez, en estas intervenciones sobre los textos, en muchos casos canónicos, sobresalen dos rasgos destacados.

Por una parte, estas reescrituras afectan inevitablemente la noción de autor. En concordancia con las teorías que cuestionan la hegemonía de esta figura, y se atreven a desafiar su dominio textual, estos nuevos textos desintegran "la autoridad del autor" (*passim* Žižek, 1999). Por eso, Žižek los aborda desde una probable suspensión de la función del Amo. Si la noción de autor era tradicionalmente equiparada con la noción de Amo, el propietario incuestionable del texto y fuente de la que derivaban las interpretaciones legítimas, estas prácticas de reescritura desmontan esta certeza e inauguran la posibilidad de aceptar que no existen las versiones definitivas.

Por otra parte, estos procedimientos introducen una transformación topológica al ubicar en el centro del relato a personajes marginales (o ausentes) en el hipotexto. Y no solo se promueve esta redistribución, sino que se establece a estos personajes como el foco a través del cual se narra la historia. En este sentido, estas estrategias resultan solidarias de políticas de inscripción de subjetividades representantes de distintas formas de otredad. Así, estas prácticas se constituyen como recursos privilegiados para posicionamientos feministas, subalternos, postcoloniales, *queer*[1]. En gran medida, son textos que hacen hablar a lo silenciado en el texto original y abren otras miradas y perspectivas.

En 1990, la novelista norteamericana Valerie Martin (1948-) publicó *Mary Reilly*. Allí, narra la historia del Dr. Jekyll y Mr. Hyde desde el punto de vista de un personaje inexistente en la novela de Robert L. Stevenson: una empleada doméstica de la mansión victoriana. La novela se presenta como un diario íntimo escrito por Mary Reilly a pedido de su empleador. A través de sus anotaciones cotidianas, la joven reconstruye su pasado y relata su presente. De esta manera, se asiste tanto a la transformación de sus vínculos con el doctor y el asistente como a las modificaciones operadas en los personajes masculinos.

La notoria subjetividad del relato en primera persona evidencia la subversión de la estrategia de focalización en relación con el hipotexto. En el texto de Stevenson, Utterson, el abogado del Dr. Jekyll, introduce el relato. Así, la historia queda signada por la figura de la ley y el patriarcado y por los valores sociales y morales de la alta burguesía. Por el contrario, la novela de Martin redistribuye las fuentes narrativas y asigna a Mary Reilly la capacidad de narrar la historia. Esta alteración supone la asignación de la voz a un sujeto doblemente minoritario (por su condición social y genérica) en pleno esplendor victoriano.

En 1996, Stephen Frears[2] realizó una trasposición cinematográfica del texto literario de Martin. De este modo, no solo se sumó un nuevo eslabón a la cadena

---

[1] Estos procedimientos de reescritura también se vieron favorecidos por la implementación de novedosas y radicales políticas de lectura en esos mismos años. La irrupción de determinadas teorías en las últimas décadas (las teorías postcoloniales, las teorías subalternas, las teorías *queer* o las teorías feministas) propició la posibilidad de leer los textos en sus márgenes y en sus elementos ocultos o silenciados.

[2] Frears (1941-) constituye un caso notable en el marco del cine contemporáneo. Perteneciente a la generación de cineastas británicos formada en la BBC de Londres desde fines de los años sesenta, bajo el influjo del *Free Cinema* inglés, su consagración en el campo cinematográfico se produjo en la década del ochenta con *Ropa limpia, negocios sucios* (*My Beautiful Laundrette*, 1985), *Susurros en tus oídos* (*Prick Up Your Ears*, 1987) y *Sammy y Rosie van a la cama* (*Sammy and Rosie Get Laid*, 1987). El eclecticismo de su trayectoria a partir de esa trilogía lanza un desafío a la noción tradicional de autor.

textual, sino que se operó otra serie de desplazamientos. Uno de los más destacados es que en el film no se recurre a la narración en primera persona a través de una *voice over*, aunque sí se configura a Mary Reilly como el personaje a través del cual se accede a la historia[3].

Si el universo de la novela de Stevenson resulta, en palabras de María Negroni (1999), frenéticamente masculino, el film se define por la irrupción de un personaje femenino como centro del relato[4]. Su preponderancia en la economía narrativa produce una desviación destacable: el título ya no se centra en los dos protagonistas masculinos, sino en este personaje inexistente en la novela original. Y no solo se apropia del título, sino que opera una transformación radical en la tradición narrativa gótica al desafiar la frecuente pasividad de sus doncellas. Lejos de constituirse como una víctima sumisa del poder, Mary Reilly se establece como una heroína detectivesca que indaga con curiosidad y perseverancia.

Mary Reilly se concibe como el foco cognitivo y perceptivo del relato. El film se apega al punto de vista cognitivo de Mary Reilly. La dependencia de sus descubrimientos supone la identificación del espectador con el personaje y la dilucidación progresiva del misterio. Esta estrategia focalizadora es frecuente en las historias centradas en una investigación porque favorecen la equiparación del saber del espectador con el saber del personaje y propician el avance simultáneo de ambos recorridos[5]. Así, Mary Reilly se define como una testigo privilegiada de los eventos y como una protagonista de la acción. A medida que transcurre el relato, su actividad se acrecienta y deja de ser una observadora atenta para convertirse en una participante clave en el devenir de los acontecimientos.

En cuanto a la dimensión perceptiva, el film tiende a equiparar la percepción del personaje con la del espectador. En las primeras secuencias, este recurso es relevante porque Mary se define como una espía, alguien que indaga en los eventos extraños que la rodean. Por eso, su mirada es configurada como la introductora a

---

A lo largo de su prolífica filmografía se alternan films rodados para la industria del cine hollywoodense de gran presupuesto como *Relaciones peligrosas* (*Dangerous Liaisons*, 1988) y films independientes como *Esperando al bebé* (*The Snapper*, 1993). A su vez, la trilogía realista inicial se enfrenta a films cuidadosamente estilizados como *Ambiciones prohibidas* (*The Grifters*, 1990), comedias como *Alta fidelidad* (*High Fidelity*, 2000) y melodramas como *Chéri* (*Chéri*, 2009).

[3] Otros films del *corpus* implementan transformaciones y alteraciones equivalentes. *El joven manos de tijera* se concibe como una relectura del mito frankensteiniano desde la perspectiva de la criatura; *Dracula: Pages from a Virgin's Diary* se narra desde el punto de vista de Lucy y *Los otros* retoma elementos de la narrativa de fantasmas desde la percepción de los espectros.

[4] Esta ausencia de lo femenino en la propiedad de Jekyll se refuerza mediante los diálogos. Una empleada que trabaja allí precisa que ninguna mujer atravesó jamás la puerta de calle. Otros dos films propusieron la introducción de personajes femeninos en esta historia: *Docteur Jekyll et les femmes* (Walerian Borowczyk, 1981) y *Mi nombre es sombra* (Gonzalo Suárez, 1996).

[5] Dado que la trama de la novela es ampliamente conocida, la aceptación de esta equivalencia requiere el establecimiento de un contrato de lectura que acepte la validez y la novedad de esta dilucidación progresiva.

la historia. A lo largo del film, se reitera un encuadre: el personaje observa, detrás de una ventana, la entrada del doctor Jekyll a su laboratorio. La recurrencia de este plano puntúa cambios relevantes en la narración: la sorpresa, el interés, la aventura, el descubrimiento. Cada reiteración del encuadre acentúa el compromiso creciente de la protagonista en los eventos (y en el destino del doctor), así como puntualiza las modificaciones en su actitud y el incremento de su participación y su capacidad de actuar (Imagen 13).

Al mismo tiempo, no puede subestimarse la importancia de la visión en un relato fantástico. Rosmary Jackson (1986) sostiene que la literatura fantástica propició una revisión de la temática de la visibilidad en el siglo XIX. Si el positivismo decimonónico había aceptado como norma el valor de "ver para creer", la literatura fantástica propició su crisis al señalar la potencia de lo invisible, de aquello que desafía la capacidad de la visión. En este sentido, la puesta en duda de lo visible suponía un cuestionamiento efectivo de la racionalidad, el saber y la creencia. Por eso, en el desenlace del film, solo a través de la mirada atónita de la protagonista se puede aseverar la validez del relato de Mr. Hyde acerca de las metamorfosis del Dr. Jekyll. La visión resulta así tanto impugnada como reforzada, dado que solo se cree en el relato fantástico cuando la visión de Mary atestigua la existencia del fenómeno sobrenatural.

Finalmente, la subjetividad del personaje también se constituye a través de otros dos procedimientos: la inclusión de imágenes mentales (en particular, las pesadillas iniciales y los sueños eróticos con Mr. Hyde) y la sumatoria de analepsis que dan cuenta de determinadas experiencias de su pasado. En este aspecto, el film hace hincapié en la experiencia traumática de la violencia sufrida por Mary por parte de su padre. Sus vestigios, materializados en las cicatrices que conserva en sus brazos y rostro, constituyen el motivo del acercamiento inicial del Dr. Jekyll. Su interés científico se activa al percibir las marcas de las mordidas de las ratas presentes en el cuerpo de la protagonista.

A través de la confluencia de este repertorio de recursos, el film construye un "sitio de enunciación radical" (Bhabha, 2002): un dominio que es interior y exterior al universo que narra. Testifica y participa de la acción. Se incluye en el hogar burgués y lo percibe desde la ajenidad. Está enmarcado en el imperio de la moral victoriana aunque se encuentre ubicado en la periferia de su estructura social. A través del punto de vista de Mary Reilly emerge una mirada dislocada, una perspectiva interior que narra la sociedad victoriana desde afuera.

La crisis del dualismo

José Miguel Cortés indica en *Orden y caos*, su estudio cultural sobre la representación de lo monstruoso en el arte, que la problemática del doble definió a la producción artística y literaria del siglo XIX. De acuerdo con su argumentación, la proliferación de relatos sobre este tema se vinculó con la revolución radical que experimentó la categoría de sujeto en aquella centuria. La irrupción del doble se relacionaría con una conjunción de prácticas y discursos desarrollados durante aquel siglo y confluyentes en la pérdida de soberanía de la noción de sujeto que había sostenido la modernidad. Ante el derrumbe de esta concepción, propiciado a lo largo del siglo XIX por las teorías de Freud en el plano de la psiquis y las de Darwin en el plano de la biología, los dobles de la literatura y el arte formalizaron nuevas percepciones de la subjetividad y materializaron las pesadillas decimonónicas. Al respecto, Cortés señala que con "el cuestionamiento de la identidad del ser humano, el sujeto aparece fragmentado y mutilado por un conjunto de fuerzas dislocadoras: los automatismos físicos, los sueños, las acciones reflejas, las pulsiones del inconsciente, etc." (1997: 94)[6].

En el terreno de la literatura gótica del siglo XIX, las figuras del doble tendieron a pensarse como derivaciones del sujeto y adquirieron la forma de la imagen refleja y la sombra. Frente a esta tendencia, Stevenson no propone la irrupción de un ente que se desprende del sujeto, sino la generación de un ser corpóreo y vital. De este modo, se postula un cuerpo humano material y generador de nuevas corporalidades, con fronteras lábiles y definido por su potencial apertura reproductora.

A su vez, ambas existencias no son simultáneas, sino alternas. Román Gubern precisa que "El hallazgo feliz de Stevenson residió en la coexistencia de dos personalidades opuestas en una misma identidad o cuerpo humano [...] El doble no se manifiesta aquí como desdoblamiento corporal, sino de forma alternante, como dos modalidades de un único sujeto" (2002: 252). El proceso de secularización atravesado por la literatura fantástica a lo largo del siglo XIX propició esta sustitución del otro exterior por el descubrimiento de los múltiples otros que podían habitar al sujeto. Al respecto, Rosmary Jackson sostiene que "En el curso del siglo diecinueve, los *fantasy* estructurados en torno del dualismo [...] revelan el origen *interno* del otro. Lo demoníaco no es sobrenatural, sino un aspecto de la vida personal e interpersonal, una manifestación del deseo inconsciente" (1986: 52).

---

[6] No solo el desarrollo de la teoría psicoanalítica contribuyó con la expansión de este proceso, sino también la práctica de la hipnosis operada por Hipolyte Bernheim, la teoría de Charles Richet sobre el sonambulismo y los tratamientos sobre la histeria implementados por Jean-Marie Charcot en la Salpêtrière.

Esta interiorización de la otredad dificulta la conservación de la polarización entre el bien y el mal. Stevenson articula su texto como un intercambio entre el yo y el yo como otro. Si su novela fue comprendida como una parábola del dualismo y una reflexión sobre la hipocresía y la represión victorianas esto dependió de la figuración de esta polémica entre distintas dimensiones constitutivas de lo humano. Según Jackson, en esta novela "El otro lado de lo humano regresa para actuar los impulsos libidinales que el ego social esconde" (*Ibid.*: 116). En este sentido, la parábola de Stevenson complejiza la representación tradicional de la lucha entre el bien y el mal, dado que "El texto mismo maneja el 'mal' como una categoría moral relativa, como una noción impuesta sobre el desorden natural" (*Ibid.*: 116).

Estas indagaciones acerca del dualismo condujeron a la pérdida de la noción monista del personaje. Así, el texto formalizó las amenazas de la pérdida de la identidad que se presentaron a lo largo de su siglo. En consonancia con estos peligros, Stevenson postula que el médico recurre a los procedimientos del positivismo cientificista para practicar su experimento. Jekyll encuentra las claves para esta práctica de desposesión del yo en la ciencia de su época. La misma ciencia que había impulsado la concepción moderna de sujeto aporta los elementos que posibilitan su aniquilación. De esta manera, el texto inaugura un cuestionamiento de la noción de sujeto como un todo coherente, indivisible y continuo. Por este motivo, Tzvetan Todorov (2003) comprende a la literatura fantástica como la conciencia desasosegada del positivismo del siglo XIX.

En relación con esta concepción gótico-decimonónica del dualismo, *El secreto de Mary Reilly* introduce dos rupturas significativas. La primera supone la desaparición de una de las bases de la representación canónica del doble. Si este (imagen especular, sombra o relevo corporal) solía definirse a partir de la carencia de algún atributo definitorio de lo humano, y eso lo posicionaba como una versión degradada del original, el film repudia esta concepción derivada o dependiente. En este caso, Mr. Hyde ya no es concebido exclusivamente por su falta, sino también por sus posesiones. El personaje se destaca por la portación de todo aquello que está ausente en el doctor Jekyll, como el erotismo y la sensualidad, la independencia respecto de los juicios públicos, la emancipación moral, la fortaleza física, la juventud y la vitalidad[7].

---

[7] En esta revisión de la tradición narrativa sobre el doble, las modificaciones se alternan con ciertas continuidades. Entre estas, podría mencionarse que en el film abundan los primeros planos de Jekyll con iluminación lateral. Esta propicia que la mitad de su rostro quede sumido en la oscuridad. De este modo, se encuentra un equivalente visual para la sugerencia de un lado visible y otro invisible en el personaje. Sin embargo, a diferencia de la novela de Stevenson y de las representaciones cinematográficas previas, en este caso la discrepancia física entre ambos personajes está disminuida. No solo un mismo actor interpreta a los dos personajes (recurso consuetudinario en las trasposiciones anteriores), sino que se incorporan mínimas transformaciones en su apariencia. Esta elección puede deberse, por un lado, a que se presupone que los espectadores del film conocen la trama; por otro lado,

La segunda ruptura radicaliza una sugerencia del texto literario de Stevenson. Si en este, el doctor Jekyll anticipa que "Otros sobrepasarán estos conocimientos y me atrevo a predecir que el hombre finalmente será concebido como una sola comunidad de ciudadanos varios, discrepantes e interdependientes" (Ibid.: 64), *El secreto de Mary Reilly* cumple ese pronóstico y desarticula el dualismo a través de la introducción, mediante el personaje de la empleada doméstica, de la terceridad. Esta inclusión desafía la hegemonía de los pares binarios y se instituye como la cifra que amenaza la supervivencia de las estructuras duales[8]. Así, se presenta como una alternativa para pensar las transformaciones que debe atravesar la narrativa sobre el doble en un contexto de crisis del dualismo.

A su vez, la irrupción de la terceridad no conduce al establecimiento de estructuras triádicas rígidas en sustitución del binarismo colapsado. Por el contrario, su aparición dificulta el afianzamiento de esquemas fijos e inamovibles. La crisis del sistema binario promueve nuevas aperturas y discontinuidades. La inclusión de la terceridad afecta la distribución de los pares centrados en dos categorías centrales de la definición identitaria: la clase y el género. A partir de allí, conduce a una modificación radical de las configuraciones de la otredad.

La clase y el género

Las alteraciones en las concepciones de la otredad derivan, en gran medida, de la reconfiguración de los cruces, los intercambios y los conflictos entre la clase y el género. En principio, debe destacarse que una de las características más notables del goticismo contemporáneo reside en su reintroducción de la problemática de la clase.

---

a que refuerza la idea de que ambos constituyen versiones variables del sujeto. Finalmente, también recupera la valoración de las variabilidades esbozadas del cuerpo analizadas en *Criatura de la noche*. El proceso de mutación representado implica una notable violencia. Resulta equiparado a un nacimiento debido al sonido de un llanto de bebé y a la aparición de un cuerpo que combate por emerger del otro. Así, el cuerpo del Jekyll se concibe como la guarida o el receptáculo de Hyde.

[8] La construcción espacial replica este desmontaje de las estructuras binarias a través de la introducción de la terceridad. Las trasposiciones clásicas de la novela de Stevenson se articulan topológicamente en la oposición del hogar burgués (caracterizado mediante los procedimientos del clasicismo arquitectónico) y el laboratorio del *mad doctor* (ambientado a través de las concepciones espaciales y arquitectónicas del goticismo). En *El secreto de Mary Reilly* también se recupera esta oposición. La suntuosidad de la morada burguesa se contrapone al ascetismo del laboratorio. La visible opulencia del interior victoriano se enfrenta a la clausura de la guarida. Sin embargo, en este caso al dualismo espacial se suma la inclusión de un tercer ámbito, tradicionalmente ignorado o relegado: las calles de Londres. La inclusión del exterior desmonta la dualidad de la configuración espacial. La ciudad multitudinaria se constituye como el escenario privilegiado del crimen. La metrópoli aparece como un territorio plagado de sangre y suciedad, ocupado por mercados, carnicerías, morgues, hospitales y prostíbulos, pero también atravesado por los burgueses y sus empleados.

Esta se consolida como uno de sus elementos nucleares y adquiere un lugar dominante en la economía narrativa, aunque lo hace a través de un diálogo polémico con otros ejes definitorios de lo identitario como el género y la raza.

En concordancia con la tendencia del cine gótico reciente a asignarle relevancia narrativa al cuerpo, y a abordar a través de él su reflexión sobre la otredad, en *El secreto de Mary Reilly* la problemática de la clase adquiere una visibilidad notable a partir de su representación de los cuerpos. En la primera escena, la protagonista, arrodillada en la entrada de la mansión victoriana, friega las losas. Frente a ella, se impone el cuerpo erguido del doctor. Desde el inicio, ambas posiciones resumen la distribución del poder que se establece entre los personajes. De esta manera, la diferencia de clases se inscribe en sus posturas y el contraste de las alturas conduce a una distancia en las miradas[9].

La divergencia entre los personajes también se replica en la oposición entre la individualidad inicial de Jekyll y la pertenencia al colectivo de los empleados domésticos de Mary. Al respecto, debe señalarse la perfecta sincronización de los movimientos de los empleados. Sus desplazamientos, así como las tareas que cumplen, se encuentran rigurosamente coreografiados. La estilización extrema de cada aspecto del ceremonial diario (desde planchar los cordones de los zapatos del doctor hasta decorar las bandejas en las que se sirve la comida) señala su carácter ritual. Cada una de sus acciones se inscribe en una organización métrica (acentuada por el empleo de la música extradiegética) que refuerza su sentido mecánico y repetitivo.

La irrupción de Hyde desarticula esta primera oposición entre Mary Reilly y Henry Jekyll. En primer lugar, esto se debe al carácter ambiguo de su inserción social. El mayordomo de la propiedad, el señor Poole, indica que "Nadie podría jamás confundir a Hyde con un caballero". Este comentario pone de manifiesto la obsesión decimonónica inglesa por identificar socialmente a los sujetos. En *Un placer inconfesable o la idea de clase social*, Philip Furbank estudia la Inglaterra del período victoriano a partir del desarrollo de un sutil sistema de contraseñas de clases basado en una certeza: "el origen social puede inferirse a partir de ciertos pequeños indicadores" (2005: 176). La visibilidad de estos indicadores sociales asedió al siglo XIX y propició la expansión de un riguroso sistema organizado en torno a su reconocimiento. En el film, el carácter no caballeresco de Hyde es denunciado por el mayordomo, constituido como el representante de los discursos sociales y morales del período. Mary Reilly teme al poder que este personaje tiene sobre ella y el doctor

---

[9] La relevancia del cuerpo en la organización narrativa también se evidencia en la escasa dimensión del ático que Mary comparte con otra empleada. Debido a la inclinación del techo de esta habitación, debe agachar la cabeza para subir a la cama. La sumisión de los cuerpos se evidencia incluso en sus movimientos más cotidianos y presuntamente alejados de todo vínculo con el poder. La muerte de su madre permite duplicar esta posición de sometimiento. El propietario de la habitación que la madre alquilaba guarda el cadáver en un armario empotrado que replica la inclinación del techo y genera el aprisionamiento del cuerpo en el mínimo espacio disponible.

Jekyll lo percibe como un vigilante del orden social (se refiere a él, irónicamente, como "el virtuoso señor Poole"). El empleado asegura el cumplimiento de las leyes no escritas del victorianismo. Así, se instituye como la voz del patriarcado y de la necesaria conservación del respeto de la diferencia de clases.

En segundo lugar, la inclusión de Hyde desarma la oposición planteada hasta allí en términos binarios[10]. El enfrentamiento entre Mary Reilly y el doctor Jekyll reproduce la contraposición entre las clases alta y baja. La sumatoria de Hyde como un nexo entre los personajes desmonta la simple oposición y establece la tríada también en términos sociales. La clasificación en clases sociales (central en Inglaterra después de la Reforma de 1832[11]) es tripartita, dado que organiza la estructura social a través de la existencia de las clases alta, baja y media (a diferencia del esquema marxista tradicional, que opone a la burguesía y el proletariado). Sin embargo, *El secreto de Mary Reilly* suprime la representación de la clase media[12] y se centra en los extremos de la escala social. De todos modos, si bien esta exclusión refuerza inicialmente la oposición binaria, la inclusión de Hyde desarticula ese enfrentamiento y problematiza el dualismo. Hyde constituye una figura inasimilable en el marco de la rígida estructura social decimonónica. A pesar de ser el desprendimiento de un caballero, no es considerado tal. Su pertenencia a la clase media es imposible por su renuncia a respetar sus principios morales. A su vez, posee rasgos que lo acercan tanto a la empleada doméstica como a su empleador. De este modo, queda constituido como un territorio conflictivo que permite el encuentro y la oposición de los otros protagonistas.

Si la distribución inicial del poder (social) se materializa en las posturas de los cuerpos, el desarrollo de la historia y su desenlace introducen rupturas significativas en esa misma dimensión. Entre ellas, debe señalarse un primer acercamiento entre los personajes mediante la recurrente aparición de cuerpos marcados: Mary Reilly conserva las marcas de las mordidas de una rata que la atacó durante su infancia; Hyde presenta una cicatriz en su mano luego de un accidente con una taza; Jekyll no solo comparte esta cicatriz, sino que su cuerpo atestigua su progresiva decadencia. Su posición imponente y altiva es sustituida por la figura de la caída. El cuerpo antes erecto se convierte en débil, enfermizo y luego agonizante. Su caída condensa la degradación de una clase y anticipa el fin de un período socio-histórico. Finalmente,

---

[10] Por supuesto, este desmontaje se suma al que había sido introducido por la presencia del personaje de Mary Reilly en la relación entre Jekyll y Hyde.

[11] En 1832 se aprobó la Ley de Reforma electoral que implicó una redistribución de los escaños parlamentarios. En gran medida, su importancia dependió de la duplicación del cuerpo electoral a través de la inclusión del derecho al voto de los propietarios de inmuebles con una renta mayor a diez libras por año. Esto supuso la participación en las elecciones de un porcentaje destacado de la clase media. A partir de allí, se produjo un redescubrimiento de su valor político, social y económico.

[12] La ausencia de toda referencia a la clase media resulta significativa debido a que el siglo XIX constituyó, en el marco inglés, el período de su triunfo social y moral.

la redistribución espacial y social se confirma en la clausura narrativa. Allí, el cuerpo yacente de Jekyll sobre la mesa del laboratorio es acompañado por el cuerpo de Mary Reilly. Luego del extenso recorrido de ambos personajes, del ascenso de Mary y el derrumbe de Jekyll, la posición final los iguala transitoriamente.

El vínculo conflictivo entre las clases se espacializa en la importancia narrativa adquirida por la escalera (Imagen 14). Tanto la escalera central de la propiedad como la que se encuentra oculta detrás de las paredes (utilizada por los empleados, relegados a una política laboral que los invisibiliza) se constituyen como la figura del espacio liminal, el entre medio donde se dirimen las identidades. A lo largo del film, los múltiples desplazamientos de los personajes sugieren que el movimiento que se produce allí duplica el que se propone en el interior de la rígida estructura social victoriana. Los abundantes cambios de posiciones señalan la voluntad de evitar que las identidades se fijen en sus extremos. El interés en las extremidades resulta consuetudinario en la narrativa gótica. El sótano y el ático constituyen dos de sus ambientes más recurrentes. Esta polaridad vertical suele vincularse con la problemática clasista. Se trata de dos lugares invisibles destinados a las clases bajas y depositarios de los secretos aterradores.

La complejidad de la estructura social se incrementa por su confluencia con los conflictos suscitados en torno al género. El posicionamiento doblemente subordinado de Mary Reilly depende de su ubicación social tanto como de su condición genérica. El personaje se encuentra en un lugar de sometimiento incluso en el interior de su propia clase. Esta segregación múltiple se evidencia en el recuerdo traumático de su infancia. Más allá de los castigos físicos padecidos, se sugiere la reiteración de abusos sexuales por parte de su padre. En la figura de este se establece la posibilidad de pensar un sujeto que se encuentra en una posición de subordinación social y dominio genérico.

Al mismo tiempo, el padre presenta una semejanza notable con Mr. Hyde: ambos arrastran una pierna al caminar. Los personajes que describen sus movimientos explican que no se trata de una cojera, sino de algo distinto e indescriptible. Ambos resultan identificables por el sonido que producen al desplazarse. El sonido que los acompaña se concibe como el anticipo del horror y la violencia. Así, se propone un acercamiento de la deformidad física con la atrocidad moral. Para Mary Reilly, Mr. Hyde funciona como un doble de su padre, un sinónimo del poder y el abuso.

En el padre también se manifiesta la problemática del doble. Su progenitor, según la explicación de Mary, modificaba su conducta cuando se encontraba alcoholizado. Su relato hace hincapié en que en esas circunstancias se convertía en otro. Frente a esta explicación, Henry Jekyll le pregunta si el alcohol no liberaba simplemente un rasgo de su personalidad. En todo caso, y más allá de la respuesta a este interrogante, tanto el padre como Mr. Hyde se instituyen como representantes divergentes del patriarcado. En ambos casos, la estructura patriarcal se evidencia a través de actos concretos de violencia (las prostitutas abusadas por Hyde, la violencia doméstica del padre de Mary).

En este intercambio entre el padre de Mary y Hyde se percibe uno de los rasgos más notables del film: la imposibilidad de fijar las identidades de los personajes, su renuencia a aceptar las posiciones rígidas de las clasificaciones sociales. El vínculo establecido entre ambos explicita las convergencias y las continuidades existentes entre otra serie de personajes. De esta manera, se propone una reflexión acerca de la discontinuidad entre la adscripción genérica y la definición social.

Esta discontinuidad también se actualiza en la relación entre los representantes de los dos extremos de la estructura social: Mary Reilly y Henry Jekyll. Los personajes se oponen por su clase social, su nivel de instrucción y su género. Sin embargo, también se puntualizan los rasgos o aspectos que comparten. A través del señalamiento de estas recurrencias, se profundiza el proceso de desmontaje de las estructuras binarias configuradoras de la narrativa del doble. En principio, el doctor y la empleada comparten el aislamiento frente a sus propias clases sociales de origen. Mary nunca logra integrarse al conjunto de los empleados domésticos y Jekyll queda separado de la alta burguesía inglesa. A su vez, los dos se arriesgan en la indagación de territorios prohibidos por las pautas sociales y morales del período victoriano. Reconocen el terror que se provocan a sí mismos y exploran lo insondable (la violencia, el dolor, el erotismo). En este gesto de escrutinio se oponen, como señala María Negroni, "a la autoridad doméstica y social, representada por el mayordomo y la policía" (1999: 95). De esta manera, Mary Reilly se configura como cómplice, símil y testigo de Jekyll. El doctor encuentra su doble no solo en Hyde, sino también en esta figura compleja a quien se opone y replica simultáneamente[13].

Sin embargo, una diferencia notoria se instala entre ellos: en tanto Jekyll debe apelar a Hyde como doble, Mary condensa en sí misma esa ambigüedad. Por eso, el doctor le declara que ella consiguió lo que él siempre anheló: "ser la herida y la daga al mismo tiempo". A diferencia del doctor, quien admira el coraje desafiante de Mr. Hyde, Mary se permite una actitud cuestionadora. Quizás porque conoció directamente los costos y las consecuencias de tales actitudes. Por ese motivo, su deslumbramiento con Hyde, e incluso la identificación que se establece, se operan fuera de la conciencia y la voluntad.

A través de estas vinculaciones, los personajes quedan configurados como dobles mutuos, como contrapartidas y complementos necesarios. Todos son igualados en su diferencia, contactados en sus irregularidades, asimilados en sus divergencias.

---

[13] En la novela de Valerie Martin, Mary Reilly percibe "la desagradable sensación de que el mundo entero se interponía entre nosotros y que no habría jamás forma de atravesarlo, pero también que en cierto modo éramos las dos caras de una misma moneda, cada uno realizando un trabajo diferente en la misma casa y tan cerca el uno del otro, aunque sin hablarnos, como el perro y su sombra" (1994: 50-51).

Estos procesos de identificación ponen en crisis la idea de una identidad definida de manera rígida por ciertas pertenencias o adscripciones. En este caso, los procesos identitarios sustituyen a las categorías reduccionistas de definición del sujeto y, por lo tanto, a las concepciones fijas de la otredad.

Al mismo tiempo, estas vinculaciones propician un cuestionamiento de las aproximaciones tradicionales a la figura del monstruo. Si en la narrativa decimonónica el Dr. Jekyll encuentra en Mr. Hyde la encarnación de su monstruosidad, en *El secreto de Mary Reilly* se abre un interrogante acerca del carácter del monstruo. El desmontaje del dualismo se lleva al extremo de reconocer los puntos de contacto existentes entre la figura monstruosa y las representaciones menos radicales de la otredad. Así, se suma un nuevo señalamiento de la imposibilidad de sostener las distribuciones rígidas entre lo mismo y lo otro y se refuerza la cercanía entre el monstruo y el excéntrico, aquel sujeto menos amenazante perteneciente a las periferias del cuerpo social.

Sujetos dislocados

La complejidad de estos procesos de identificación, la dificultad para atribuir a los personajes identidades fijas, puede analizarse a partir de la categoría de "sujeto dislocado" propuesta por Gayatri Chakravorty Spivak en *¿Puede hablar el subalterno?*. En el marco de su apropiación de la teoría postcolonial, Spivak apela a Marx para articular una teoría de la subjetividad organizada en torno a un modelo de sujeto dividido[14]. Así, explica que tanto en el plano de la política (el agente histórico a nivel mundial) como en el plano de la economía (el capitalista), Marx configura un sujeto cuyas partes no son continuas ni coherentes entre sí. A partir de esta recuperación inicial, Spivak postula su propia noción de sujeto dislocado[15].

---

[14] Spivak disecciona "Los intelectuales y el poder: una conversación entre Michel Foucault y Gilles Deleuze", un diálogo entre estos dos intelectuales incluido en *Microfísica del poder*. Critica no solo el rechazo de ambos a abordar la problemática de la ideología, sino la indiferencia frente a su propia inserción en la historia intelectual y económica. Indica que esta doble negativa los aleja de la crítica inicial al sujeto autónomo y los acerca a una reintroducción del sujeto soberano en el que coinciden deseo e interés. Esto se facilita por su valoración no cuestionada de los oprimidos como sujetos y por el carácter transparente de los intelectuales, quienes se arrogan el derecho de representar a los grupos subalternos.

[15] De acuerdo con Spivak, en *El 18 Brumario de Luis Bonaparte*, Marx sostiene que la definición descriptiva de una clase puede ser diferencial y consistir en su desconexión y diferencia respecto de las otras clases. Al respecto, precisa que la formación de una clase es "*artificial* y económica, y su agenciamiento económico o *interés* es impersonal en tanto es sistemático y heterogéneo" (2011: 19). La intención de Spivak consiste en demostrar que Marx construye un sujeto dividido en el que no

En esta búsqueda, Spivak cuestiona la rigidez de las definiciones tradicionales de categorías como clase, raza y género. En el contexto postcolonial[16], estas tres categorías aparecen como series heterogéneas, en el sentido de que no pueden reunirse en un planteo o una estrategia de "intervención únicos, ni reducirse a un solo 'concepto maestro' sin operar a la vez un gesto de exclusión en la definición de la subalternidad y de las prácticas de resistencia, repitiendo así el gesto imperialista por excelencia" (Topuzian, 2011: 117). Por eso, Spivak sostiene que la identidad se constituye como negociación entre posiciones diversas en un determinado contexto y piensa la subalternidad[17] bajo el funcionamiento de una identidad diferencial. En esta dirección se establece la necesidad de desarrollar una producción contraideológica orientada a combatir, mediante procesos de generación o transformación, las nociones existentes y actuantes de subjetividad.

Otro representante heterodoxo de la teoría postcolonial, Homi Bhabha, también acentúa el valor político de operar un dislocamiento entre la clase y el género. En su argumentación,

> el valor transformacional del cambio está en la rearticulación, o traducción, de elementos que no son *ni el Uno* (una clase obrera unitaria) *ni el Otro* (las políticas de género) *sino algo distinto*, que cuestiona los términos y los territorios de ambos. Hay una negociación entre género y clase, donde cada formación encuentra las fronteras desplazadas y diferenciadas de su representación de grupo y los sitios de enunciación en los cuales los límites y limitaciones del poder social se encuentran en una relación agonística (2002: 48).

La potencia política emerge como resultado del carácter discontinuo del sujeto. Tanto su discontinuidad como su división lo constituyen como un agente de cambio político atravesado por intereses e identidades conflictivas. Esta potencia

---

coinciden el deseo y el interés. Por eso, "Los proyectos de conciencia de clase y de transformación de la conciencia son para él cuestiones discontinuas" (*Ibid.*: 24). Para Spivak, entre la conciencia y el conocimiento se inscribe la tarea de la producción ideológica. Por eso, la negativa de Foucault y Deleuze a recurrir a esta categoría los lleva a la recuperación de una definición soberana del sujeto.

[16] Si bien el análisis de Spivak se focaliza en la historia de la India, lo propone como representativo de diversas otredades, internas y externas, en relación con Europa y como un modelo para pensar la subjetividad en distintos contextos de subalternización.

[17] Spivak desarrolla su teoría de la subjetividad a partir de la subalternidad. La categoría "subalterno" procede de la teoría política de Antonio Gramsci. Su formulación se encuentra en su ensayo "Ai margini della storia (Storia dei gruppi social subalterni)". Allí, subalterno remite a todas las posiciones de dominio. A comienzos de la década de 1980, un grupo de intelectuales nacidos en la India conformó el Grupo de Estudios Subalternos, dedicado a recuperar esta categoría gramsciana y a promover su aplicación al marco histórico de la India. En particular, su interés se orienta a la restitución de las voces subalternas. Sin embargo, una de sus mayores dificultades reside en que, ante la ausencia de textos producidos por los subalternos, debe rastrearlas en los textos coloniales y en los relatos historiográficos imperiales.

se efectiviza por su oposición al requerimiento del poder de fijar las identidades con el fin de desarrollar estrategias efectivas de sumisión. En este sentido, Bhabha señala no solo que la conformación del bloque social es en sí misma heterogénea, sino que el trabajo de la hegemonía consiste en articular un proceso de iteración y diferenciación. Esto se debe a su voluntad de promover imágenes alternativas, o antagónicas, producidas en conjunto y en competencia unas con otras. De este modo, el riesgo reside en la posibilidad de quedar fijados a las distribuciones identitarias operadas desde el poder. La dimensión individual, al igual que la colectiva, requiere la construcción de identidades variables, móviles e intersticiales, que se encuentren en procesos continuos de modificación de sus posicionamientos[18].

Por este motivo, Karina Bidaseca puntualiza que tanto Spivak como Bhabha explican el funcionamiento de la subjetividad subalterna mediante "procesos de sinecdoquización" tendientes a subrayar "la capacidad de ser ahora mujer, ahora negra, ahora musulmana, posibilidad que se desarrolla entre aquellas personas que no se encuentran atadas a una identidad" (2010: 37)[19]. Los personajes de *El secreto de Mary Reilly* constituyen manifestaciones notables de esta posibilidad de pensar a la subjetividad en sus discontinuidades, en sus territorios intersticiales y en el dislocamiento operado entre la clase y el género.

La variabilidad del sujeto dislocado también es abordada por Spivak en su dimensión epistemológica. Orientada a pensar las particularidades del sujeto colonial, presta atención a la conversión de los sujetos en objetos de discursos y saberes y, por lo tanto, en significantes que operan como reaseguro del colonizador. Si el colonialismo configura una relación estricta entre los objetos y los sujetos de conocimiento, el interrogante planteado por Spivak radica en saber si es posible subvertir esta distribución y alterar la asignación de estos roles epistemológicos.

Este aspecto de la conformación de la subjetividad resulta particularmente significativo en *El secreto de Mary Reilly*. En el film, el vínculo entre Henry Jekyll y su empleada se origina en la curiosidad científica del doctor frente a las cicatrices de Mary. La distribución de roles atribuye la curiosidad y la actividad al médico y la sumisión y la pasividad a la empleada. Sin embargo, el avance de la historia redistribuye estas asignaciones iniciales. No solo Mary se convierte en una activa buscadora

---

[18] La proposición de una subjetividad dislocada, cercana a la defendida por Bhabha, condujo a Spivak a la necesidad de recurrir a la figura retórica de la catacresis para pensar la identidad. Según su argumentación, "se trata de nombrar algo que no tiene nombre dándole uno 'traslaticio', tomado de otro contexto o injertado. La identidad surge de este desplazamiento nominal, a menudo como solución de compromiso y circunstancial, que luego resulta sustancializada o literalizada" (2011: 122).

[19] Sin embargo, Spivak comprende que en algunas circunstancias puede ser necesario recurrir a alguna forma de identidad fija. Por eso, propone la categoría de "esencialismo estratégico" relacionada con "la posibilidad de construir o negociar, en el campo abierto por las políticas de la diferencia, la heterogeneidad o, más apropiadamente, la subalternidad, alianzas o bloques por razones políticas que pudieran catalizar la intervención" (Topuzian, 2011: 115).

del saber (entre otras actividades, hojea con interés los libros de la biblioteca[20]), sino que su principal objeto de estudio lo constituye el mismo doctor. Su introducción en el universo del científico se incrementa paulatinamente. La distancia se disuelve y se acentúa su pertenencia indirecta al mundo del médico. De todos modos, una diferencia debe observarse: en tanto el saber puesto en juego por Jekyll es un saber moderno, cientificista y positivista, el saber desarrollado por Mary depende del compromiso emocional con lo investigado y la abolición de la separación entre sujeto y objeto de conocimiento. Su apropiación del rol activo en la búsqueda del conocimiento conduce a una transformación radical de la concepción del saber y de la vinculación entre los roles epistemológicos. En este sentido, no se produce una mera inversión de los roles, sino que se suprime la forma moderna de comprender las relaciones establecidas entre sujeto y objeto de conocimiento.

A su vez, la proposición de un sujeto dislocado modifica la comprensión tradicional de los sistemas de alianzas y la articulación de identidades colectivas. *El secreto de Mary Reilly* puede constituir un terreno apto para pensar la configuración de ciertas cofradías de la otredad, ausentes en los films estudiados hasta ahora. Al respecto, es necesario interrogar la posibilidad de articular sistemas de alianzas entre diferentes modalidades de la subalternidad. Gayatri Spivak manifiesta su desconfianza acerca del establecimiento de políticas unitarias de colaboración. Señala que solo los sectores dominantes de los grupos dominados apuestan a la conformación de alianzas. Por eso, explica que

> la creencia en la plausibilidad de una política de alianzas global es también predominante entre las mujeres de los grupos sociales dominantes interesadas, en los países de economías dependientes, en un 'feminismo internacional'. En el otro extremo de la escala, las más alejadas de cualquier posibilidad de una alianza […] son justamente las mujeres del subproletariado urbano (2011: 55).

Entonces, ¿cuándo es posible un sistema de alianzas? En este film, las alianzas se conciben como episodios transitorios y acercamientos estratégicos variables. Mary se alía con el doctor Jekyll frente al poder disciplinario del mayordomo y la policía; se une a Mr. Hyde en su descubrimiento del deseo. Sin embargo, las alianzas no se presentan como sistemas fijos de uniones. Se trata solo de vinculaciones parciales y articuladas en torno a búsquedas específicas. Por eso, en el desenlace ambas alianzas resultan desmontadas. Aquí, debe mencionarse una alteración significativa en relación con la novela de Martin. En tanto esta concluye con la muerte del doctor sobre la mesa del laboratorio, con Mary Reilly recostada a su lado, el film suma la imagen de Mary abandonando la mansión victoriana. Por un lado, la muerte de los

---

[20] Encuentra un libro científico intervenido por Mr. Hyde, quien sumó ilustraciones eróticas y escribió frases como "El dolor empieza con el entendimiento" y "La belleza reside en la corrupción".

protagonistas masculinos refuerza la transitoriedad de las posibles alianzas. Por otro, su derrota se opone a la emancipación obtenida por Mary. De esta manera, la figura doblemente subordinada es la que logra liberarse. La protagonista, en tanto subalterna de los subalternos, consigue independizarse de las ataduras sociales y morales del período victoriano materializadas en la suntuosidad del interior burgués, en un principio presentado como el refugio ante los peligros de un exterior amenazante. Al mismo tiempo, debe tenerse en cuenta que esta dificultad del establecimiento de sistemas de alianza efectivos se debe a un rasgo central de la subalternidad: su constitución como un espacio de diferencia no homogéneo. Su rechazo a configurarse como una posición de identidad hace imposible la formación de una base sólida de acción política.

Al respecto, es necesario recuperar la discusión acerca de la categoría de subalterno planteada por Gayatri Spivak. En su explicación, debe desarticularse toda concepción monolítica del subalterno que suponga una identidad y una conciencia unitaria del sujeto. A su pregunta ¿puede hablar el subalterno? Spivak responde que no, debido a que el subalterno es definido, precisamente, por su carencia de un espacio de enunciación. Por eso, critica la estrategia de ciertos intelectuales europeos de propiciar una mera restitución (transparente) de la voz (del otro). Como señala Karina Bidaseca, Spivak comprende que "la pretensión de *restituir la voz de la conciencia (subalterna)* podría caer en el espacio de una violencia logocéntrica ejercida desde el lugar de la experiencia" (2010: 33). Solo al adquirir la capacidad de hablar los subalternos quiebran la posición de subalternidad.

De este modo, el recorrido atravesado por Mary Reilly puede concebirse como un proceso de alejamiento de la subalternidad. Su mirada dislocada sobre el universo social victoriano desmonta las estructuras binarias y pone en crisis las asignaciones clasistas y genéricas. Las rupturas introducidas por su accionar se pueden evaluar en tres dimensiones. Por un lado, en el colapso de las estructuras duales. En este desmontaje de las codificaciones de la tradición narrativa gótica sobre el doble se percibe el mayor interés del film. Por otro lado, en la reintroducción de las problemáticas de clase en su tensión con las definiciones genéricas. El goticismo contemporáneo adquiere una de sus particularidades más relevantes en esta incorporación compleja de la temática de la clase. Finalmente, el elemento que permite desarticular los marcos binarios y agrietar la distribución social clasista es la irrupción de un sujeto portador de una mirada dislocada. A diferencia de la concepción tradicional de la voz (la palabra) como elemento articulador del gesto de emancipación, en este caso se trata de la potencia liberadora del ejercicio de la mirada. La adición de una nueva mirada, baja e invisible, propicia el desmoronamiento de las configuraciones identitarias fijas y evidencia la potencia política de las identidades variables, evadidas de las categorías rígidas implementadas desde el poder. A través de la apropiación de Mary Reilly de la capacidad de mirar (y a partir de ahí indagar, conocer y actuar), el personaje adopta una posición enunciativa que la arranca de la subalternidad y reformula el vínculo entre lo mismo y lo otro.

Miradas discrepantes (*Institute Benjamenta*)

Diálogos, referencias, linajes

La abarrotada complejidad de los textos fílmicos dirigidos por Stephen y Timothy Quay condujo a la mayor parte de sus críticos a rastrear obsesivamente sus fuentes e influencias. Así, en el catálogo publicado por el Museo de Arte Moderno de Nueva York, en ocasión de la inauguración de la primera exhibición integral de su obra[1], Edwin Carels (2012) postula la confluencia de la tradición del surrealismo checo de Jan Švankmajer, la obra del animador ruso Yuri Norstein, los cortometrajes del polaco Walerian Borowczyk y el surrealismo gráfico polaco de posters de las décadas del cincuenta y sesenta impulsado por Jan Lenica, Roman Cieślewicz, Franciszek Starowieyski y Henryk Tomaszewski. Suzanne Buchan (2010) hace hincapié en la influencia de la literatura de Robert Walser, Franz Kafka y Bruno Schulz. María Negroni (2009) los declara admiradores de Max Ernst, Igor Stravinsky, Raymond Roussel, Joseph Cornell y Michel de Ghelderode.

Más allá de la multiplicidad y variabilidad de los linajes construidos (en los que se combinan referentes literarios, plásticos, cinematográficos y gráficos, en un espectro temporal que recorre gran parte de los siglos XIX y XX), algunas apelaciones resultan notables y recurrentes. En principio, puede señalarse el interés por la tradición gótico-decadentista decimonónica, la cultura de Europa del Este y el universo esotérico. Al respecto, dos nombres condensan estas series de preocupaciones: Jan Švankmajer y Robert Walser.

El animador checo Jan Švankmajer (1934-) resulta uno de los nombres claves para entender la emergencia del cine gótico contemporáneo[2]. Una parte significativa

---

[1] Muestra inaugurada el 12 de agosto de 2012 y clausurada el 7 de enero de 2013.
[2] Los cortometrajes de animación de Jan Švankmajer combinan técnicas heterogéneas como las marionetas (en la tradición de la escuela checa), los dibujos animados, la arcilla, la imagen real y la animación de objetos. Si bien es célebre como realizador de cortometrajes, desde finales de la década de 1980 también filmó largometrajes como *Neco z Alenky* (1988), una trasposición de *Las aventuras de*

de los realizadores comprendidos en este fenómeno (en especial, los hermanos Quay y Tim Burton) lo considera un referente imprescindible en su propia formación. Desde su primer cortometraje, *El último truco del Sr. Schwarcewallde y del Sr. Edgar* (*Poslední trik pana Schwarcewalldea a pana Edgara*, 1964), su filmografía se orientó a la recuperación del acervo surrealista. En 1970 se integró al movimiento surrealista checo[3]. Junto con este compromiso, el valor de su obra también depende de su vinculación con la literatura gótica. En este sentido, puede ser concebido como un eslabón que conecta a los realizadores del goticismo reciente con sus antecedentes literarios de los siglos XVIII y XIX.

El rodaje de trasposiciones cinematográficas de textos claves como *El castillo de Otranto*, "La caída de la casa Usher" y "El pozo y el péndulo"[4] confirma esta afiliación. Švankmajer precisa al respecto que

> Quizá deba admitir una cierta debilidad por los géneros de arte popular un tanto venidos a menos: las marionetas y sus constructores, los juguetes viejos, las barracas de tiro y los blancos mecánicos de ferias; en literatura, la novela negra inglesa del siglo XVIII; y en cine, Georges Méliès, Louis Fueillade. Por no hablar de mi debilidad por la mayoría de los surrealistas. Con gusto me nutro de estos temas que después traslado a mis películas (2012: 85).

Esta recurrencia a la narrativa gótica lo posiciona en un rol clave en la cadena que conduce de esta literatura a sus apropiaciones cinematográficas actuales. Por eso, su filmografía funciona como un punto de unión entre el cine y la literatura y entre la tradición y la contemporaneidad.

En 1987, los hermanos Quay viajaron a Praga para filmar un documental sobre Švankmajer y su vinculación con el surrealismo checo. Emitido por Channel Four de Londres, *The Cabinet of Jan Švankmajer* evidencia no solo el profundo conocimiento que poseen sobre la filmografía del realizador checo, sino su propia recuperación de técnicas y recursos (la combinación de acción viva con animación, las marionetas)

Alicia en el país de las maravillas (*Alice's Adventures in Wonderland*, Lewis Carroll, 1865), *Faust* (1994), una trasposición de la tragedia de Johann Wolfgang von Goethe (*Faust: der Tragödie erster Teil*, 1808, y *Faust: der Tragödie zweiter Teil*, 1832), *Spiklenci slasti* (1996), *Otesánek* (2000), *Insania* (2005) y *Prezít svuj zivot (teorie a praxe)* (2010).

[3] El Grupo Surrealista de Praga se constituyó en 1934, a partir de la publicación del manifiesto "El surrealismo en Checoslovaquia" ("Surrealismus v Československu"). La figura principal del movimiento fue Vratislav Effenberger, un teórico del arte y la literatura. Su historia está atravesada por las persecuciones padecidas luego de la implementación de las políticas stalinistas. Para Švankmajer, "El objetivo principal del surrealismo sigue siendo (a pesar de la debacle política del marxismo) transformar el mundo (Marx) y cambiar la vida (Rimbaud). Aquí tenemos, por lo tanto, una constante revolucionaria permanente" (2012: 69). Aún en la actualidad, Švankmajer conserva su pertenencia al movimiento y es el Jefe de redacción de *Círculo*, una revista publicada en Praga.

[4] *Otrantský zámek* (Jan Svankmajer, 1977) y *Zánik domu Usheru* (Jan Svankmajer, 1982) y *Kyvadlo, jáma a naděje* (Jan Svankmajer, 1983), respectivamente.

así como de referencias literarias, plásticas y cinematográficas, entre las que sobresalen tanto los representantes más notables del surrealismo como los nombres más relevantes de la narrativa gótica.

En cuanto a su relación con la literatura de Robert Walser[5], desde 1988 los hermanos Quay realizaron tres cortometrajes a partir de sus textos: *Stille nacht: Dramolet für Robert Walser in Herisau* (1988), *The Comb: from the Museums of Sleep* (1991) y *Tales from Vienna Woods* (1992). Estas piezas breves pueden concebirse como esbozos de la mayor trasposición de la literatura de Walser: *Institute Benjamenta, or This Dream People Call Human Life*, una versión de *Jakob von Gunten*[6]. Publicada en 1909, esta novela se propone como un *bildungsroman* decreciente, dado que no narra un proceso de aprendizaje, sino un arduo proceso de des-aprendizaje[7]. Aquí, la literatura de lo leve y lo minúsculo practicada por Walser inaugura un camino que retomaría luego la poética del absurdo. Explorador de lo silencioso y lo no dicho, Walser construye enigmas y repudia el valor del desciframiento. Así, establece lo indeterminado como su territorio privilegiado.

En *Institute Benjamenta*, los hermanos Quay llevan a cabo una trasposición basada en procesos de condensación, desplazamiento, acentuación y conservación sobre el texto literario de Walser. La condensación más significativa se produce en la dimensión espacial. En tanto la acción de la novela fluctúa entre el Instituto para empleados domésticos y la ciudad donde este se encuentra, el film se instala en el Instituto y no abandona sus límites. De esta manera, la historia adopta la estructura de una pieza de cámara. Esta estrategia suprime las reflexiones del personaje sobre las ciudades modernas (consideradas agitadas y bulliciosas, habitadas por las nuevas masas, privadas de contacto con la naturaleza). A su vez, en el film se sitúa al Instituto en el límite exterior entre una ciudad anónima y un bosque. Jakob especifica que queda "fuera de un bosque y fuera de una ciudad". En contraposición a la apertura al exterior presente en la novela, en el film se construye un espacio hermético y se propicia la generación de un efecto claustrofóbico.

El principal desplazamiento se evidencia en el título: la prioridad no se atribuye al personaje, sino al Instituto. El personaje se configura a través de lagunas y vacíos que no constan en la novela. En tanto en esta se narra su pertenencia social (una familia distinguida de la alta burguesía), su marco familiar (que incluye recuerdos

---

[5] Robert Walser (1878-1956) fue un extraordinario, aunque poco divulgado, escritor suizo. Entre sus textos se destacan sus novelas *Los hermanos Tanner* (*Geschwister Tanner*, 1907) y *El paseo* (*Der Gehülfe*, 1908) y sus textos breves, escritos a lápiz, denominados *Microgramas* (*Mikrogramme*).
[6] La novela suele considerarse un antecedente de *En la colonia penitenciaria* de Kafka (*In der Strafkolonie*, 1919). También debe señalarse la notoria valoración de la literatura de Walser por parte de Walter Benjamin, quien le dedicó un ensayo, "Robert Walser", en 1929, y de Giorgio Agamben, quien hizo lo propio con su texto "Demoníaco", incluido en *La comunidad que viene*.
[7] En 1992, Guy Maddin realizó *Careful*, un largometraje en el que también se percibe la presencia de *Jakob von Gunten*.

de sus padres y encuentros con su hermano), una motivación para inscribirse en el Instituto (tanto el terror a ahogarse en el ambiente de comodidad de su clase social de origen como su deseo de ponerse al servicio de los demás), el film se desprende de esta información. El personaje únicamente existe a partir del comienzo del relato. Su pasado permanece como un interrogante. De este modo, es desprovisto de una parte nuclear de los atributos que lo definen en el texto literario y se incrementa su concepción como un hueco, un vacío[8].

La principal acentuación radica en la relevancia asignada a los elementos procedentes de los cuentos de hadas. Si bien la novela de Walser introduce rasgos de estos[9], el film radicaliza su importancia. No solo los protagonistas pueden equipararse a los personajes de los cuentos de hadas (Herr Benjamenta funcionaría como el ogro y Jakob como el príncipe encantado), sino que se recuperan matrices nucleares de esta narrativa. Lisa Benjamenta es caracterizada como la princesa dormida que aguarda la llegada del príncipe. En la primera secuencia, la protagonista presiente en sueños el arribo de quien la rescatará de su letargo. Sin embargo, el beso de Jakob no la despierta a la vida ni la arranca de su sopor. Por el contrario, es un beso de la muerte que termina tanto con la vida de Lisa como con la existencia del Instituto. La imposibilidad de precisar la ubicación geográfica de la academia también remite al universo imaginario de los cuentos de hadas. La oscilación del habla de los personajes entre el alemán y el inglés, con acentos que remiten a distintas nacionalidades, desterritorializa la historia. La confusión espacial confluye con la gestación de un espacio onírico que acoge esta subversión narrativa de los cuentos de hadas. Finalmente, la inclusión de estos rasgos se opera, en gran medida, a través de la apelación a elementos del universo animal que habita en los bosques. En particular, a los ciervos, un animal recurrente en los cuentos de hadas.

La principal conservación se centra en la gestación de un universo onírico en el que resulta imposible la distinción de las dimensiones diurnas y nocturnas, reales o imaginarias. En todo caso, todas ellas son atravesadas por un clima onírico semejante. En un cortometraje previo, *The Comb*, los hermanos Quay habían ensayado un acercamiento a *Jakob von Gunten* a través de la puesta en escena de los sueños

---

[8] De una manera compleja, este proceso de desindividualización se complementa con alusiones a la biografía de Walser. Si bien la escritura de la novela había partido de su experiencia en una escuela de formación de empleados domésticos durante su estadía en Berlín, y había introducido referencias veladamente autobiográficas (Pauls, 2000: 3), el film extrema esta posibilidad. La reclusión en la institución educativa puede interpretarse a la luz de los extensos períodos de internación en los asilos de Waldau y Herisau vividos por Walser. Al mismo tiempo, el desenlace del film sustituye el escape al desierto de la novela por una huida a los Alpes. De esta manera, se recupera la trágica muerte de Walser por congelamiento en las montañas suizas durante el 25 de diciembre de 1956. En la clausura del film, cuando Jakob pierde el sombrero en medio de una tormenta de nieve, se reproduce la célebre foto del cadáver de Walser en la nieve con su sombrero a unos centímetros de distancia.

[9] El interés de Walser por el universo de los cuentos de hadas se manifiesta en su escritura, en 1902, de *Blancanieves*, un *dramolette*, a partir del cuento de los hermanos Grimm.

de Lisa Benjamenta. Allí, se alterna la imagen de la joven durmiendo y sus diversos sueños. Sin embargo, las dos dimensiones se encuentran diferenciadas por un recurso estético: al personaje durmiendo se lo representa en blanco y negro y el mundo de los sueños se representa en color. Por el contrario, *Institute Benjamenta* es rodada enteramente en blanco y negro. De esta manera, se incrementa la confusión entre los diversos planos narrativos y los mundos divergentes. A su vez, el subtítulo del film, *or This Dream People Call Human Life*, procedente del diario que escribe Jakob en la novela, subraya la confluencia inescindible de lo real y lo onírico en el territorio de la ficción[10].

Las relaciones que el film dirigido por los hermanos Quay establece tanto con la obra fílmica de Švankmajer como con la obra literaria de Walser permiten reflexionar acerca de la potencia intertextual del cine gótico contemporáneo. Si bien debe diferenciarse la vinculación hipertextual que *Institute Benjamenta* entabla con *Jakob von Gunten* de sus alusiones intertextuales a la filmografía de Švankmajer, en los dos casos se traman procesos de lectura activos que colaboran en la configuración del nuevo film.

En este sentido, la proliferación de fuentes, citas e influencias a la que se apela en el intento de explorar la filmografía de los hermanos Quay funciona como un indicio de la tendencia contemporánea a abordar una notoria multiplicidad de textos y referencias. De esta manera, se inaugura la posibilidad de establecer una genealogía del texto analizado. En *Institute Benjamenta*, los dos diálogos propuestos afirman un linaje. En este se imbrican la narrativa gótica y el surrealismo de Švankmajer con el antecedente del absurdo y la poética de lo leve de Walser. En estos entrelazamientos se yuxtaponen la literatura y el cine, los pasados y el presente, los vestigios del goticismo con los anticipos del arte contemporáneo. *Institute Benjamenta* se afianza como un nuevo eslabón, heterodoxo, en la cadena de la narrativa gótica.

Disciplina y estructuras duales

En *Institute Benjamenta* el abordaje de la otredad se imbrica con una serie de preocupaciones. En primer lugar, con la tradición narrativa del doble. En este sentido, su relectura funciona como un cuestionamiento de una parte considerable de las recurrencias de este acervo literario. En segundo lugar, con la representación de las instituciones y, en particular, con su poder disciplinario. Finalmente, con la mirada

---

[10] Sin embargo, esta conservación se produce en marcos diversos. En tanto la novela de Walser apela a un humor que anticipa el absurdo, el film establece un clima de severidad renuente a toda irrupción de lo humorístico.

y la vigilancia, así como con la posible configuración de estrategias de resistencia ante el poder. El presente análisis de estas problemáticas tomará como guía algunas categorías propuestas por Michel Foucault.

En "La sociedad disciplinaria y la exclusión", una de las conferencias comprendidas en *La verdad y las formas jurídicas*[11], Foucault propone un análisis de la reforma del sistema penal desarrollada hacia finales del siglo XVIII y principios del XIX en Europa. Según su argumentación, hasta allí la ley penal representaba lo que era útil para la sociedad y castigaba lo que consideraba nocivo. Así, el crimen era concebido como un daño social y el criminal como quien damnificaba o perturbaba la sociedad. A partir del siglo XIX se acentuó una transformación que alejó al sistema penal de lo socialmente útil y lo acercó al individuo. Por eso, "la penalidad del siglo XIX tiene en vista menos la defensa general de la sociedad que el control y la reforma psicológica y moral de las actitudes y el comportamiento de los individuos" (Foucault, 2008: 101). En este desplazamiento de la forma de operar y concebir la justicia se manifiesta el surgimiento de la "sociedad disciplinaria". En esta edad de la "ortopedia social" se produjo un cambio incluso de la noción de peligrosidad. Esta comenzó a definirse más por las virtualidades de los individuos que por sus actos. Por este motivo, "El control de los individuos, esa suerte de control penal punitivo no puede ser efectuado por la justicia, sino por una serie de poderes laterales, al margen de la justicia, tales como la policía y toda una red de instituciones de vigilancia y corrección" (Foucault, 2008: 102).

En *Seguridad, territorio, población*, Foucault precisa su definición de la sociedad disciplinaria. Allí, señala que sus dispositivos se orientan al análisis y a la descomposición de individuos, lugares, tiempos, gestos, actos y operaciones con dos finalidades privilegiadas: hacerlos perceptibles y modificarlos. En este marco, la "cuadrícula disciplinaria" es la encargada de llevar adelante una serie de procedimientos como clasificar los elementos identificados en función de objetivos determinados, establecer las secuencias o las coordinaciones óptimas, fijar los recursos de adiestramiento progresivo y control permanente de los individuos y distinguir entre quienes serán clasificados como ineptos e incapaces y los demás (Foucault, 2007: 75).

A partir de la instauración de estos procedimientos, es posible delimitar rigurosamente lo normal de lo anormal. Por eso, Foucault puntualiza que el objetivo de las técnicas disciplinarias se concentra en la búsqueda de la "normación". Esta consiste en plantear ante todo "un modelo óptimo que se construye en función de determinado resultado, y la operación de normalización disciplinaria pasa por intentar que la gente, los gestos y los actos se ajusten a ese modelo; lo normal es, precisamente, lo que es capaz de adecuarse a esa norma" (Foucault, 2007: 75). En las sociedades

---

[11] *La verdad y las formas jurídicas* reúne cinco conferencias dictadas por Michel Foucault en la Pontificia Universidade Católica do Rio de Janeiro entre el 21 y el 25 de mayo de 1973.

disciplinarias la norma detenta un carácter organizador primario. Una vez que esta fue establecida, desempeña su papel operativo: delimitar el campo de la normalidad de aquellos otros que quedan excluidos de su territorio. La definición inicial de la norma conduce a la definición de lo normal y esta dirige la formación/reforma de las conductas.

Si bien una serie de instituciones adoptaron la responsabilidad de colaborar en la implementación de la norma y la corrección de las conductas, la maquinaria educativa siempre cumplió un rol destacado como aparato disciplinario. La formación de los niños y los jóvenes adquirió un valor central en el principal proyecto de las sociedades disciplinarias: la transformación planificada y articulada de los individuos[12].

En estos procesos de conversión de las subjetividades, los cuerpos adquieren un rol central. En *Vigilar y castigar*, Foucault propone la categoría de "cuerpos dóciles" para reflexionar acerca de la generación de corporalidades apropiadas para el funcionamiento de las sociedades disciplinarias. Para Foucault, "es dócil un cuerpo que puede ser sometido, que puede ser utilizado, que puede ser transformado y perfeccionado" (1989: 140). El poder disciplinario establece la obediencia de los cuerpos como su búsqueda prioritaria. Su obtención requiere que se ejerza un poder continuo e infinitesimal. Por este motivo, Foucault concibe la disciplina como una anatomía política del detalle, atenta a cada una de las minúsculas características del cuerpo vigilado. Nada puede quedar fuera del control de esta mecánica del poder.

En *Institute Benjamenta*, las secuencias dedicadas a narrar las clases que toman los alumnos para formarse como empleados domésticos hacen hincapié en la conformación de cuerpos dóciles. En la primera clase a la que asiste Jakob, se les pide a sus compañeros que se presenten. Estos dicen sus nombres y, mientras lo hacen, se arrojan sobre el suelo. La coincidencia del nombre y el gesto de subordinación ancla el sentido entero de la institución disciplinaria. En otra escena centrada en el proceso de aprendizaje, un *travelling* lateral acompaña los movimientos coreografiados de los estudiantes durante una clase en la que ensayan cómo comportarse en distintas actividades del servicio doméstico. La supresión inicial del sonido sincrónico y la conjunción de los desplazamientos con la música extradiegética componen la escena como un ballet de la sumisión (Imagen 15). En la segunda parte de la escena, se recupera el sonido sincrónico para adicionar, a los ensayos de los movimientos, las palabras correctas que deben pronunciar en cada ocasión. En este entrenamiento tenaz de los cuerpos y las palabras se condensa la intervención constante sobre los individuos a través de la modificación de las conductas.

---

[12] No debe perderse de vista que la narrativa gótica exploró desde sus comienzos los vínculos existentes entre las instituciones y el terror. Desde la composición aterradora de la institución familiar presente en *El castillo de Otranto*, la institución religiosa en *El monje* o la institución artística en *El retaro de Dorian Gray*, las instituciones conforman una de las materializaciones más notables del terror gótico.

La repetición continua de estos ejercicios se establece como procedimiento privilegiado en la academia para futuros empleados domésticos. Esta forma de empleo del tiempo, orientada a su capitalización y optimización, dialoga con la definición del "ejercicio", concebido por Foucault como una "técnica por la cual se imponen a los cuerpos tareas a la vez repetitivas y diferentes, pero siempre graduadas" (1989: 165). En su disección de las modalidades operativas del poder disciplinario, Foucault precisa que este implica una coerción constante e ininterrumpida de los individuos, más atenta a los procesos de la actividad que a sus resultados. Y esta coerción se ejerce según una codificación que reticula con la mayor precisión posible tanto el tiempo como el espacio y sus vinculaciones. De esta sumatoria de instancias de control emerge la producción del cuerpo[13].

La optimización de la productividad del cuerpo se deriva, en gran medida, de la capitalización de las potencias del tiempo y el espacio. Por eso, "Toda la actividad del individuo disciplinado debe ser ritmada y sostenida por órdenes terminantes cuya eficacia reposa en la brevedad y la claridad" (Foucault, 1989: 170). En este sentido, *Institute Benjamenta* propone un repertorio inusitado de órdenes que adquieren la forma de leyes. Desde los títulos de crédito, se introducen carteles y leyendas que anticipan el carácter disciplinario del instituto. Escritos en varios idiomas (si bien hay una variedad relativa en cada caso, oscilan entre el inglés, el alemán, el francés, el italiano y el castellano), adoptan la apariencia de breves y contundentes leyes que deben guiar las conductas de los estudiantes. El cartel que aparece en los créditos, y luego se encuentra escrito en los muros del instituto, señala que "Rules have already thought of everything" ("Las reglas ya han pensado en todo"). De esta manera, se naturaliza la existencia de las reglas que rigen esa organización disciplinaria y se desconoce su procedencia. A su vez, se las encarna: la ley existe y regula la participación de quienes se encuentran en su territorio. A partir de esta instancia inaugural, la palabra impresa se articula como la representación de la ley. Otro cartel que decora las paredes indica "The beatification of zero" ("La beatificación del cero"). Este cartel refuerza la enseñanza principal del instituto: la conversión del sujeto en nada, su casi completa desaparición se condensa en esta expresión sumaria y definitiva. Un nuevo cartel precisa "Perpetual motion cumpels morality" ("El

---

[13] La relación del film con la mencionada matriz de los cuentos de hadas propicia que la subordinación y la docilidad de los cuerpos se refuerce mediante su asimilación con animales. Este acercamiento se acentúa en la presentación de los estudiantes del instituto. Por una parte, esta equiparación depende de la literalización de ciertos recursos de la novela. En el inicio de esta, al narrar su llegada al instituto, Jakob señala que uno de sus compañeros, Kraus, tiene un aspecto simiesco y "en ese momento lo tomé simplemente por un mono" (Walser, 1998: 11). El film literaliza esta descripción e introduce a un simio como habitante permanente de la academia. Por otra parte, el principal procedimiento de equiparación de los personajes a animales reside en la recurrente aparición de osamentas de ciervos colgadas en las paredes de la academia. Los encuadres logran enmarcar a los alumnos de tal modo que los cuernos parecen proceder de sus cabezas.

movimiento perpetuo compele a la moralidad"). Otro indica "A little, but thoroughly" ("Poco, pero perfectamente"). Finalmente, otro señala "Order is heaven's first law" ("El orden es la primera ley del paraíso").

Mediante la recurrencia de estos carteles se inscribe una moral, se instaura una conducta y se refuerza un eclipse (si no un colapso) de la voluntad individual. La capacidad pedagógica de los carteles confluye con la repetición incesante de las lecciones recibidas (y que constituyen una serie de normas a aprender, memorizar y aplicar) y con ciertas máximas que se escriben sobre el pizarrón. Una de ellas abarca la existencia entera del instituto: "Espera pacientemente con seriedad". En todos los casos, estas máximas, articuladas como leyes que regulan el funcionamiento de la institución, se definen como encarnaciones discursivas de los dispositivos disciplinarios.

Los cuerpos disciplinados se consolidan a partir de principios de uniformización. Si en la novela cada uno de los compañeros de Jakob recibe una dedicación concentrada y se lo individualiza detalladamente, el film suprime casi definitivamente la posibilidad de identificación individual. Por el contrario, se los suma a un conjunto indeterminado en el que apenas se vislumbran rostros y voces. Desde la presentación de los alumnos, en el marco de una clase de música, predominan los planos fragmentados (los cuerpos segmentados conforman menos individuos que sus restos o vestigios), la mostración de los personajes desde detrás (sus rostros ausentes también les quitan reconocimiento) y movimientos mecánicos y sincronizados. Solo Kraus, el más dócil de los alumnos, adquiere un grado mayor de individualidad.

A su vez, la *voice over* de Jakob, articulada como una "voz yo", explica que en el instituto se aprende poco. La memorización de las lecciones y la ritualización de los movimientos coreografiados no constituyen el núcleo de la formación. Jakob intuye, y el film confirma, que en esa institución no importan las lecciones, sino los procesos de subjetivación. Solo la normación guía los supuestos procesos de aprendizaje. En el Institute Benjamenta se radicaliza la búsqueda de la maquinaria educativa: la formación o el diseño de subjetividades. Allí se corrige o educa a los individuos a través de la intervención sobre sus conductas. La construcción de cuerpos dóciles se materializa en la formación se futuros empleados domésticos, encarnaciones de la sumisión y la obediencia. En este proceso de conversión se subraya la forma capilar de existencia de un poder que afecta el núcleo mismo de los individuos, "alcanza su cuerpo, se inserta en sus gestos, sus actitudes, sus discursos, su aprendizaje, su vida cotidiana" (Foucault, 1992: 89).

El funcionamiento de este poder reticular se orienta, entre otros objetivos, al establecimiento riguroso de estructuras binarias. El universo disciplinario se configura como un territorio férreamente dual. Por eso, en *Vigilar y castigar* Foucault señala que

> todas las instancias de control individual funcionan de doble modo: el de la división binaria y la marcación (loco-no loco; peligroso-inofensivo; normal-anormal); y el de la asignación coercitiva, de la distribución diferencial (quién es; dónde debe estar; por qué caracterizarlo; cómo reconocerlo; cómo ejercer sobre él, de manera individual, una vigilancia constante, etc.) (1989: 203).

En este sentido, *Institute Benjamenta* no solo se articula a través de estas dualidades sino que estas le permiten inscribirse tangencial y subversivamente en la tradición de la narrativa gótica del doble. Su vinculación con este linaje no recurre a las figuraciones habituales (ni el desdoblamiento del sujeto a través del repertorio habitual de procedimientos ni la duplicación especular), sino que se establece a partir de la proposición de pares binarios centrados en relaciones de poder. El señalamiento de estas estructuras duales atraviesa el film en su conjunto: desde la distinción más general (maestros y alumnos) hasta la más particular (Herr Benjamenta y Lisa Benjamenta; Jakob y Kraus), están conformadas a través de estrictas distribuciones de poder. En algunos casos se trata del enfrentamiento entre una institución disciplinaria (encarnada en los hermanos propietarios de la academia) y los individuos sometidos a su imperio. En otros, de las relaciones de poder en el interior del grupo dominante (Herr Benjamenta se impone sobre su hermana, con lo cual se incluye de manera oblicua la problemática genérica). Finalmente, aun entre los alumnos se instauran relaciones de poder (Jakob y Kraus) mediante la diferencia en la posibilidad de desarrollar alguna forma de resistencia y en relación con las preferencias de las autoridades.

La potencia articuladora del relato detentada por las divisiones binarias condensa la noción de otredad surgida de las sociedades disciplinarias. En un universo organizado en términos duales, y que toma como eje delimitador la relación que se establece con la norma, a la otredad pertenecen aquellos sujetos que (aún) no responden a esta. La otredad, entonces, resulta equivalente a la anormalidad. Frente a este no cumplimiento de la norma, las instituciones disciplinarias se dirigen a instaurar esa ley y promover la inclusión de los excluidos. Ante las tecnologías de poder empleadas por la retícula disciplinaria solo surgen dos alternativas: la sumisión y la resistencia. En ambos casos, la mirada constituye un territorio central en las batallas por el poder.

La mirada vigilante

En *Vigilar y castigar*, Foucault explora un modelo compacto del dispositivo disciplinario: el Panóptico. Diseñado por Jeremy Bentham en 1791, a pedido del rey

George III, con el objetivo de reformar el sistema penitenciario inglés, el *Panopticon* se define como una máquina de hacer experiencias, modificar comportamientos, encauzar o reeducar las conductas de los individuos (Foucault, 1989: 207). Por eso, constituye una figura privilegiada de la tecnología política disciplinaria. Su principal objetivo no se dirige al castigo, sino a la vigilancia. Al respecto, Foucault puntualiza que el gran descubrimiento de la clausura del siglo XVIII y el inicio del XIX residió en asegurar que en la economía del poder resulta más eficaz y rentable vigilar que castigar.

La importancia atribuida a la figura del Panóptico en el pensamiento foucaultiano se debe tanto a su voluntad de mostrar al panoptismo en su funcionamiento cotidiano en instituciones que encuadran la vida y los cuerpos de los individuos aun en la contemporaneidad como a su interés en desmontar sus componentes articuladores: la vigilancia, el control y la corrección. Para Foucault, el Panóptico conforma una maquinaria de control, un microscopio de la conducta y una arquitectura de la observación.

En su indagación, la efectividad del poder disciplinario depende de su uso de instrumentos simples como la vigilancia jerárquica. Foucault introduce en su análisis una teoría sobre el poder disciplinario de la mirada, derivada de su certeza de que "la disciplina supone un dispositivo que coacciona por el juego de la mirada" (1989: 175). De este modo, la vigilancia implica un ejercicio de la visión y una apelación a la visibilidad. Por un lado, las técnicas que permiten ver inducen efectos de poder; por otro, los medios coercitivos requieren hacer visibles a aquellos sobre quienes se ejecutan.

El Panóptico constituye una máquina que disocia la pareja ver-ser visto. Si su funcionamiento requiere la instauración de una visibilidad general, su mayor efecto reside en inducir

> en el detenido un estado consciente y permanente de visibilidad que garantiza el funcionamiento del poder. Hacer que la vigilancia sea permanente en sus efectos, incluso si es discontinua en su acción. Que la perfección del poder tienda a volver inútil la actualidad de su ejercicio; que este aparato arquitectónico sea una máquina de crear y de sostener una relación de poder independiente de aquel que lo ejerce; en suma, que los detenidos se hallen insertos en una situación de poder de la que ellos mismos son los portadores (Foucault, 1989: 204).

En este marco, quien está sometido a un campo de visibilidad reproduce las coacciones del poder sobre sí mismo e inscribe sobre su cuerpo las relaciones de sometimiento.

A su vez, la implementación del poder disciplinario concentrado en el Panóptico requiere el establecimiento de una precisa configuración espacial y una rigurosa concepción del saber. En cuanto a la vinculación espacio-mirada-control, la sociedad disciplinaria desarrolló una arquitectura orientada a hacer visibles a quienes se encuentran en el interior de las diversas instituciones. De esta manera, a la arquitectura se le atribuyó un rol operativo destacado en la transformación de los individuos, dado que debía "obrar sobre aquellos a quienes abriga, [...] conducir hasta ellos los efectos del poder, ofrecerlos a un conocimiento, modificarlos" (Foucault, 1989: 177). En la gran pirámide de miradas que articula el Panóptico se manifiesta una arquitectura de la vigilancia y el control que cifra la potencia de la sociedad disciplinaria.

Esta concepción del espacio se duplica en una forma del saber que Foucault denomina "examen". Este está constituido como un sistema de "vigilancia permanente sobre los individuos por alguien que ejerce sobre ellos un poder —maestro de escuela, jefe de oficina, médico, psiquiatra, director de prisión— y que, porque ejerce ese poder, tiene la posibilidad no sólo de vigilar, sino también de construir un saber sobre aquellos a quienes vigila" (Foucault, 2008: 104-105). La particularidad del examen, en tanto figuración del poder disciplinario, reside en que "se ejerce haciéndose invisible; en cambio, impone a aquellos a quienes somete un principio de visibilidad obligatorio. En la disciplina, son los sometidos los que tienen que ser vistos" (Foucault, 1989: 192). En la sociedad disciplinaria, la visibilidad y la invisibilidad se distribuyen en relación directa con los roles que se cumplen en la división binaria del poder.

Si el vigilado debe ser siempre visible, el poder debe permanecer en la invisibilidad. Solo así asegura la conservación de su capacidad de examinar y controlar. Al mismo tiempo, su carácter invisible conduce a otro de sus rasgos: la imposibilidad de verificación. El vigilante podría o no encontrarse en su espacio de control, su invisibilidad refuerza su potencia y efectividad.

En *Institute Benjamenta*, tanto la topografía como la distribución y representación de los cuerpos se relacionan con esta espacialización del poder y la mirada. En la escena en la que Jakob es entrevistado por Herr Benjamenta para asegurar su aceptación en la academia, este asiste al interrogatorio, en un primer momento, desde detrás de una puerta que lo torna invisible. Su voz y la mirada de Jakob construyen el fuera de campo desde el que se presenta al director del Instituto. A través de la puerta, se muestran su brazo y su mano. Estos instrumentos duplican gestualmente las órdenes que da oralmente. En este sentido, esta representación acentúa la concepción de la presencia invisible del poder y, al mismo tiempo, su capacidad de ordenar y regular desde su presunta ausencia.

Luego, una vez que el personaje entra en campo, el encuadre suprime sistemáticamente su rostro. El subrayado de esta falta, así como la presentación fragmentada de su cuerpo y de los dos bastones sobre los que se apoya para desplazarse, lo convierte en una entidad que observa, pero es solo parcialmente observable. A su vez, su mostración paulatina resulta simultánea a la revisación a la que somete a Jakob. El cuerpo del nuevo estudiante es explorado minuciosa y exhaustivamente. El examen lo inscribe en un lugar de sometimiento y lo define como un sujeto de la mirada y el escrutinio ajenos. Por el contrario, Herr Benjamenta ve sin ser visto, examina sin ser examinado y ordena sin ser cuestionado. Así, el escrutinio a través de la mirada define las posiciones del poder. Allí se establece una primera topografía del poder de la mirada y se configura la mencionada disociación de la pareja ver-ser visto (Imagen 16).

A su vez, la arquitectura del poder disciplinario depende del posicionamiento de los vigilantes como objetos de vigilancia. El control perpetuo de cada uno de los integrantes de la pirámide contribuye al perfeccionamiento de la dinámica del poder. Sobre cada uno de sus participantes se erige la posible presencia de una nueva mirada de control. Sin embargo, aunque cada una de ellas posee un carácter solo tentativo, constituye una posibilidad que detenta efectos de poder notables. Durante el desarrollo de *Institute Benjamenta* se postula la existencia de una última mirada que condensa el poder y asegura el sentido de la experiencia disciplinaria. En una de las habitaciones superiores de la academia se encuentra el centro del poder, la entidad que organiza esa institución y la vida de los sujetos involucrados. Sin embargo, cuando Jakob puede introducirse en esa recámara, solo ve un pez dorado en una pecera. Esta revelación, de todos modos, lejos de hacer caer la estructura del poder, confirma que la introyección de sus mecánicas puede ser tan efectiva que ni siquiera la demostración de su vacuidad promueve su desvanecimiento o remoción.

En este sentido, el pez puede concebirse como una manifestación de la tendencia progresiva a acentuar el carácter incorpóreo del poder[14]. Este aligera su peso físico a

---

[14] Al respecto, es posible discutir con algunas de las aseveraciones propuestas por Zygmunt Bauman en *Modernidad líquida*. Allí, Bauman revisa la vigencia de la figura del Panóptico como "archimetáfora" del poder contemporáneo. Según su argumentación, el Panóptico daba cuenta del funcionamiento del poder moderno, centrado en dos estrategias prioritarias: "tanto la inmovilización de sus subordinados en el espacio mediante la negación del derecho a moverse como la rutinización del ritmo temporal impuesto" (2005b: 15). En este orden, existía una tensión entre los dos polos de la operatividad de los controladores: asegurar su propia volatilidad y rutinizar el flujo temporal de los subordinados. Sin embargo, "la segunda tarea ponía límites a la primera: ataba a los 'rutinizadores' al lugar en el cual habían sido confinados los objetos de esa rutinización temporal" (Bauman, 2005b: 15-16). Por este motivo, el Panóptico resultaba una estrategia costosa, dado que requería presencia y confrontación, edificación y permanencia. En contraposición, en la actualidad de la modernidad líquida el poder adquirió un carácter extraterritorial "y ya no está atado, ni siquiera detenido, por la resistencia del espacio" (Bauman, 2005b: 16). La extensión del universo tecnológico implicó la posibilidad de prescindir de los aspectos más anquilosados de la técnica panóptica del poder. Por eso, Bauman se refiere a la era actual como una "era posnapóptica", caracterizada porque "la gente que maneja el poder del que depende el destino de los socios menos volátiles de la relación puede ponerse en cualquier momento fuera de alcance... y volverse absolutamente inaccesible" (2005b: 16).

Más allá del notable interés de la lectura propuesta por Bauman, esta desconoce algunos aspectos relevantes de la figura del Panóptico tal como la pensó Foucault. En "Poder-cuerpo", Foucault señala que a partir de los años sesenta, en contraste con lo que ocurría desde el siglo XIX, "se da uno cuenta de que este poder tan pesado no era tan indispensable como parecía, que las sociedades industriales podían contentarse con un poder sobre el cuerpo mucho más relajado" (1992, 106). En este sentido,

tal extremo que se convierte en una instancia mínima que asegura la perpetuación de la dinámica disciplinaria. Esta economía física no conduce a la impugnación de la arquitectura disciplinaria. Tampoco conduce a un resquebrajamiento de la capacidad del examen como procedimiento para distribuir a sujetos y objetos de conocimiento. Las tecnologías del poder se asientan en las consecuencias de la incorporación de sus mecanismos aun en la ausencia de los instrumentos que aseguraban su permanencia. El pez dorado no es solo una representación del cuasi vacío que se esconde detrás de las máscaras del poder. Es, al mismo tiempo, una materialización de la efectividad de estas técnicas en prescindencia de toda encarnación concreta del poder.

La mirada discrepante

La caracterización del personaje de Jakob atraviesa una transformación notoria en su desplazamiento del texto literario al fílmico. En gran medida, esta modificación se evidencia en la disminución de sus gestos de insumisión, si bien ya en la novela se plantea un personaje que intenta, como señala María Negroni (2011), liberarse del horror del libre albedrío y la autodeterminación y que persigue el deleite de verse sometido a ser un cero. Según Alan Pauls (2000), los personajes de Walser son héroes anémicos, debilitados[15]. En ellos, la única voluntad encarnizada es la de la propia extinción, la posibilidad de devenir nada. Susan Sontag (2007) va más allá y se arriesga a vincular el empequeñecimiento progresivo de los personajes con el propio empequeñecimiento (biográfico) de Walser. En la novela, Jakob se construye en la tensión entre sumisión y rebelión; por el contrario, en el film se incrementan los actos de sumisión y se debilitan las acciones de resistencia[16].

Foucault es capaz de historizar y periodizar la figura del Panóptico aun en sus variabilidades. Su abordaje evade el riesgo de proponer una definición estática y afirma el carácter histórico de esta organización del poder. Por eso, concluye que "El panóptico es la utopía de una sociedad y un tipo de poder que es, en el fondo, la sociedad que actualmente conocemos, una utopía que efectivamente se realizó" (Foucault, 2008: 103). Al mismo tiempo, la invisibilidad de los vigilantes introduce la posibilidad de su no presencia.

[15] En *Las composiciones de Fritz Kocher* se presenta un ejemplo notable. Los trabajos escolares escritos por el personaje-narrador permiten apreciar su interés en desaparecer ante la potencia del poder. Por eso, señala que va "a ser aplicado y obedecer a los que merecen que se les obedezca. Padres y maestros sin duda se lo merecen" (Walser, 1999: 14). También indica que se esfuerza "por querer voluntariamente lo que una vez se me impuso, y de cuya necesidad se me ha persuadido en silencio desde todos lados" (*Ibid.*: 27).

[16] En la novela, Jakob se atreve a desafiar la organización del Instituto. "Siempre consigo enfurecer un poco a la ceñuda ley, y luego me dedico a apaciguarla" (Walser, 1998: 26). En las batallas entre las tecnologías disciplinarias y los embates de la resistencia, Jakob se pregunta "¿adónde iría a parar si se me permitiera despreciar la edad, renegar de Dios, escarnecer las leyes y meter mi juvenil nariz en todo lo sublime, importante y grandioso?" (*Ibid.*: 59). Herr Benjamenta se articula en esa misma tensión y

Miradas discrepantes (*Institute Benjamenta*)

Al llegar al Instituto, Jakob se define como "apto, obediente, sin ambiciones, modesto sin límites". Estos rasgos lo convierten en el estudiante modelo de la academia. Su actitud no es desafiante ni cuestionadora. Acepta la arbitrariedad de las reglas y el absurdo de las normas sin esbozar ninguna forma manifiesta de resistencia. Al arribar, solo indica que no le gusta la comida y pide un cuarto individual. Su esfuerzo se orienta a cumplir a la perfección el objetivo de la institución: su conversión en un cero[17]. La abolición del deseo y de la rebelión lo posicionan en un lugar de antihéroe desde el que Jakob, de todos modos, desmonta (quizás involuntariamente) el sistema de la institución disciplinaria. Su indiferencia, la aparente imposibilidad de la rebelión, desarticula y destruye la organización de la academia. Su conversión en cero supone su transformación en pura potencia. Y esta es tanto destructiva como generativa. El descenso practicado por Jakob manifiesta la potencia de la liberación de ciertas constricciones y fomenta la aparición de un interrogante: ¿la resistencia depende siempre de un acto voluntario de desafío? La respuesta a este cuestionamiento requiere el repaso por la problemática de la mirada y la redefinición de las estructuras duales y, a su vez, esclarece la estrategia de debilitamiento de los gestos de insurrección antes mencionada.

El vínculo de la resistencia y la mirada resultó poco estudiado por Foucault. Por eso, Martin Jay sostiene que "Pese a su manifiesto interés en la resistencia, quizá Foucault subsumiera con precipitación excesiva todas las relaciones de poder en un dispositivo ocular hegemónico [...] Foucault nunca exploró en profundidad el papel que la experiencia visual podría desempeñar en la tarea de resistencia" (2007: 314). Por el contrario, si la sociedad disciplinaria demanda el establecimiento de una arquitectura de la vigilancia centrada en la capacidad formativa de la mirada, en *Institute Benjamenta* se exploran las posibilidades de desarticulación de esa dinámica del poder. En principio, en el film se sustituye el carácter de diario íntimo de la novela a través de la inclusión de la *voice over* de Jakob. Así, la confluencia de la voz

---

le indica a su subordinado "te considero un muchacho inteligente y bien educado. Y ahora, por favor, insoléntate. Hasta me siento impulsado a hacerte otra confesión: yo, tu director: solo pretendo tu bien. Y hay una tercera confesión: he llegado a sentir por ti una extraña predilección" (*Ibid*.: 85). El director se cuestiona "No sé cómo he podido despojarme ante ti de toda mi autoridad. Supongo que te reirás de mí en secreto" (*Ibid*.: 96).

La clausura confirma la unión indiscernible de ambos personajes. Jakob dice que "a veces tengo la impresión de que nunca, nunca más, podré separarme de este hombre, de este gigante, como si ambos estuviéramos fundidos en un solo cuerpo" (*Ibid*.: 127). Herr Benjamenta confiesa "Odiaba el mundo, sí, lo odiaba, lo odiaba. Aborrecía y evitaba toda esta existencia, esta agitación y esta vida a un grado indescriptible. Y en eso, llegaste tú, fresco, necio, maleducado, atrevido y floreciente, perfumado de incorruptos sentimientos" (*Ibid*.: 140). En esa transformación se desarticula la estructura previa. A partir de allí, ya no son director y alumno.

[17] Puede señalarse que el cero constituye una figura clave del film. Las formas circulares en la escenografía, en los movimientos de cámara y en la organización de los cuerpos de los estudiantes confirman al cero como una noción mental y física al mismo tiempo.

y la mirada se encargan de conformar la subjetividad del personaje. De esta manera, el abordaje de los mecanismos ópticos del poder se propone desde la mirada del subordinado y no desde el dispositivo disciplinario. Desde su arribo al instituto, se privilegia la mirada de Jakob. La entrada al universo narrativo se produce a través de su percepción y, a partir de allí, se apela recurrentemente a este procedimiento.

De este modo, si bien el film narra el enfrentamiento de dos miradas, la percepción del personaje es la responsable de poner en crisis el funcionamiento del poder disciplinario. La observación que lleva a cabo Herr Benjamenta (en el escrutinio inicial y en la contemplación obsesiva de Jakob o sus fotografías) se opone a la mirada siempre fragmentaria y dislocada del alumno. Este observa desde una escasa ventana circular de su habitación o desde las cerraduras de las puertas. No accede a posiciones estratégicas, sino que debe asistir a la batalla de las miradas desde una ubicación periférica. Sin embargo, esa mirada discrepante es la que testifica la falta que descubre en los "aposentos interiores". Allí, donde debía residir el secreto inexplorado del poder, solo encuentra un pez dorado. Ese lugar vacío, esa caída de la máscara ya señalada, solo es revelado por la mirada de Jakob.

La inclusión de esta mirada inicia un proceso de desmontaje en la organización de la academia. Sin embargo, esta puesta en crisis evade la voluntad, así como omite la rebelión y el heroísmo. Al respecto, se postula que la negatividad del cero puede constituir un intersticio que introduzca un espacio libertario en el marco de la opresión. Pero esta realización se opera en la ausencia de premeditación y a distancia de todo combate heroico. Foucault precisa que no existen relaciones de poder sin resistencia, pero esta se manifiesta de modos diversos. Una de sus variantes es la "contraconducta", una "lucha contra los procedimientos puestos en práctica para conducir a los otros" (Foucault, 2007b: 238). Foucault huye de los relatos de la santificación y heroización centrados en la idea de la disidencia y explora las potencialidades de otros mecanismos. Le interesa analizar, a través de su categoría de contraconducta, "los componentes en la manera concreta de actuar de alguien en el campo muy general de la política o el campo muy general de las relaciones de poder" (*Ibid.*: 238). En este sentido, los actos de indisciplina pueden constituir efectivas formas de resistencia. Sin embargo, como fue señalado, en *Institute Benjamenta* se atenúan los gestos de indisciplina. Para explorar esta forma heterodoxa de resistencia, puede retomarse una aseveración de Foucault en "Poderes y estrategias": "existe siempre alguna cosa, en el cuerpo social, en las clases, en los grupos, en los mismos individuos que escapa de algún modo a las relaciones de poder; algo que no es la materia primera más o menos dócil o resistente, sino que es el movimiento centrífugo, la energía inversa, lo no apresable" (1992: 167).

La pasividad de Jakob constituye una modalidad de lo no apresable, de aquello que desarticula los pares binarios de la institución disciplinaria. El exceso en relación con el rol a cumplir (a diferencia de lo que ocurre en la novela) desmonta la rigidez de los papeles. En este sentido, se recupera la puesta en crisis de la narrativa del doble[18] y su relación con la otredad a través de la dinámica establecida entre el director y el alumno[19]. La precisa conversión en cero de Jakob introduce una grieta en el funcionamiento de la academia. Su director confiesa "Alguna vez…el éxito me favoreció. El mundo me sonreía. Pero yo odiaba al mundo. Odiaba la existencia. Odiaba a los que les enseñaba a recibir órdenes. Me odiaba a mí mismo por amar enseñar órdenes. Todo. Odiaba todo. Pero no más. Ahora, que no soy el rey. ¡Tengo hambre de vida!".

Luego de proclamar la disolución del Instituto, Herr Benjamenta le pregunta a Jakob "¿Podríamos intentar tú y yo, el ínfimo y el poderoso, enfrentar la vida juntos, hombro a hombro, lado a lado?". Así, la disolución de la estructura dual no solo puede ser liberadora para quien ocupa la posición subordinada, sino también para quien logra evadir la ubicación carcelaria de guardián[20]. Por este motivo, en el desenlace Herr Benjamenta le dice "Somos libres" y lo alienta a acompañarlo fuera del mundo conocido.

La desaparición de la definición disciplinaria del poder centrada en la estructura dual supone la caída de un orden social y político. Este derrumbe final explica la asignación a los estudiantes del Instituto de apellidos procedentes de toda Europa (Kraus, Pepino, Hebling, Iñigo, Jorgenson, Schilinski, Null). El alejamiento con el que concluye el film implica que tanto Jakob como Benjamenta devienen en el desenlace figuras de la otredad en el tejido social europeo. Ambos encarnan, en la huida, la posibilidad de quebrar la distribución desigual del poder, la arquitectura de la vigilancia, la mirada panóptica y las estructuras duales. La labor de desmontaje de la pura negatividad de la figura inasimilable de la otredad radical puede agazaparse en las expresiones más pequeñas, en los gestos más recónditos y en los sujetos

---

[18] El primer desmontaje de las estructuras duales se produce en la crisis que el arribo de Jakob introduce en la relación entre los hermanos Benjamenta. Si ya la novela de Walser incluía una pregunta sobre el carácter del vínculo entre los hermanos, el film lo radicaliza al sugerir el incesto. Sin embargo, la entrada del tercero desarticula esa relación y aísla a sus integrantes. De este modo, ese es el primer par que queda desquiciado. En el funeral de Lisa Benjamenta, la *voice over* de Jakob explica "Nos retiramos dejando al hermano con la hermana, al director con la directora, al solitario con la solitaria, al vivo con la muerta".

[19] Esta dependencia del poder del rol del sometido se había anticipado en la relación entre Jakob y Lisa Benjamenta. Ante la enfermedad de la directora, Jakob sostiene que "Mientras la obedezca, vivirá".

[20] En este aspecto, debe señalarse la posible lectura alegórico-teológica que se desprende del film. El vacío descubierto en los aposentos interiores, esa muerte velada de la autoridad de la que dependía el orden del Instituto, conduce a la apertura de los interrogantes acerca del sentido de la conservación de la dinámica establecida. A su vez, Jakob no solo es equiparado a un príncipe de cuentos de hadas, sino también a la figura de un mesías. Por eso, Herr Benjamenta se pregunta "¿Qué medio elegiría Jesús para darse a conocer ante nosotros?". Pero, al igual que Jakob es un desvío en relación con los príncipes de cuentos de hadas, también constituye un desvío en relación con los mesías religiosos. Herr Benjamente le indica "Tú eres el elegido", aunque se haya manifestado en la apariencia mínima de un futuro empleado doméstico.

más leves. Al mismo tiempo, la clausura narrativa establece la apertura final de una alianza sin institución, operada al margen de las eficaces estrategias del poder de normalización.

Miradas discrepantes (*Institute Benjamenta*)

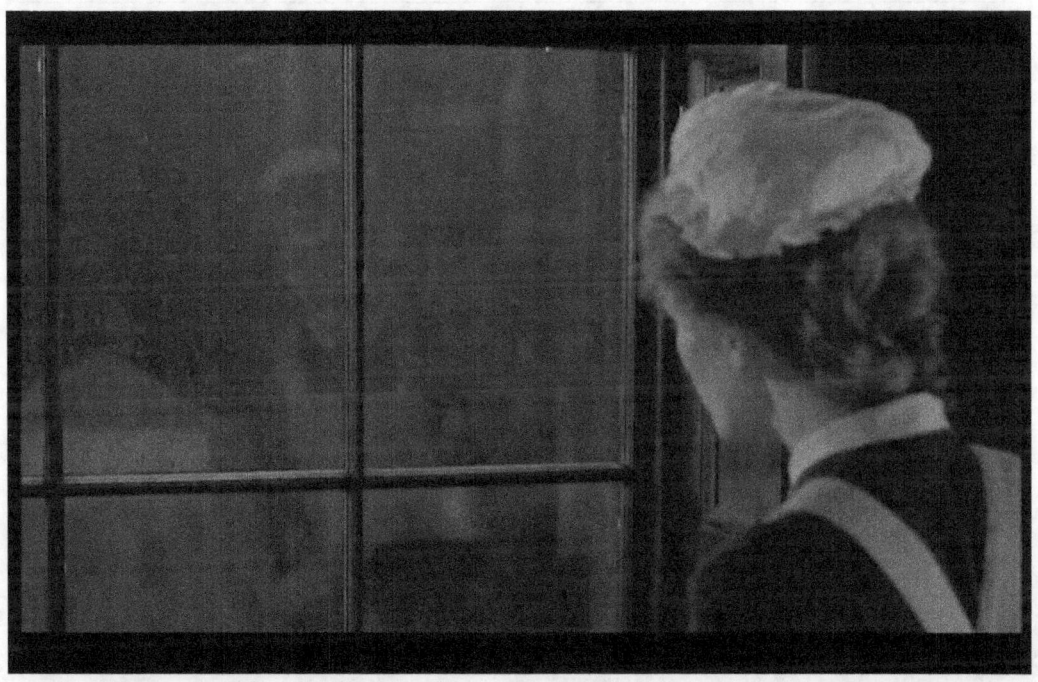

Imagen 13: *La protagonista observa a través de la ventana en* El secreto de Mary Reilly.

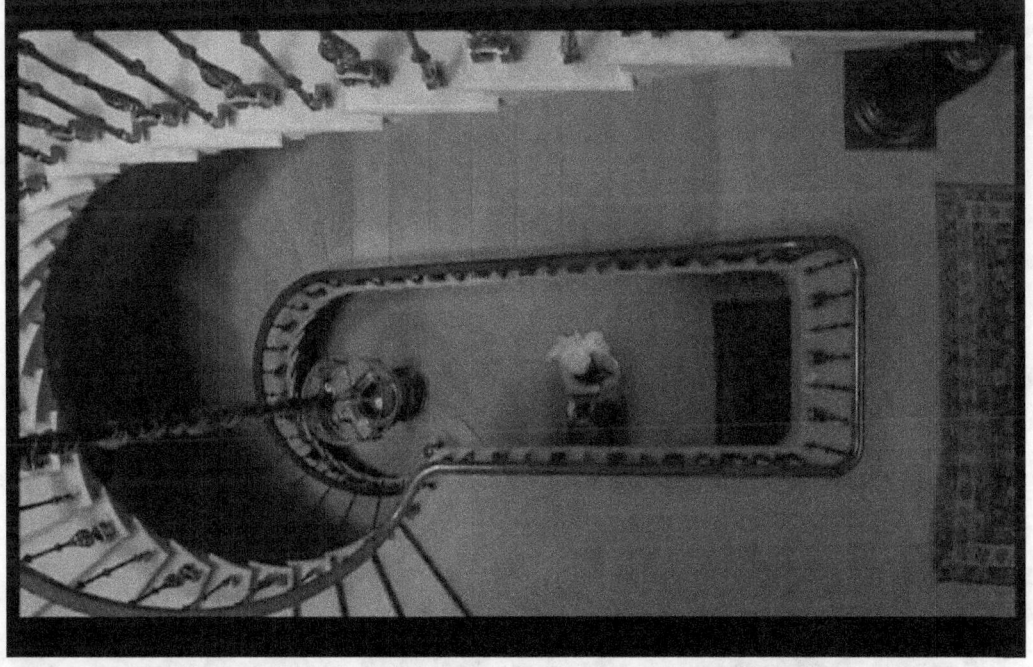

Imagen 14: *La escalera espacializa las relaciones de clase y la distribución del poder.*

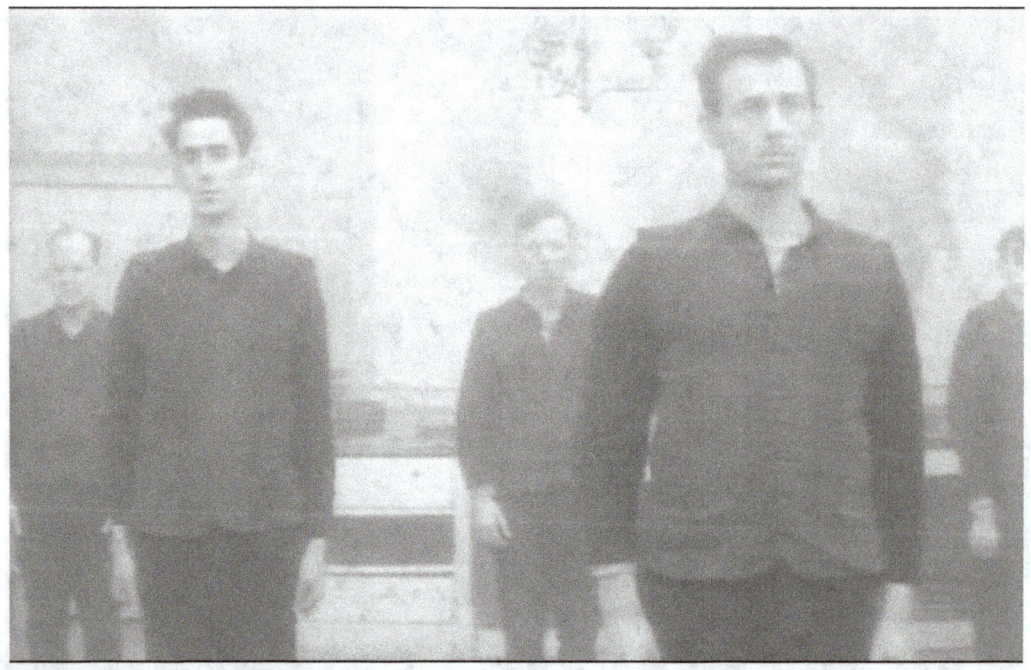

Imagen 15: La docilidad de los cuerpos y la coreografía de la sumisión en Institute Benjamenta.

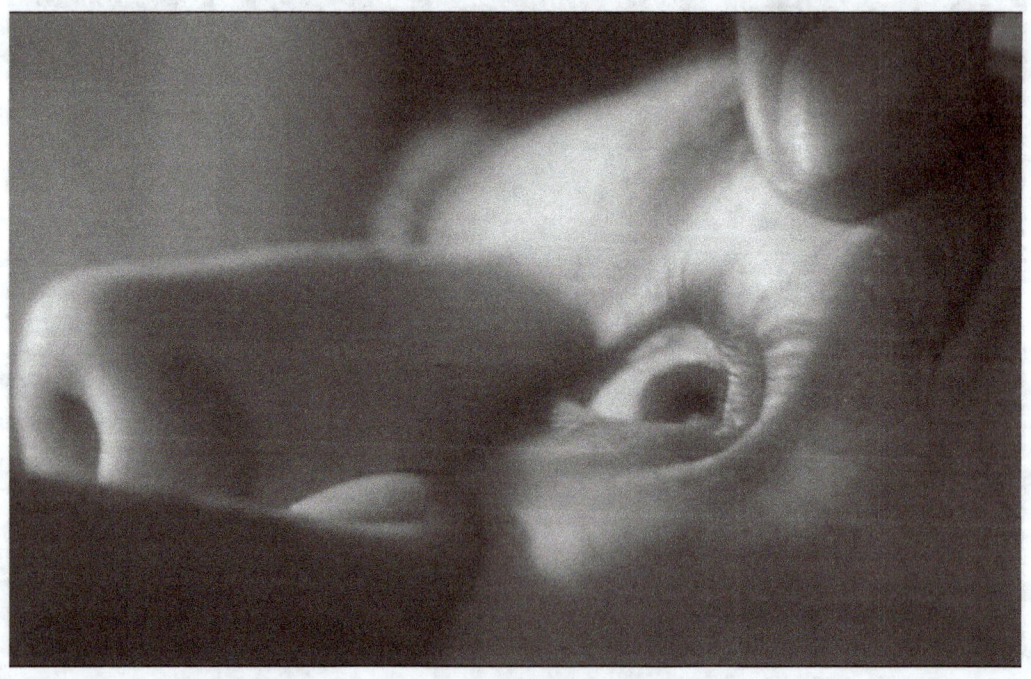

Imagen 16: El examen y el par ver-no ser visto.

Conclusiones

El cine gótico contemporáneo se consolidó, desde la clausura del siglo XX, como un territorio privilegiado para explorar las representaciones actuales de la otredad. En su basculación entre las trasposiciones de textos pertenecientes al acervo literario gótico y la irrupción de historias originales, se destacaron tanto los procesos de apropiación de personajes célebres como la emergencia de nuevas figuraciones de lo otro. En este marco, los films escrutaron las posibilidades del cine de proponer un acercamiento a la problemática de la otredad y se encontraron con sus aperturas, sus contornos y sus grietas.

Los análisis de los films estudiados permiten extraer conclusiones acerca del carácter general del fenómeno. En principio, debe subrayarse la recurrencia de su interés por los personajes posicionados en los confines más remotos de la otredad. Si bien la historia de la narrativa gótica se articula en torno a esta tendencia, en estos films se extrema esta herencia. De este modo, aun las figuras canónicas experimentan procesos que radicalizan su otredad. En *Dracula: Pages from a Virgin's Diary,* el Conde de los Balcanes deviene oriental; y en *Criatura de la noche,* el vampiro se convierte en un/a niño/a que desafía las categorías más elementales de las definiciones identitarias. La prioridad atribuida a esta estrategia requiere el abordaje de la otredad a través de sus formalizaciones más heterogéneas. En este sentido, los límites exteriores de lo otro se transforman en el ámbito dominante del goticismo contemporáneo.

Si bien esta orientación se vincula con la preeminencia detentada por los monstruos desde la irrupción de la vertiente romántica del goticismo literario, en la actualidad se postula la formación de nuevas figuraciones de lo monstruoso. Drácula en *Dracula: Pages from a Virgin's Diary*, Eli en *Criatura de la noche*, Edward en *El joven manos de tijera*, Dr. Jekyll y Mr. Hyde en *El secreto de Mary Reilly*, el mercenario en *La leyenda del jinete sin cabeza* y Grace y sus hijos en *Los otros* constituyen los representantes de esta proliferación. Por una parte, sobresale su repudio a ser interpretados en términos alegóricos. Este rechazo subraya su individualidad extrema. Los personajes no se definen como representaciones de una identidad colectiva de lo otro.

Mariano Veliz

Solo en *Dracula: Pages from a Virgin's Diary* se puede concebir al protagonista como una alegoría del inmigrante. En el resto de los films, los personajes son indóciles a toda reducción alegórica. Por otra parte, tampoco se acentúa el carácter romántico y/o heroico del monstruo. Por el contrario, los personajes se asientan en un espacio conflictivo donde se desvanecen las atribuciones del héroe y el villano y se desintegran tanto las concepciones románticas como las aterradoras del monstruo.

El estudio de estos personajes puede partir del acercamiento a la figura del monstruo propuesto por Michel Foucault en *Los anormales*. Para Foucault, su especificidad reside en que tanto su existencia como su forma resultan violaciones de las leyes sociales y naturales vigentes. Su emergencia se equipara con la instauración de lo impuro y desafía la conservación de los límites precisos entre categorías, especies y géneros. En el caso de los monstruos contemporáneos, su impureza se articula a partir de la noción de lo intersticial. En este carácter intersticial se encuentra el principal quiebre introducido por el cine gótico reciente en relación con la historia de las figuraciones de lo monstruoso. Los monstruos contemporáneos promueven un cuestionamiento continuo de las categorizaciones culturales. Ante su aparición inesperada se opera el derrumbe inmediato de las clasificaciones a través de las cuales se pensaba tradicionalmente la identidad. De esta manera, se conciben como territorios en disputa, espacios de enfrentamiento que señalan el carácter conflictivo de toda construcción identitaria.

El privilegio asignado a lo intersticial se relaciona con la voluntad de desmontar las estructuras binarias consuetudinarias en la narrativa gótica y en los abordajes tradicionales de la otredad. En las fases previas de esta narrativa, la otredad se definía por su oposición al recinto de la mismidad. Solo en el enfrentamiento dual entre el monstruo y la normalidad social se establecía el sentido de lo bueno y lo malo, lo puro y lo impuro, lo correcto y lo incorrecto, lo bello y lo horrible, lo normal y lo anormal. El goticismo contemporáneo procede a desmontar estas estructuras, en gran medida, a través de la inclusión de la figura del excéntrico.

A diferencia de la habitual contraposición entre héroes y monstruos (el enfrentamiento entre Van Helsing y Drácula constituye un ejemplo preciso), en estos casos se retoma la figura del excéntrico que había sido apenas esbozada en la tradición narrativa gótica. Si en sus textos canónicos surgían personajes ubicados en posiciones ajenas tanto a la mismidad comunitaria como a la otredad radical (Victor Frankenstein ilustra esta posibilidad), en estos casos se extrema su importancia y se construye, a partir de su irrupción, una estrategia de desmontaje de las estructuras binarias. Lucy Westenra en *Dracula: Pages from a Virgin's Diary*, Oskar en *Criatura de la noche*, el inventor en *El joven manos de tijera*, Mary Reilly en *El secreto de Mary Reilly*, Fernández en *The PianoTuner of EarthQuakes*, Jakob en *Institute Benjamenta* e Ichabod en *La leyenda del jinete sin cabeza* representan diversas encarnaciones de esta figura capital del excéntrico, de aquel que se aleja de la centralidad desde donde se estipulan las normas que rigen el funcionamiento de la mismidad.

Si bien el monstruo conserva su función como principio de inteligibilidad a partir del cual se evalúan tanto la normalidad como las desviaciones, la emergencia imprevista del excéntrico desbarata las estructuras binarias al introducir un espacio no asimilable ni a la mismidad ni a las formas más extremas de la otredad. Su particularidad reside en sostener semejanzas y discrepancias tanto con los monstruos como con los representantes de la normalidad social. A diferencia de estos, resiste el intento de hacerlo participar de las categorías identitarias existentes. A diferencia de los monstruos, establece una relación de cercanía con el tejido social. Si el monstruo, en su carácter de otro extremo, no puede ser asimilado y se define por la posesión de propiedades incontenibles para las escalas sociales, el excéntrico se instala en un espacio periférico que puede resultar asimilable.

De esta discrepancia deriva la divergencia en las reacciones que suscitan sus respectivas apariciones. Si la manifestación de la otredad promueve respuestas que oscilan entre el cuidado y la supresión, entre la voluntad de exclusión y las técnicas de inclusión, esta variabilidad se relaciona con la distancia existente entre los monstruos y los excéntricos. En los films analizados, los monstruos son los principales destinatarios de una política de erradicación (Drácula, Edward, Eli, Mr. Hyde, el jinete). Las herramientas sociales se destinan a propiciar su exterminio. Las persecuciones de Eli en *Criatura de la noche* y de Edward en *El joven manos de tijera* condensan el interés en la supresión del otro radical. En estos casos, la política de exclusión se asocia a la práctica de la aniquilación. Por el contrario, sobre los excéntricos se ejercen distintas formas de inclusión. Así, Jakob, Fernández, Malvina y Mary Reilly se conciben como sujetos sobre quienes es posible instaurar prácticas inclusivas de la otredad. La educación, el trabajo o los tratamientos con pretensiones médicas funcionan como ejemplos de las estrategias inclusivas de la otredad no radical. De esta manera, el cine gótico contemporáneo establece una distinción precisa entre las formas de la otredad asimilables y las no asimilables, entre las que es posible incluir y las que se considera necesario excluir, entre los intentos de cuidado y la voluntad de exterminio. Una escala imaginaria de lo otro se orienta desde sus modalidades radicales, como el monstruo, a sus variantes presuntamente asimilables, como el excéntrico. De todos modos, los intentos inclusivos no siempre resultan exitosos. Los excéntricos postulan la posibilidad de repudiar los intentos de fijación de la otredad mediante distintas estrategias de resistencia (oscilantes entre la pasividad de Jakob y la búsqueda tenaz del conocimiento de Mary Reilly).

Las versiones contemporáneas de los monstruos y los excéntricos coinciden en su definición a partir de lo intersticial. Si bien lo intersticial estaba presente, de maneras variables, en textos previos, la ruptura reside en la radicalización de la definición intersticial de los personajes de la otredad. Este carácter propicia un quiebre de lo homogéneo y una ruptura del orden de las regularidades. Así, la prioridad asignada a los personajes intersticiales conduce a la gestación de preguntas acerca de los procesos de subjetivación. Sin embargo, la mayor radicalidad de la propuesta de estos films no se inscribe tanto en la formulación de estas preguntas como en su negativa a ofrecer cualquier forma de respuesta. Si Jacques Derrida plantea que el extranjero es quien introduce una pregunta que cuestiona el orden que lo recibe, podría extenderse su categoría para pensar que en estos films el otro es quien evita que su pregunta pueda contestarse. De esta manera, asegura la pervivencia del hiato abierto por su gesto inquisidor y resquebraja la positividad de toda posible respuesta.

Si el sujeto de la otredad se concibe a partir de la idea de lo intersticial, ciertas formulaciones propuestas por Homi Bhabha resultan nodales. En principio, puede recuperarse su valoración del rol cumplido por los espacios "entre-medio" en los procesos de construcción identitaria. En su argumentación, la identidad se configura a través del funcionamiento de múltiples posiciones del sujeto. La definición conflictiva de estas topologías permite eludir las políticas identitarias duales (en los planos individuales y colectivos) y desmontar las trampas de las estructuraciones binarias de la relación entre lo mismo y lo otro. Al respecto, el espacio entre-medio opera como un campo de indeterminación donde se producen los enfrentamientos culturales. Lejos de ser un territorio de integración, funciona como un terreno en disputa, un campo de batalla.

En ese contexto, los sujetos entre-medio son sujetos fronterizos, definidos por la idea de tránsito permanente. Los protagonistas de los films analizados se definen a partir de esta idea de un trayecto continuo, sin comienzo ni final. Si bien Eli en *Criatura de la noche* encarna este principio de la identidad variable, otros personajes, como Mary Reilly, Oskar, Edward y Grace, también responden a su funcionamiento. En todos los casos, tanto monstruos como excéntricos se conforman a través de una noción de travesía en movimiento perpetuo y abierta hacia el pasado y el futuro. Los personajes de la otredad se definen por esta variabilidad de sus identidades móviles y porosas.

Las cuatro figuras articuladoras del *corpus* (vampiros, autómatas, dobles y fantasmas) experimentan de maneras diversas la relevancia de este carácter intersticial. En los vampiros, la propia definición de no-muertos subraya su preeminencia. Sin embargo, si bien este elemento se encuentra desde la emergencia de esta narrativa, en los films que nos ocupan (*Dracula: Pages from a Virgin's Diary* y *Criatura de la noche*) este carácter intersticial ocupa una nueva función. En el caso de Eli en *Criatura de la noche*, a la tradicional oscilación entre la vida y la muerte se suman la basculación entre lo masculino y lo femenino, la adultez y la infancia, lo humano y lo animal. Eli encarna la intersticialidad contemporánea. Se constituye como una subjetividad en tránsito que se desplaza entre los puntos fijos de la identidad sin radicarse en ninguno. De este modo, desafía la rigidez de las articulaciones identitarias. También el Drácula oriental cuestiona esta fijeza. En el cruce de los territorios que separan Oriente de Occidente se encuentra la imagen de ese devaneo permanente de la identidad móvil. Esta también se percibe en el trasvasamiento temporal del personaje, en su propia definición anacrónica en la Inglaterra victoriana. Tanto Eli como Drácula evaden las respuestas acerca de su identidad y se posicionan en un dominio impreciso y siempre variable.

De manera semejante, los fantasmas se inscriben en el territorio de lo intersticial. Posicionados en el linde entre la vida y la muerte, en un espacio que se niega a pertenecer exclusivamente a alguno de ambos territorios, los fantasmas son, para Derrida, la ilustración del entre-dos. El espectro se define por la no esencia, por su renuencia a encarnar una idea fija de lo identitario. En *Los otros* y *La leyenda del jinete sin cabeza* la variabilidad que deriva de esta falta de esencia supone la clave de la acción de la otredad. Su evasión de las categorías tradicionales para concebir la identidad evita que se los pueda incluir en las clasificaciones organizadas y dirigidas desde el poder.

En los autómatas se hace perceptible la importancia de los procesos de desubjetivación como estrategia de lo intersticial. En *El joven manos de tijera*, Edward materializa la posibilidad de desarticular el par hombre-máquina a través del establecimiento de la conjunción como principio organizador. En la narrativa contemporánea sobre autómatas los procesos de hominización de las máquinas (ilustrados por Edward) se oponen a los procesos de maquinización de los sujetos (ilustrados por Malvina en *The PianoTuner of EarthQuakes*). En los dos casos, se propicia una ruptura de lo binario mediante la inclusión de un espacio de indecibilidad donde batallan lo humano y lo maquínico.

También en las aproximaciones contemporáneas a la temática del doble se acentúa el valor de lo intersticial. En *El secreto de Mary Reilly*, los personajes se instalan en este territorio mediante el señalamiento de los rasgos compartidos por monstruos y excéntricos. La puesta en común de atributos indica con claridad el desvanecimiento de los límites rigurosos que solían distinguir a los miembros de ambas categorías. Así, lo intersticial se asienta en el borramiento sistemático de las fronteras y el entrecruzamiento de las esferas. En *Institute Benjamenta*, el valor de lo intersticial se manifiesta en la desaparición de los roles duales de maestros y alumnos, dominantes y dominados, que articulaba el funcionamiento de la academia en sus comienzos. En todos los casos, los otros contemporáneos, monstruos y excéntricos, se definen por su negativa a aceptar las clasificaciones previas. Las categorías fijas que regulan la identidad son insuficientes para analizar las particularidades de estos personajes. Su repudio al ejercicio taxonómico del poder los posiciona en el camino sinuoso de la resistencia.

Un aspecto relevante de estos films reside en la importancia asignada al cuerpo en la definición de la otredad. Este aspecto podría vincularse con el valor que Homi Bhabha atribuye al cuerpo como espacio político. Sin embargo, si bien la dimensión corporal está presente en la teoría postcolonial en general, y en los abordajes de Bhabha en particular, en los films analizados se acentúa su relevancia. Aquí, el cuerpo es concebido como la materialización de la identidad liminal. En este sentido, el cuerpo constituye el *locus* privilegiado en estos films. Si la narrativa fantástica, de acuerdo con Rosmary Jackson, se desarrolla en el marco de los claustros, esos espacios donde domina lo sobrenatural, el cuerpo adquiere el carácter de claustro en algunos de estos relatos. En *Criatura de la noche* se extrema la posibilidad de concebir al cuerpo como el territorio de lo otro y como el dominio donde irrumpe aquel aspecto sobrenatural que desafía el imperio de la razón. El cuerpo constituye el ámbito donde se libran las batallas culturales y los combates identitarios. En el caso de Eli, la herida que tiene en su cuerpo acentúa la definición del cuerpo como campo de batalla. La cicatriz replica, materialmente, la noción de una identidad en variabilidad continua y la concepción de un combate inconcluso por la identidad. Posicionada en un terreno fronterizo, en su cuerpo se articulan las diferentes posiciones de sujeto que adopta a lo largo de la narración.

El cuerpo resulta particularmente significativo en los personajes monstruosos. En este sentido, ciertos monstruos contemporáneos se configuran a partir de la idea de mutación. Si los monstruos neobarrocos, de acuerdo con la categorización propuesta por Omar Calabrese, atestiguaban el poder de la metamorfosis, en estos casos se explora la posibilidad de modalidades más sutiles de la alteración corporal. De esta manera, determinados personajes atraviesan sutiles procesos de transformación. No se trata de los habituales procedimientos metamórficos, sino de procesos que señalan pequeñas y apenas perceptibles modificaciones. Por este motivo, los cuerpos presentan el mismo carácter poroso que define los procesos identitarios.

A su vez, en los films se cuestiona la tradicional homologación impulsada por la teratología. En su variante clásica, esta disciplina homologaba los valores morales, estéticos, morfológicos y tímicos. La fealdad y la corrupción moral conformaban una unión indiscernible. En contraposición, estos monstruos contemporáneos suspenden la validez de este sistema de homologaciones. En ellos se quiebra la asimilación de la fealdad y la crueldad, lo siniestro y lo horrible. Algunos monstruos, como Grace, no presentan elementos que marquen su exterior con la huella material de la diferencia. Otros, como el jinete, se encargan de construir la apariencia de su otredad. Las intervenciones sobre su cuerpo conducen a la instauración de una otredad corporal premeditada, elaborada para afectar y desestabilizar la certeza de la mismidad. El jinete afirma una definición performativa del cuerpo como significante de una identidad construida. Algunos otros, como Eli, mutan en una variabilidad corporal inclasificable. Si bien los films no coinciden en una política cerrada de lo corporal, sí atestiguan el desvanecimiento de las equiparaciones estrictas de los valores morales y estéticos.

Conclusiones

La relevancia asignada al cuerpo deriva de la comprensión de su potencia política. La definición intersticial de los cuerpos otros, así como su carácter mutante, repulsa las imposiciones identitarias organizadas desde el poder. Si las categorías identitarias resultan claves en las estrategias del poder debido a que posibilitan rotular a los sujetos, fijarlos a los espacios convenidos y asignarles roles sociales, la imposibilidad de adscribir a los representantes contemporáneos de la otredad implica la irrupción de mecanismos de resistencia orientados a desestabilizar las distribuciones identitarias previstas. Por este motivo, la emergencia de estos cuerpos variables, manifestaciones del tránsito y la transformación, subraya la capacidad operatoria del monstruo. El monstruo actúa mediante su saber acerca de los cuerpos. En este conocimiento se asienta su capacidad de hacer, su potencia para intentar erradicar las técnicas del poder y su dedicación a los mecanismos de resistencia. La otredad radical, la subjetividad monstruosa, se articula como un territorio de acción.

La importancia atribuida a la dimensión corporal se complejiza con la relevancia asignada a la dimensión clasista. La problemática de la clase está presente en gran parte de estos films. La decadencia de la aristocracia inglesa en *Los otros*, acentuada por la llegada de los antiguos empleados domésticos; el enfrentamiento y los cruces entre clases presentes en *El secreto de Mary Reilly*; la parodia del consumo voraz de la pequeña burguesía en *El joven manos de tijera*; la descripción del barrio obrero en *Criatura de la noche*; el funcionamiento del Imperio británico y sus integrantes en *Dracula: Pages from a Virgin's Diary* son ejemplos de esta presencia. En este repertorio, dos films se distinguen por su abordaje radical. Por un lado, se encuentra *Los otros*. Allí, la marcada diferencia de clases existente entre la propietaria de la mansión victoriana y sus empleados domésticos conduce a un final que reinstala el conflicto. Si el reconocimiento de que todos ellos son fantasmas parece igualar a los personajes, el desenlace señala la continuidad de la distinción clasista incluso en el terreno presuntamente compartido de la otredad. Así, el territorio de los otros se halla atravesado por las mismas distinciones de clase que el universo social de la mismidad. Los espectros de los empleados duplican la otredad y radicalizan una certeza: la diferencia de clases instaura un hiato social que no disminuye en el recinto de la otredad. En *Los otros* se reinscriben las relaciones de poder y violencia derivadas de la separación clasista. Las concepciones idealistas de la otredad, aquellas que postulan la existencia de un campo armonioso de contacto, se enfrentan con la comprensión del carácter irremisible de la estructura social clasista. Los propietarios y los empleados continúan perteneciendo a campos ajenos e irreconciliables de la otredad.

Por otro lado, se destaca el valor de *El secreto de Mary Reilly*. Allí se propone un acercamiento a la dislocación operada, en estos sujetos en tránsito, entre las categorías de clase y género. Según Gayatri Chakravorty Spivak, los sujetos dislocados repudian las identidades fijas debido a que su movimiento señala la imposibilidad de regular estrictamente los procesos identitarios a partir de una única categoría. De este modo, la variabilidad elude la normación de los sujetos que intenta imponer el poder. A su vez, esta multiplicidad propicia la sinecdoquización del sujeto, consistente en ejercer la posibilidad de definirse mediante las diversas posiciones de sujeto posibles. Así, Mary Reilly puede autoposicionarse como mujer o como miembro del proletariado en momentos distintos y en función de diferentes estrategias de resistencia. Esta sinecdoquización representa, al mismo tiempo, una dificultad en el potencial establecimiento de un sistema de alianzas y una eficaz modalidad de resistencia.

En primer lugar, la no correspondencia entre estas categorías radicaliza la dificultad de establecer alianzas de resistencia ante el poder de la mismidad. La variabilidad de las identidades, la imposibilidad de hallar un criterio unificador, conduce a la ausencia de denominadores comunes que aseguren la consistencia de una identidad colectiva de la otredad. Esta complejidad fomenta la transitoriedad de las alianzas. Por lo tanto, la efectividad de sus acciones solo puede ser parcial. En los films del *corpus*, las alianzas resultan prácticamente inexistentes. Los representantes de la otredad, en especial aquellos que encarnan sus manifestaciones más radicales, batallan desde la individualidad más extrema. Solo de manera tentativa pueden instaurar precarias y fugaces uniones (Edward con Kim, Drácula con Lucy, Mary con Dr. Jekyll y Mr. Hyde, Eli con Oskar). La ausencia de un terreno compartido y la elusividad de los procesos de identificación orientan a los personajes a la individualidad. A su vez, esta se refuerza por la persecución colectiva de la que son destinatarios. De este modo, la contraposición individuo-comunidad encuentra pocas excepciones y los sistemas de alianzas surgen esporádicamente. En segundo lugar, si esta carencia parece conducir a la ineficacia política de las estrategias de resistencia, también supone instalar a los personajes en el territorio de lo inasimilable y lo no reconciliado. Así se recupera, de manera modificada, el carácter político de la no integración, de la no conformación de un colectivo homogéneo.

Si el goticismo contemporáneo desafía el borramiento de las problemáticas clasistas, también se opone a la asunción de Judith Halberstam de que la raza está ausente en los textos recientes. Por el contrario, la inclusión de problemáticas fuertes como la clase y la raza constituye uno de los rasgos más notables de este fenómeno. Según Halberstam, los discursos que racializan lo monstruoso devinieron campos minados a partir de acontecimientos históricos como la Shoa. Sin embargo, tanto su análisis como sus conclusiones ignoran la posibilidad de concebir una figura racializada del monstruo que no implique la aceptación del racismo que articuló una parte considerable de estos discursos. Al respecto, las estrategias contemporáneas, ilustradas en *Dracula: Pages from a Virgin's Diary*, se proponen subvertir la tradición narrativa que tendió a racializar al otro. En este film se examinan los mecanismos a través de los cuales se pueden desmontar las asunciones de las representaciones sobre lo monstruoso racializado. Si bien la política territorial, consuetudinaria en el marco del cine hollywoodense, se orienta a posicionar el origen del mal en un exterior aterrador, y acentúa la peligrosidad a través del señalamiento de la otredad racial, los films analizados se aventuran al experimento de desandar esas representaciones mediante la incorporación de figuras de la otredad racializada que no respondan a esas normativas. De este modo, el Drácula oriental presentado en este caso irrumpe como habitante de unas colonias imprecisas, un efecto no buscado de la expansión imperial decimonónica. La ocupación de las metrópolis por parte de los representantes de esas otredades oprimidas supone un acto revulsivo que impugna la validez del discurso racializador de la otredad.

Estos procesos de intervención sobre la tradición de la narrativa gótica encuentran en la construcción del punto de vista una de sus instancias de mayor potencia crítica. Un primer elemento destacable reside en la asignación del rol de personaje focal a los representantes de diversas modalidades de la otredad. De esta manera, excéntricos como Lucy Westenra, Oskar, Fernández, Mary Reilly, Jakob e Ichabod, y monstruos como Edward y Grace, se conciben como los dosificadores del saber narrativo. Al mismo tiempo, esta primera estrategia se complementa con una atribución semejante del punto de vista perceptivo, la asignación de la mirada y la frecuente equiparación del ver del personaje con el ver del espectador.

Esta primera constatación debe interpretarse en contrapunto con la tendencia de la narrativa gótica a confiar solo en los personajes representantes de la mismidad, del entramado comunitario, para dar cuenta del saber narrativo. Aquí se introduce una ruptura significativa en esta vasta tradición. Las historias se narran desde un posicionamiento que resquebraja el linaje entero de esta narrativa. En *El joven manos de tijera* no se focaliza el punto de vista del inventor, sino el de la criatura; en *Dracula: Pages from a Virgin's Diary*, no se focaliza el punto de vista de los perseguidores del vampiro, sino el de su víctima y anfitriona; en *Los otros*, no se focaliza el punto de vista de los propietarios vivos de la mansión, sino el de los espectros. En todos los casos, la atribución de la capacidad narrativa a los integrantes del dominio de la otredad supone la alteración radical de una estrategia consuetudinaria que configuraba a la otredad como un objeto pasivo de las narraciones ajenas.

A su vez, esta asignación de la capacidad narrativa a las figuras de la otredad privilegia a los personajes excéntricos por sobre los personajes monstruosos. Así, quienes adquieren el rol de focalizadores del relato son Lucy y no Drácula, Oskar y no Eli, Mary Reilly y no Mr. Hyde, Ichabod Crane y no el jinete, también Fernández en *The PianoTuner of EarthQuakes* y Jakob en *Institute Benjamenta*. Solo Edward y Grace constituyen ejemplos de monstruos a quienes se atribuye la potencia narrativa. En el resto de los films, los excéntricos, esas figuras ubicadas en un territorio de alteridad no radical, son quienes pueden narrar la otredad desde su propio espacio.

La estrategia de privilegiar este punto de vista excéntrico promueve un nuevo desmontaje de las estructuras binarias. Su análisis puede recurrir a la categoría de localización estratégica propuesta por Edward Said en *Orientalismo*. Allí, Said concibe a la localización estratégica como el posicionamiento que adoptan los textos occidentales en su representación de Oriente. Para Said, los textos orientalistas se definen por la relación de exterioridad que asumen en relación con el Oriente que narran o describen. Su análisis se dirige a proponer herramientas críticas que permitan explorar los mecanismos a través de los cuales se configura esta localización. En el marco de la indagación de Said, al punto de vista dislocado de los orientalistas se opone un punto de vista nativo que narra la otredad desde su propia perspectiva. En este sentido, la estrategia saidiana se dirige a la implementación de una inversión narrativa. Los textos escritos por los nativos deberían dar cuenta de la otredad mediante un proceso inverso al de la tradición narrativa que los constituyó como objetos de discurso. Los films estudiados no se pliegan a esta estrategia. No proponen una inversión de los mecanismos narrativos, sino que propician un estallido de la estructura binaria a través de la inclusión de una perspectiva que no se atribuye ni a las figuras de la mismidad, que solían funcionar como personajes focales, ni a las figuras de la otredad radical. En la tensión entre las dos surgen los excéntricos, esas figuras desplazadas que desafían, desde los intersticios, la tranquilidad de las distribuciones duales.

Por eso, la proposición de una localización fronteriza, alejada tanto del punto de vista dislocado de la mismidad como del punto de vista nativo de la otredad, procede a desbaratar las posiciones fijas desde las que se suele narrar el vínculo mismo-otro. La proposición de ubicaciones que exceden las articulaciones binarias se encuentra también en la construcción de sitios de enunciación radical defendida por Homi Bhabha en los ensayos que conforman *El lugar de la cultura*. Allí, Bhabha señala la importancia de encontrar estos espacios enunciativos que, localizados en un dominio intersticial que desestructura la distinción entre el interior y el exterior del universo que narra, devienen de esta manera un cuestionamiento de la distribución mismo-otro. En gran medida, los personajes focales de estos films ocupan estos sitios de enunciación radical, estos territorios fronterizos desde los cuales no solo se apropian de la potencia narrativa, sino que configuran desde allí las estrategias de resistencia narrativa. La otredad ya no resulta narrada desde las técnicas disciplinarias, los mecanismos normalizadores o las estrategias del poder, sino desde los terrenos espinosos de la otredad, la resistencia y el desafío a las estructuras binarias que sostienen los límites inflexibles entre lo mismo y lo otro.

Al mismo tiempo, puede señalarse que más allá de la asignación de la potencia narrativa a estas figuras de la otredad, en estos films se recurre con más frecuencia al poder de la mirada que al de la palabra. Los personajes suelen ser quienes focalizan la historia, pero también quienes conducen la visión. Al respecto, *El secreto de Mary Reilly* resulta ilustrativo. Allí, el proceso de aprendizaje atravesado por la protagonista no se concibe mediante su adquisición de la palabra, sino a través de la apropiación y el establecimiento de una mirada alejada de la impuesta por el poder. Si Gayatri Chakravorty Spivak sostiene que el subalterno deja de serlo en cuanto adquiere la posibilidad de articularse discursivamente, en este caso la mirada dislocada introducida por Mary Reilly en el universo ordenado de la alta burguesía victoriana la expulsa de su posición subalterna. La emergencia de una mirada no disciplinada contribuye al colapso de las estructuraciones binarias. La irrupción de estas miradas discrepantes (Mary Reilly, Jakob en *Institute Benjamenta*) propicia una crisis de la distribución entre la capacidad perceptiva de la mismidad y la de la otredad. Estas visiones periféricas, entramadas en los contornos difusos del tejido comunitario, cuestionan las atribuciones sociales de quien mira y quien es mirado, los roles fijos del sujeto y el objeto de la mirada.

Esta impugnación de las imposiciones del poder a través de la irrupción de una nueva mirada conduce a reflexionar acerca del enfrentamiento entre el individuo de la otredad y la comunidad de la mismidad. En estos films del goticismo contemporáneo, el otro es concebido en términos individuales. A su individualidad se oponen la comunidad y el universo de sus instituciones. En este punto reside una nueva intervención sobre las configuraciones tradicionales de la narrativa gótica. En las fases previas, los personajes de la otredad moraban en sus ambientes góticos y desde allí aterraban al tejido comunitario por su instauración de lo sublime y lo horroroso. Se acudía al goticismo como un modo de definir los contornos del terror (cultural, social, familiar, individual). Por el contrario, en estos films se recurre al goticismo para caracterizar los espacios de los individuos otros que son perseguidos por la voluntad de asimilación o exterminación de las comunidades de mismidad. La inversión estético-ideológica operada conduce de la condena del goticismo por su unión con los abusos del poder a su valoración por su capacidad para desmontar las técnicas y estrategias del poder.

En estos films, en las instituciones se asientan los intentos normalizadores de la otredad. La academia de *Institute Benjamenta* y la isla-laboratorio de *The Piano-Tuner of EarthQuakes* resultan sus materializaciones más contundentes. En ambos casos, se trata de instituciones que intentan disciplinar a los sujetos y normalizar sus conductas. La educación y la medicina se proponen así como dos mecanismos orientados a reducir la otredad revulsiva de los personajes. Sin embargo, en estos casos resulta menos relevante el análisis de las técnicas de poder que el abordaje de las posibilidades de resistencia. La capacidad operativa de los personajes de la otredad (monstruos y excéntricos) se destina a la confrontación continua con el poder y sus instituciones. Tanto la pasividad radical de Jakob como el sabotaje calculado de Fernández constituyen modalidades heterogéneas de la resistencia. Si en el primer caso la quietud extrema y la impasibilidad articulan una contraconducta que hace colapsar un sistema basado en la productividad, en el segundo la inclusión de pequeñas desviaciones en los mecanismos de los autómatas ocasiona el derrumbe del sistema organizado a su alrededor. En *Institute Benjamenta* se propone una exploración de la potencia del cero, de su carácter destructivo y regenerativo, en tanto en *The PianoTuner of EarthQuakes* se propone una indagación de las acciones leves que desmontan el funcionamiento normalizador de las instituciones. En ambos films se evade la retórica del heroísmo de la resistencia y se acentúa la potencia operativa de los otros. Lejos de ser cuerpos dóciles, adocenados, se trata de cuerpos en conflicto, resistentes ante las preceptivas del poder. Por eso, se afianzan como los actores de la revuelta, los iniciadores de procesos de desmontaje de las estrategias del poder.

En el marco del goticismo reciente, la dimensión espacial resulta particularmente valiosa en la implementación de estas operatorias. La tradición de la narrativa gótica asignó desde sus comienzos un lugar destacado al plano topográfico. El espacio se constituyó como un elemento narrativo nodular. Desde el castillo ubicado en Otranto hasta la propiedad victoriana de *Los otros* se expande una extensa proliferación de territorios de lo otro. En este linaje, estos films exploran la potencialidad de nuevos ámbitos, definidos no por su marginalidad, sino por su intersticialidad. No se trata tanto de espacios no pertenecientes al tejido comunitario como de dominios que cumplen de manera simultánea una relación de inclusión y exclusión, pertenencia e indiferencia.

El estudio de la imbricación del espacio y la otredad puede tener en cuenta la indagación foucaultiana de lo monstruoso y, en particular, su señalada oposición entre las políticas inclusivas y las exclusivas. Dado que se trata de categorías espaciales, la relación entre el monstruo y la topografía se encuentra en el origen del conflicto entre otredad y mismidad. En ese contexto, la irrupción de la figura de la alteridad pone en funcionamiento uno de estos dos procedimientos: el intento inclusivo o el exclusivo, el cuidado o la expulsión. Algunos films, como *El joven manos de tijera*, problematizan el funcionamiento de las políticas de exclusión. Aquí, tanto la reclusión inicial como la final se configuran a partir de un contraste entre los espacios de la mismidad y los de la otredad. Cada uno de estos es articulado espacialmente mediante el enfrentamiento de una batería de recursos narrativos y estéticos. A los espacios definitorios del consumismo contemporáneo se opone el castillo gótico de la montaña a través de una serie de rasgos: la oscuridad y la claridad, el negro y los colores, lo vertical y lo horizontal, lo vacío y lo repleto. Si estas características apuntan al establecimiento de un universo dual donde las oposiciones se extreman, la clausura introduce la posibilidad de pensar si estas estructuraciones se sostienen o son solo mascaradas transitorias. En este sentido, se interroga la efectividad de las políticas de confinamiento. Si las técnicas de expulsión (asociadas habitualmente a las estrategias aniquiladoras) se activan ante el fracaso de las técnicas inclusivas, es posible explorar las capacidades de los personajes de la otredad para derribar las estructuras binarias, romper sus cercos y afianzar una potencia que permita sortear la rigidez topográfica. El film plantea la posible caducidad de las comunidades de mismidad. En el desenlace, el monstruo descubre formas de sortear las restricciones espaciales. Desde su guarida gótica, concebida en la intersección de un refugio y una prisión, Edward desafía la idea de una comunidad que se constituye a través de la expulsión de sus otros y la erradicación de la diferencia. Incluso en su rol de perseguido, el autómata encuentra los resquicios que permiten que su obra se introduzca en el entramado social. De este modo, opera un derrumbe de las distinciones espaciales binarias.

Las estrategias de inclusión promueven otro tipo de política espacial. *The PianoTuner of EarthQuakes* ilustra estas posibilidades. Allí, la isla se propone como un espacio de producción y conversión de subjetividades. Configurada como una heterotopía (al igual que la academia de *Institute Benjamenta* o la mansión de *Los otros*), una utopía localizada, este espacio se define por constituir un campo de batalla donde se enfrentan dos contendientes: el Dr. Droz, presentado como el representante de la mismidad, el discurso científico y el poder disciplinario, y Felisberto Fernández, concebido como la encarnación de la resistencia. El enfrentamiento se configura entre la defensa o el repudio de la conversión de los sujetos en máquinas. En este sentido, las estrategias impulsadas por Felisberto se orientan a desarrollar una política de re-apropiación territorial. La isla deviene el territorio en disputa entre los dos personajes. Así, la (auto)reclusión no constituye la única manera de evadir el control del poder. A este también se lo confronta en su propio terreno a través de luchas tenaces por su ocupación.

Las impugnaciones de las estructuras espaciales duales no se limitan a estas crisis de las políticas territoriales inclusivas y reclusivas. Adquieren también la forma del establecimiento de espacios intersticiales que evaden estas caracterizaciones. La mansión de *Los otros*, donde se yuxtaponen tiempos y dimensiones irreconciliables, ofrece una posibilidad de pensar un dominio que es, al mismo tiempo, el espacio de la mismidad y el de la otredad. De esta manera, la propiedad puede ser el ámbito ocupado por los espectros y el dominio defendido por los nuevos habitantes. En un mismo espacio físico confluyen dos universos enfrentados. El espacio se encarga de sumar capas temporales sobre las capas espaciales. En *El secreto de Mary Reilly*, la oposición dual entre el ático ocupado por los empleados domésticos y las plantas inferiores ocupadas por su amo se desbarata a partir de los continuos desplazamientos por las escaleras, concebidas como el entorno de los tránsitos entre las posiciones fijas de la estructura social. De este modo, las escaleras se proponen como una nueva formalización del entre-medio polémico donde se dirimen las batallas y donde se manifiesta el carácter político de los espacios.

La representación temporal también introduce una serie de problemas. El tiempo de la otredad se aboca a una tarea de desestructuración de la linealidad y los ordenamientos cronológicos. Su irrupción se relaciona con la caída de la secuencialidad. En este gesto de desmontaje de la cronología, en estos films se procede a imbricar diferentes capas temporales. Si en los comienzos de la narrativa gótica el desplazamiento espacio-temporal se convirtió en su mecanismo privilegiado para trasladar a esos ámbitos alejados sus ansiedades sociales, el goticismo contemporáneo radicaliza esta política temporal anacrónica. Por una parte, la anacronía se extrema a través de la propia construcción formal. *Dracula: Pages from a Virgin's Diary* ilustra esta posibilidad de articularse en la tensión irreconciliable entre la apelación a los recursos del cine primitivo y el empleo de la tecnología más compleja de los inicios del siglo XXI. La recurrencia al cine de la clausura del siglo XIX mediante los dispositivos tecnológicos contemporáneos aporta una modalidad de construcción anacrónica. *El joven manos de tijera* incluye una nueva posibilidad: la sumatoria heterogénea de informantes temporales discrepantes. Sus distintos elementos apuntan a marcos temporales diferentes y acentúan la imposibilidad de radicar temporalmente el relato.

En el interior mismo de las historias narradas, se extrema el eclecticismo temporal. Los films sobre fantasmas, *Los otros* y *La leyenda del jinete sin cabeza*, proponen un muestrario de las capacidades disruptivas de los tiempos de la otredad. En principio, como señala Derrida en *Espectros de Marx*, la emergencia del fantasma se relaciona con la demanda de justicia. Su aparición implica un retorno de los pasados insurrectos. La emergencia de los resabios del pasado supone reconocer que el presente se encuentra habitado por una multiplicidad de tiempos. Los espacios góticos funcionan como la materialización de esas condensaciones temporales. Las moradas-palimpsestos proponen una recorrida espacial y temporal. Sus habitantes, los espectros, son los viajantes en el tiempo que recorren, en sus pasadizos tenebrosos, los prolíficos tiempos que se concentran allí. Si el empeño de la mismidad comunitaria se orienta a devolver a los fantasmas a sus sepulcros, la acción de estos se dirige a hacer estallar el presente. Así, este resulta habitado por los pasados ocultos (*Los otros*), pero también se abre hacia el futuro (*La leyenda del jinete sin cabeza*). En ambos casos, el tiempo de los espectros inaugura la posibilidad de concebir un presente no reconciliado.

En los films estudiados se encuentran tanto interrogantes como respuestas para explorar el territorio poroso de la otredad. A través de un gesto de potencia política y estética, el goticismo cinematográfico contemporáneo elabora una aproximación a la alteridad centrada en la remoción tenaz y sistemática de las organizaciones duales y las oposiciones cerradas. En esta exploración, promueve la revisión del acervo gótico para hallar gérmenes narrativos que permitan, mediante procesos radicales de intervención, propiciar el estallido de las categorías hegemónicas de la otredad y abordar el vínculo entre lo mismo y lo otro de una manera que favorezca nuevas distribuciones del poder.

Bibliografía

Fuentes de la literatura gótica

Austen, Jane (2003). *La abadía de Northanger*. Debolsillo: Barcelona. Traducción: Isabel Oyarzábal.

Balzac, Honoré de (2011). "La obra de arte desconocida". En *La obra de arte desconocida*. Casimiro: Madrid. Traducción: Robert Saffron.

-(1997). "Melmoth reconciliado". En *Melmoth reconciliado y otros cuentos fantásticos*. Valdemar: Madrid. Traducción: Mauro Armiño.

Beckford, William (1995). *Vathek*. Nuevo Siglo: Buenos Aires. Traducción: Manuel Serrat Crespo.

Bioy Casares, Adolfo (2003). *La invención de Morel*. Booket: Buenos Aires.

Brontë, Charlotte (2007). *Jane Eyre*. Booket: Buenos Aires. Traducción: Juan G. de Luaces.

Brontë, Emily (1998). *Cumbres borrascosas*. Plaza & Janés: Barcelona. Traducción: P. S.

Capote, Truman (2001). "Miriam". En *Cinco mujeres locas. Cuentos góticos de la literatura norteamericana*. Lumen: Barcelona. Traducción: Jofre Homedes Beutnagel.

Conan Doyle, Arthur (2009a). *El sabueso de Baskerville*. Gárgola: Buenos Aires. Traducción: Mariela Aquilano.

-(2009b). "Cómo ocurrió". En *Fantasmas*. Eduardo Berti (comp.). Adriana Hidalgo: Buenos Aires. Traducción: Eduardo Berti.

De Maupassant, Guy (2007). "El horla". En *Vampiria*. Ricardo Ibarlucía y Valeria Castelló-Joubert (comp.). Adriana Hidalgo: Buenos Aires. Traducción: Ricardo Ibarlucía.

Dickinson, Emily (1997). *Poemas*. Tusquets: Barcelona. Traducción: Silvina Ocampo.

Dumas, Alexandre (2007). "La dama pálida". En *Vampiria*. Ricardo Ibarlucía y Valeria Castelló-Joubert (comp.). Adriana Hidalgo: Buenos Aires. Traducción: Valeria Castelló-Joubert.

Ewers, Hanns Heinz (2006). *La mandrágora*. Lectorum: México. Traducción: Catherine Seeleg.

Faulkner, William (2001). "Una rosa para Emily". En *Cinco mujeres locas. Cuentos góticos de la literatura norteamericana*. Lumen: Barcelona. Traducción: Jofre Homedes Beutnagel.

Fuentes, Carlos (1964). "La muñeca reina". En *Cantar de ciegos*. Mortiz: México.

Gaskell, Elizabeth (2001). "El cuento de la vieja niñera". En *La Eva fantástica. De Mary Shelley a Patricia Highsmith*. J. A. Molina Foix (comp.). Siruela: Madrid. Traducción: J. A. Molina Foix.

Hawthorne, Nathaniel (2001). "La mancha de nacimiento". En *Cinco mujeres locas. Cuentos góticos de la literatura norteamericana*. Lumen: Barcelona. Traducción: Jofre Homedes Beutnagel.

-(1976). "La hija de Rapaccinni". Torres Agüero: Buenos Aires. Traducción: Mirta Meyer.

Hernández, Felisberto (2011). "Las hortensias". En *Las hortensias y otros relatos*. El cuenco de plata: Buenos Aires.

Hoffman, E. T. A. (2005). "El huésped siniestro", "Vampirismo" e "Historia de fantasmas". En *Vampirismo y otros cuentos*. Terramar: Buenos Aires.

-(1949). "El puchero de oro". En *Cuentos*. Espasa-Calpe: Buenos Aires. Traducción: C. Gallardo de Mesa.

Hogg, James (2001). *Memorias privadas y confesiones de un pecador justificado*. Valdemar: Madrid. Traducción: Francisco Torres Oliver.

Irving, Washington (2007). "El jinete sin cabeza". En *El jinete sin cabeza*. Andrés Bello: Buenos Aires.

James, Henry (2009). "Sir Edmund Orme". En *Fantasmas*. Eduardo Berti (comp.). Adriana Hidalgo: Buenos Aires. Traducción: Eduardo Berti.

-(1960). *Otra vuelta de tuerca*. Los libros del mirasol: Buenos Aires. Traducción: José Bianco.

Leroux, Gaston (2004). *El fantasma de la Ópera*. Bureau: Buenos Aires.

Lewis, Matthew G. (2005). *El monje*. Lectorum: México. Traducción: Gerardo Sifuentes.

-(1996). *Sospecha*. Valdemar: Madrid. Traducción: Elías Sarhan.

Lindqvist, John Ajvide (2010). *Déjame entrar*. Espasa: Madrid. Traducción: Gemma Pecharromán.

Martin, Valerie (1994). *Mary Reilly*. Ediciones B: Barcelona. Traducción: Lucrecia Moreno.

Maturin, Charles (1981). *Melmoth el errabundo*. Bruguera: Barcelona. Traducción: Francisco Torres Oliver.

Ocampo, Silvina (1999). "El impostor". En *Cuentos completos I*. Emecé: Buenos Aires.

Paz, Octavio (1994). "La hija de Rapaccini". En *Arenas movedizas/La hija de Rapaccini*. Alianza: Madrid.

Penrose, Valentine (2008). *La condesa sangrienta*. Siruela: Madrid. Traducción: María Teresa Gallego y María Isabel Reverte.

Perkins Gilman, Charlotte (2001). "El papel de pared amarillo". En *Cinco mujeres locas. Cuentos góticos de la literatura norteamericana*. Lumen: Barcelona. Traducción: Jofre Homedes Beutnagel.

Pizarnik, Alejandra (2003). "La condesa sangrienta". En *Prosa completa*. Lumen: Buenos Aires.

Poe, Edgar A. (2009). "Berenice", "Morella", "Ligeia", "La caída de la Casa Usher", "William Wilson", "Filosofía del mobiliario", "Eleonora", "El retrato oval", "La máscara de la Muerte Roja", "El pozo y el péndulo". En *Cuentos completos*. Edhasa: Buenos Aires. Traducción: Julio Cortázar.

Polidori, John William (2007). "El vampiro". En *Vampiria*. Ricardo Ibarlucía y Valeria Castelló-Joubert (comp.). Adriana Hidalgo: Buenos Aires. Traducción: E. L. Revol.

Quiroga, Horacio (2002). "El espectro", "El puritano" y "El vampiro". En *Cuentos completos. Volumen II*. Losada: Buenos Aires.

Radcliffe, Ann (1998). *The Mysteries of Udolpho*. Oxford: Nueva York.

Reeve, Clara (2008). *The Old English Baron*. Oxford: Nueva York.

Rhys, Jean (1998). *Ancho mar de los Sargazos*. Anagrama: Barcelona. Traducción: Andrés Bosch.

Schulz, Bruno (2011). *Tratado de los maniquíes o segundo libro del Génesis*. Maldoror: Madrid. Traducción: Jorge Segovia y Violetta Beck.

-(1986). *Sanatorio bajo la clepsidra*. Montesinos: Barcelona. Traducción: Elzbieta Bartkiewicz y Juan C. Vidal.

-(1972). *Las tiendas de color canela*. Seix Barral: Barcelona. Traducción: Salvador Puig.

Shelley, Mary W. (2003). "La transformación", "Historia de pasiones", "Roger Dodsworth", "El mortal inmortal" y "El heredero de Mondolfo". En *El mortal inmortal y otros cuentos góticos*. Valdemar: Madrid. Traducción: Elías Sarhan.

-(1986). *Frankenstein o el moderno Prometeo*. La montaña mágica: Bogotá. Traducción: Manuel Serrat Crespo.

Sheridan Le Fanu, Joseph (2009). "El fantasma de la señora Crowl". En *Fantasmas*. Eduardo Berti (comp.). Adriana Hidalgo: Buenos Aires. Traducción: Eduardo Berti.

-(2007). "Carmilla". En *Vampiria*. Ricardo Ibarlucía y Valeria Castelló-Joubert (comp.). Adriana Hidalgo: Buenos Aires. Traducción: Virginia Erhart.

Spark, Muriel (2001). "Portobello Road". En *La Eva fantástica. De Mary Shelley a Patricia Highsmith*. J. A. Molina Foix (comp.). Siruela: Madrid. Traducción: Ana Poljak.

Stevenson, Robert Louis (1998). *El extraño caso del Dr. Jekyll y Mr. Hyde*. Altamira: Buenos Aires.

Stocker, Bram (1997). *Drácula*. Libro Latino: Buenos Aires.

Tolstoi, Alexei (2007). "Upires". En *Vampiria*. Ricardo Ibarlucía y Valeria Castelló-Joubert (comp.). Adriana Hidalgo: Buenos Aires. Traducción: Olga Wolkonsky.

Von Chamisso, Adelbert (2005). *La maravillosa historia de Peter Schlemihl*. Interzona: Buenos Aires. Traducción: Pablo Gianera.

Walpole, Horace (2005). *Cuentos jeroglíficos*. Alianza: Madrid. Traducción: Luis Alberto de Cuenca y Prado.

-(1998). *El castillo de Otranto*. El Mundo: Madrid. Traducción: Vicente Villacampa.

Walser, Robert (2011). *Blancanieves*. Icaria: Madrid. Traducción: Carlos Ortega.

-(1999). *Las composiciones de Fritz Kocher*. Eudeba: Buenos Aires. Traducción: Helena Graciela Cisneros.

-(1998). *Jakob Von Gunten*. Siruela: Madrid. Traducción: Juan José del Solar.

Welty, Eudora (2001). "Clytie". En *Cinco mujeres locas. Cuentos góticos de la literatura norteamericana*. Lumen: Barcelona. Traducción: Jofre Homedes Beutnagel.

Wilde, Oscar (1996). *El retrato de Dorian Gray*. M.E/Editores: Madrid. Traducción: María Jesús Sevillano.

-(1993). "El fantasma de Canterville". En *El fantasma de Canterville*. Alianza: Madrid. Traducción: Julio Gómez de la Serna.

Yourcenar, Marguerite (2005). "La leche de la muerte". En *Cuentos orientales*. Alfaguara: Buenos Aires. Traducción: Emma Calatayud.

Sobre literatura gótica

Agamben, Giorgio (2006). "Demoníaco". En *La comunidad que viene*. Pre-textos: Valencia. Traducción: José L. Villacañas y Claudio La Rocca.

Barolsky, Paul (2011). "Contar el fracaso en el arte". En *La obra de arte desconocida*. Casimiro: Madrid. Traducción: Robert Saffron.

Berga, Miguel (2001). "Introducción: Cinco locas con causa". En *Cinco mujeres locas. Cuentos góticos de la literatura norteamericana*. Lumen: Barcelona.

Berti, Eduardo (2009). "Muertos inmortales". En *Fantasmas*. Adriana Hidalgo: Buenos Aires.

Borges, Jorge Luis (2003). "Prólogo". En *La invención de Morel*. Adolfo Bioy Casares. Booket: Buenos Aires.

Botting, Fred (2008). *Gothic Romanced. Consumption, Gender and Technology in Contemporary Fictions*. Routledge: Nueva York.

Burke, Edmund (1998). *De lo sublime y de lo bello*. Altaya: Buenos Aires. Traducción: Menene Gras Balaguer.

Burucúa, José Emilio (h) y Fernanda Gil Lozano (2002). *Zilele Dracului. Las diversas caras del vampiro*. Eudeba: Buenos Aires.

Castellanos De Zubiría, Susana (2009). *Diosas, brujas y vampiresas*. Norma: Bogotá.

Castelló-Joubert, Valeria (2008). "La vampira de los cabellos cambiantes". En *Criaturas y saberes de lo monstruoso*. Dora Barrancos *et al.* (ed.). Facultad de Filosofía y Letras: Buenos Aires.

Cortázar, Julio (2011). "Carta en mano propia". En *Las hortensias y otros relatos*. Felisberto Hernández. El cuenco de plata: Buenos Aires.

Cozarinsky, Edgardo (2005). *Museo del chisme*. Emecé: Buenos Aires.

Culleré, Carlos (2008). *Un oscuro esplendor. El doble y el laberinto*. Babel: Córdoba.

Davenport-Hines, Richard (1998). *Gothic. Four Hundred Years of Excess, Horror, Evil and Ruin*. Fourth Estate: Nueva York.

Eagleton, Terry (2012). "La naturaleza de la narrativa gótica". En *Figuras del disenso*. Prometeo: Buenos Aires. Traducción: Luisa Fernanda Lassaque.

Ferguson Ellis, Kate (1989). *The Contested Castle. Gothic Novels and the Subversion of Domestic Ideology*. University of Illinois Press: Chicago.

Fowler, Alastair (2008). *Kinds of Literature: An Introduction to the Theory of Genres and Modes*. Harvard University Press: Massachusetts.

González Moreno, Beatriz (2007). *Lo sublime, lo gótico, lo romántico: la experiencia estética en el Romanticismo inglés*. Universidad de Castilla-La Mancha: Cuenca.

Grodecki, Louis (1977). *Arquitectura gótica*. Aguilar: Madrid.

Halberstam, Judith (1995). *Skin Shows: Gothic Horror and the Technology of Monsters*. Vintage: Nueva York.

Jackson, Rosmary (1986). *Fantasy. Literatura y subversión*. Catálogos: Buenos Aires. Traducción: Cecilia Absatz.

Jaques Pi, Jessica (2003). *La estética del románico y el gótico*. Antonio Machado: Madrid. Traducción: Josep Monserrat Torrents.

Kilgour, Maggie (2006). *The Rise of the Gothic Novel*. Routledge: Londres.

Kristeva, Julia (1999). *El porvenir de la revuelta*. FCE: Buenos Aires. Traducción: Beatriz Horrac.

-(1991). *Sol negro. Depresión y melancolía*. Monte Ávila: Caracas. Traducción: Mariela Sánchez Urdaneta.

Lecercle, Jean-Jacques (2001). *Frankenstein: mito y filosofía*. Nueva Visión: Buenos Aires. Traducción: Emilio Bernini.

Lecoutex, Claude (1998). *Fantasmas y aparecidos en la Edad Media*. Medievalia: Barcelona. Traducción: Plácido de Prada.

Märtin, Ralf-Peter (2009). *Drácula. Vlad Tepes, el Empalador, y sus antepasados*. Tusquets: Buenos Aires. Traducción: Gustavo Dessal.

McNally, Raymond y Radu Florescu (1980). *La verdadera historia de Drácula*. Rodolfo Alonso: Buenos Aires. Traducción: Dafne C. Sabanés de Plou.

Moreti, Franco (1983). *Signs Taken for Wonders: Essays in the Sociology of Literary Forms*. Verso: Londres.

Nabokov, Vladimir (2010). "Robert Louis Stevenson". En *Curso de literatura europea*. Del nuevo extremo: Buenos Aires. Traducción: Francisco Torres Oliver.

Negroni, María (1999). *Museo negro*. Norma: Buenos Aires.

-(2009). *Galería fantástica*. Siglo XXI: México.

Panofsky, Erwin (1959). *Arquitectura gótica y escolástica*. Infinito: Buenos Aires. Traducción: Enrique Revol.

Pauls, Alan (2000). "Menos que cero". En *Página 12/Suplemento Radar*, 3 de mayo.

Praz, Mario (1967). *La literatura inglesa. Del Romanticismo al siglo XX*. Losada: Buenos Aires. Traducción: Carlos Coldaroli.

Punter, David y Glennis Byron (2004). *The Gothic*. Blackwell: Londres.

Rank, Otto (1982). *El doble*. Orión: Buenos Aires. Traducción: Floreal Mazía.

Recht, Roland (1985). *El gótico*. Alianza: Madrid. Traducción: Jesús Villaverde y Pablo Martín.

Saint Girons, Baldine (2008). *Lo sublime*. Machado: Madrid. Traducción: Juan Antonio Méndez.

Sontag, Susan (2007). *Cuestión de énfasis*. Alfaguara: Buenos Aires. Traducción: Aurelio Major.

Spivak, Gayatri Chakravorty (1985). "Three Women's Texts and a Critique of Imperialism". En *Critical Inquiry*, 12, otoño.

Spooner, Catherine (2006). *Contemporary Gothic*. Reaktion: Londres.

Todorov, Tzvetan (2003). *Introducción a la literatura fantástica*. Coyoacán: México. Traducción: Silvia Delpy.

Williams, Anne (1995). *Art of Darkness: A Poetics of Gothic*. University of Chicago Press: Chicago.

Williams, Gilda (2007). *The Gothic*. MIT Press: Cambridge.

Worringer, Wilhelm (1967). *La esencia del estilo gótico*. Nueva visión: Buenos Aires. Traducción: Manuel García Morente.

Sobre cine gótico:

Aguilar, Carlos (2003). "Hanns Heinz Ewers. Diferente entre los diferentes". En *Cine fantástico y de terror alemán (1913-1927)*. AA.VV. Donostia Kultura: San Sebastián.

Alarcón, Tonio (2010). "Ni muertos ni enterrados. El terror gótico en el cine USA de los 70". En *Pesadillas en la oscuridad. El cine de terror gótico*. Antonio José Navarro (ed.). Valdemar: Madrid.

Berriatúa, Luciano (2003). "Murnau y lo fantástico". En *Cine fantástico y de terror alemán (1913-1927)*. AA.VV. Donostia Kultura: San Sebastián.

Calabrese, Omar (1994). *La era neobarroca*. Cátedra: Madrid. Traducción: Anna Giordano.

Casas, Quim (2010). "El gótico hollywoodiense (1930-1960). De Universal a Corman". En *Pesadillas en la oscuridad. El cine de terror gótico*. Antonio José Navarro (ed.). Valdemar: Madrid.

Costa, Jordi (2003). "Henrik Galeen. Trayectoria de un médium". En *Cine fantástico y de terror alemán (1913-1927)*. AA.VV. Donostia Kultura: San Sebastián.

Cuadros Contreras, Raúl (2008). "Técnica y alteridad: el robot humanoide, un monstruo problemático y promisorio". En *Criaturas y saberes de lo monstruoso*. Dora Barrancos *et al.* (ed.). Facultad de Filosofía y Letras: Buenos Aires.

Cueto, Roberto (2010). "¿Qué es 'lo gótico'? El adjetivo que se convirtió en un género". En *Pesadillas en la oscuridad. El cine de terror gótico*, Antonio José Navarro (ed.). Valdemar: Madrid.

Curti, Roberto (2010). "Fantasmas de amor. El gótico italiano entre literatura, cine y televisión". En *Pesadillas en la oscuridad. El cine de terror gótico*. Antonio José Navarro (ed.). Valdemar: Madrid.

Curtis, Barry (2008). *Dark places. The haunted house in film*. Reaktion: Londres.

Eisner, Lotte (1955). *La pantalla diabólica. Panorama del cine alemán. Influencia de Max Reinhardt y del expresionismo*. Losange: Buenos Aires. Traducción: Luis Federico Coco.

Elsaesser, Thomas (2003). "¿Alma de dinamita en nuestra mente? Fantasía y terror en los inicios del cine alemán". En *Cine fantástico y de terror alemán (1913-1927)*. AA.VV. Donostia Kultura: San Sebastián.

Gubern, Román (2002). *Máscaras de la ficción*. Anagrama: Barcelona.

-(1986). "Teoría del melodrama". En *Mensajes icónicos en la cultura de masas*. Lumen: Barcelona.

Gubern, Román y Joan Prat (1979). *Las raíces del miedo. Antropología del cine de terror*. Tusquets: Barcelona.

Herranz, Pablo (2003). "Paul Wegener. Romanticismo y rigor estético". En *Cine fantástico y de terror alemán (1913-1927)*. AA.VV. Donostia Kultura: San Sebastián.

Jameson, Fredric (1998). "Architecture and Speculation". En *New Left Review*, 228, marzo-abril.

Koval, Santiago (2008). *La condición poshumana. Camino a la integración hombre-máquina en el cine y en la ciencia*. Cinema: Buenos Aires.

Kracauer, Sigfried (2002). *De Caligari a Hitler. Una historia psicológica del cine alemán*. Paidós: Barcelona. Traducción: Héctor Grossi.

Latorre, José María (2010). "Puertas de lo gótico en el cine". En *Pesadillas en la oscuridad. El cine de terror gótico*. Antonio José Navarro (ed.). Valdemar: Madrid.

Losilla, Carlos (2003). "Edgar Allan Poe según Roger Corman: el realismo posible". En *La invención de Hollywood. O cómo olvidarse de una vez por todas del cine clásico*. Paidós: Barcelona.

-(1993). *El cine de terror. Una introducción*. Paidós: Barcelona.

Manguel, Alberto (2005). *La novia de Frankenstein*. Gedisa: Barcelona. Traducción: Gabriela Ventureira.

Navarro, José Antonio (2010). "Exteriorizar el terror: lo gótico en el cine" y "¿Sólo para sádicos? El cine de horror gótico británico". En *Pesadillas en la oscuridad. El cine de terror gótico*. Antonio José Navarro (ed.). Valdemar: Madrid.

-(2003). "Yo soy el otro. El mito del doble en el cine expresionista alemán". En *Cine fantástico y de terror alemán (1913-1927)*. AA.VV. Donostia Kultura: San Sebastián.

Negroni, María (2011). *Pequeño mundo ilustrado*. Caja negra: Buenos Aires.

Palacios, Jesús (2012). "Iluminaciones. El cine de Jan Švankmajer". En *Para ver, cierra los ojos*. Jan Švankmajer (ed.). Pepitas de calabaza: La Rioja.

-(2003). "La raíz de la mandrágora. Literatura y cine fantástico alemán". En *Cine fantástico y de terror alemán (1913-1927)*. AA.VV. Donostia Kultura: San Sebastián.

Pedraza, Pilar (2004). *Espectra. Descenso a las criptas de la literatura y el cine*. Valdemar: Madrid.

Pérez Rubio, Pablo (2004). *El cine melodramático*. Paidós: Barcelona.

Sala, Ángel (2010). "¿Cine gótico español? Un viaje a las mazmorras del subdesarrollo y otros infiernos". En *Pesadillas en la oscuridad. El cine de terror gótico*. Antonio José Navarro (ed.). Valdemar: Madrid.

-(2003). "Los científicos oscuros y la manipulación obscena de las masas". En *Cine fantástico y de terror alemán (1913-1927)*. AA.VV. Donostia Kultura: San Sebastián.

Sánchez Biosca, Vicente (2004). *Cine y vanguardias artísticas. Conflictos, encuentros, fronteras*. Paidós: Barcelona.

-(1990). *Sombras de Weimar. Contribución a la historia del cine alemán 1918-1933*. Verdoux: Madrid.

Sánchez-Navarro, Jordi (2003). "Fantasías de la vida artificial en el cine alemán. El Golem y la Muñeca". En *Cine fantástico y de terror alemán (1913-1927)*. AA.VV. Donostia Kultura: San Sebastián.

Santamarina, Antonio (2003). "La dispersión de los narradores y la fractura del relato". En *Cine fantástico y de terror alemán (1913-1927)*. AA.VV. Donostia Kultura: San Sebastián.

Švankmajer, Jan (2012). *Para ver, cierra los ojos*. Pepitas de calabaza: La Rioja. Traducción: Eugenio Castro, Silvia Guiard y Román Dergam.

Vila, Santiago (1997). *La escenografía. Cine y arquitectura.* Cátedra: Madrid.

Zubiaur, Francisco Javier (2004). *Ingmar Bergman. Fuentes creadoras del cineasta sueco.* Ediciones Internacionales Universitarias: Madrid.

Sobre otredad

Barthes, Roland (2004). *La cámara lúcida.* Paidós: Barcelona. Traducción: Joaquim Sala-Sanahuja.

Bauman, Zygmunt (2006). *En busca de la política.* FCE: Buenos Aires. Traducción: Mirta Rosenberg.

-(2005a). *Comunidad. En busca de seguridad en un mundo hostil.* Siglo veintiuno: Buenos Aires. Traducción: Jesús Alborés.

-(2005b). *Modernidad líquida.* FCE: Buenos Aires. Traducción: Mirta Rosenberg y Jaime Arrambide Squirru.

-(2004). *Ética posmoderna.* Siglo XXI: Buenos Aires. Traducción: Bertha Ruiz de la Concha.

Bennington, Geoffrey (1994). "Derridabase". En *Jacques Derrida.* Geoffrey Bennington y Jacques Derrida. Cátedra: Madrid. Traducción: María Luisa Rodríguez Tapia.

Bhabha, Homi K. (2013). *Nuevas minorías, nuevos derechos.* Siglo veintiuno: Buenos Aires. Traducción: Hugo Salas.

-(2002). *El lugar de la cultura.* Manantial: Buenos Aires. Traducción: César Aira.

Bidaseca, Karina (2010). *Perturbando el orden colonial. Los estudios (pos)coloniales en América Latina.* Editorial SB: Buenos Aires.

Brault, Pascale-Anne y Michael Naas (2005). "Contar con los muertos. Jacques Derrida y la política del duelo". En *Cada vez única, el fin del mundo.* Jacques Derrida. Pre-textos: Valencia. Traducción: Manuel Arranz.

Calabrese, Omar (1987). *La era neobarroca*. Cátedra: Madrid. Traducción: Anna Giordano.

Castro, Edgardo (2004). *El vocabulario de Michel Foucault. Un recorrido alfabético por sus temas, conceptos y autores*. Universidad Nacional de Quilmes: Buenos Aires.

Colombani, María Cecilia (2010). "Monstruos, crímenes y otros. Construyendo el *topos* de la degeneración". En *Revista Aletria*, núm. 3, vol. 20.

Cortés, José Miguel (1997). *Orden y caos. Un estudio cultural sobre lo monstruoso en el arte*. Anagrama: Barcelona.

Critchley, Simon (2004). "Introducción a Levinas". En *Difícil libertad. Ensayos sobre el judaísmo*. Emmanuel Levinas. Lilmod: Buenos Aires. Traducción: Nilda Prados.

Defert, Daniel (2010). "Heterotopía: tribulaciones de un concepto entre Venecia, Berlín y Los Ángeles". En *El cuerpo utópico. Las heterotopías*. Michel Foucault. Nueva Visión: Buenos Aires.

Derrida, Jacques (2011). *Memorias – para Paul de Man*. Gesida: Barcelona. Traducción: Carlos Giardini.

-(2006). *La hospitalidad*. De la Flor: Buenos Aires. Traducción: Mirta Segoviano

-(2005). "Adiós", "Las muertes de Roland Barthes" y "Louis Althusser". En *Cada vez única, el fin del mundo*. Pre-textos: Valencia. Traducción: Manuel Arranz.

-(2003). *De la gramatología*. Siglo veintiuno: México. Traducción: Oscar del Barco y Conrado Ceretti.

-(2001). "El cine y sus fantasmas". Entrevista con Antoine de Baecque y Thierry Jousse. En *Cahiers du cinéma*, núm. 556, abril. Traducción: Fernando La Valle. Consultado en http://www.jacquesderrida.com.ar/textos/cine.htm el 27 de enero de 2013.

-(1997). *El monolingüisno del otro. O la prótesis del origen*. Manantial: Buenos Aires. Traducción: Horacio Pons.

-(1995). *Espectros de Marx. El estado de la deuda, el trabajo del duelo y la nueva Internacional*. Trotta: Madrid. Traducción: J. M. Alarcón y C. de Peretti.

-(1994). "Circonfesión". En *Jacques Derrida*. Cátedra: Madrid. Traducción: María Luisa Rodríguez Tapia.

-(1989a). "Violencia y metafísica". En *La escritura y la diferencia*. Anthropos: Barcelona. Traducción: Patricio Peñalver Gómez.

-(1989b). "La retirada de la metáfora". En *La deconstrucción en las fronteras de la filosofía*. Paidós: Barcelona. Traducción: Patricio Peñalver Gómez.

-(1989c). "Envío". En *La deconstrucción en las fronteras de la filosofía*. Paidós: Barcelona. Traducción: Patricio Peñalver Gómez.

Dufourmantelle, Anne (2006). "Invitación". En *La hospitalidad*. Jacques Derrida. De la Flor: Buenos Aires. Traducción: Mirta Segoviano.

Eagleton, Terry (2012). "Gayatri Spivak". En *Figuras del disenso*. Prometeo: Buenos Aires. Traducción: Luisa Fernanda Lassaque.

Fanon, Frantz (1967). "Algeria Unveiled". En *A Dying Colonialism*. Grove Press: Nueva York. Traducción del francés: Haakon Chevalier.

Ferraris, Maurizio (2006). *Introducción a Derrida*. Amorrortu: Buenos Aires. Traducción: Luciano Padilla López.

Foucault, Michel (2010). "Las heterotopías", "Espacios diferentes" y "Espacio, saber y poder". En *El cuerpo utópico. Las heterotopías*. Nueva Visión: Buenos Aires. Traducción: Víctor Goldstein.

-(2007a). *Los anormales*. Fondo de Cultura Económica: Buenos Aires. Traducción: Horacio Pons.

-(2007b). *Seguridad, territorio, población*. FCE: Buenos Aires. Traducción: Horacio Pons.

-(2001). *Defender la sociedad*. FCE: Buenos Aires. Traducción: Horacio Pons.

-(1991). "Más allá de bien y del mal", "Entrevista sobre la prisión: el libro y el método", "Poder-cuerpo", "Poderes y estrategias" y "Verdad y poder". En *Microfísica del poder*. La Piqueta: Madrid. Traducción: Julia Varela y Fernando Álvarez-Uría.

-(1989). *Vigilar y castigar. Nacimiento de la prisión*. Siglo XXI: Buenos Aires. Traducción: Aurelio Garzón del Camino.

Furbank, P.N. (2005). *Un placer inconfesable o la idea de clase social*. Paidós: Buenos Aires. Traducción: Alcira Bixio.

Giorgi, Gabriel (2009). "Política del monstruo". En *Revista Iberoamericana*, Vol. LXXV, núm. 227.

Goldschmit, Marc (2004). *Jacques Derrida, una introducción*. Nueva Visión: Buenos Aires. Traducción: Emilio Bernini.

Grüner, Eduardo (2002). *El fin de las pequeñas historias. De los estudios culturales al retorno (imposible) de lo trágico*. Paidós: Buenos Aires.

Haraway, Donna (1999). "Las promesas de los monstruos". En *Política y sociedad*, núm. 30. Traducción: Elena Casado.

-(1991). "A Cyborg Manifesto: Science, Technology, and Socialist-Feminism in the Late Twentieth Century". En *Simians, Cyborgs and Women: The Reinvention of Nature*. Routledge: Nueva York.

Jay, Martin (2007). *Ojos abatidos. La denigración de la visión en el pensamiento francés del siglo XX*. Akal: Madrid. Traducción: Francisco López Martín.

Kristeva, Julia (1999). *El porvenir de la revuelta*. FCE: Buenos Aires. Traducción: Beatriz Horrac y Martín Dupaus.

Mitchell, W.J.T. (1995). "Translator translated. Interview with cultural theorist Homi Bhabha". En *Artforum*, v. 33, núm. 7.

Panesi, Jorge (2000). "El precio de la autobiografía: Jacques Derrida, el circunciso". En *Críticas*. Norma: Buenos Aires.

Topuzian, Marcelo (2011). "Apostilla". En *¿Puede hablar el subalterno?*. Gayatri Chakravorty Spivak. El cuenco de plata: Buenos Aires.

Rutherford, Jonathan (1990). "The Third Space. Interview with Homi Bhabha". En *Identity. Community, Culture, Difference*. Jonathan Rutherford (ed.). Lawrence & Wishart: Londres.

Said, Edward W. (2004). *Orientalismo*. De Bolsillo: Barcelona. Traducción: María Luisa Fuentes.

-(1996). *Cultura e imperialismo*. Anagrama: Barcelona. Traducción: Nora Catelli.

Siskind, Mariano (2013). "Introducción. Los intersticios de lo nuevo". En *Nuevas minorías, nuevos derechos*. Homi Bhabha. Siglo XXI: Buenos Aires.

Spivak, Gayatri Chakravorty (2011). *¿Puede hablar el subalterno?* El cuenco de plata: Buenos Aires. Traducción: José Amícola.

Todorov, Tzvetan (2007). *Nosotros y los otros*. Siglo XXI: Madrid. Traducción: Martí Mur Ubasart.

-(2005). *La conquista de América. El problema del otro*. Siglo XXI: Buenos Aires. Traducción: Flora Botton Burlá.

Torrano, Andrea (2011). "La invención *del* monstruo. La máquina teratológica y el monstruo biopolítico". En *Miradas y saberes de lo monstruoso*. Domínguez, Nora et al. (comps.), Facultad de Filosofía y Letras: Buenos Aires.

Sobre la filmografía analizada

AA. VV. (2012). *Tim Burton. Catalogue de l'exposition*. The Museum of Modern Art: Nueva York. Traducción del inglés: Charlotte Garson.

Arza, Marcos (2004). *Tim Burton*. Cátedra: Madrid.

Bacon, Simon (2012). "The Right One or the Wrong One? Configurations of Child Sexuality in the Cinematic Vampire". En *Red Feather*, Vol. 3, núm. 1, primavera.

Beard, William (2010). *Into the Past: The Cinema of Guy Maddin*. University of Toronto Press: Toronto.

Buchan, Suzanne (2010). *The Quay Brothers. Into a Metaphysical Playroom*. Universidad de Minnesota: Minneapolis.

Carels, Edwin (2012). *Quay Brothers: On Deciphering the Pharmacist's Prescription for Lip-Reading Puppets*. MoMA: Nueva York.

Ferenczi, Aurélien (2010). *Tim Burton*. Cahiers du cinéma: Madrid. Traducción: Carlos Ucar.

Fernández Valenti, Tomás (1997a). "Estudio Tim Burton: Explorando otros mundos I". En *Dirigido por...*, núm. 254.

-(1997b). "Estudio Tim Burton: Explorando otros mundos II". En *Dirigido por...*, núm. 255.

Guerrero Yeste, Alicia (2012). "Perturbadora lírica". En *Sesión no numerada*, núm. 2.

Hanke, Ken (2000). *Tim Burton: Unauthorized Biography of the Filmmaker*. Renaissance: Los Angeles.

Keska, Mónica (2005). "Calle de los cocodrilos: el Tratado sobre los maniquíes según los hermanos Quay". En *Revista digital AnMal Electrónica*, núm. 18.

Maddin, Guy (2003). *From the Atelier Tovar: Selected Writings*. Coach House: Ontario.

Merschmann, Helmut (1999). *Tim Burton: The Life and Films of a Visionary Filmmaker*. Titan Books: Londres.

Peranson, Mark (2002). "Count of the Dance: Guy Maddin on *Dracula: Pages from a Virgin's Diary*". En *Cinema Scope*, núm. 10, marzo.

Rodríguez, Hilario J. (2006). *Tim Burton*. JC: Madrid.

Rodríguez Marchante, Oti (2002). *Amenábar: vocación de intriga*. Páginas de Espuma: Madrid.

Salisbury; Mark (1995). *Tim Burton por Tim Burton*. Alba: Barcelona. Traducción: Manu Berástegui y Javier Lago.

Sánchez Navarro, Jordi (2000). *Cuentos en sombras*. Glénat: Barcelona.

Sobre teoría estética y audiovisual

Amado, Ana (2000). "Una política del lugar". En *Espacio narrativo*. Ficha de cátedra (Análisis de películas y crítica cinematográfica). OPFyL: Buenos Aires.

Barthes, Roland (1987). "La muerte del autor". En *El susurro del lenguaje*. Paidós: Barcelona. Traducción: C. Fernández Medrano.

Bazin, André (2006). "Ontología de la imagen fotográfica". En *Qué es el cine*. Rialp: Madrid. Traducción: José Luis López Muñoz.

-(2000). "La política de los autores". En *Kilómetro 111*, núm. 1, noviembre. Traducción: Fernando La Valle.

Bonitzer, Pascal (2007). "El reflejo desgarrado". En *Desencuadres. Cine y pintura*. Santiago Arcos: Buenos Aires. Traducción: Alejandrina Falcón.

Bordwell, David (1996). *La narración en el cine de ficción*. Paidós: Barcelona. Traducción: Pilar Vázquez Mota.

Bourriaud, Nicolas (2009). *Radicante*. Adriana Hidalgo: Buenos Aires. Traducción: Michele Guillermont.

-(2008). *Estética relacional*. Adriana Hidalgo: Buenos Aires. Traducción: Cecilia Beceyro y Sergio Delgado.

-(2007). *Postproducción*. Adriana Hidalgo: Buenos Aires. Traducción: Silvio Mattoni.

Burch, Noël (1998). *Praxis del cine*. Fundamentos: Madrid. Traducción: Ramón Font.

Caughie, John (2005). *Theories of Authorship*. Routledge: Londres.

Chion, Michel (1993). *La audiovisión. Introducción a un análisis conjunto de la imagen y el sonido*. Paidós: Barcelona. Traducción: Antonio López Ruiz.

De Baecque, Antoine (2003). *La política de los autores. Manifiestos de una generación de cinéfilos*. Paidós: Barcelona. Traducción: Mariana Miracle.

Foucault, Michel (2010). *¿Qué es un autor?* El cuenco de plata: Buenos Aires. Traducción: Silvio Mattoni.

Genette, Gérard (1989). *Palimpsestos. La literatura en segundo grado*. Taurus: Madrid. Traducción: Celia Fernández Prieto.

Heath, Stephen (2000). "Espacio narrativo". En *Espacio narrativo*. Ficha de cátedra (Análisis de películas y crítica cinematográfica). OPFyL: Buenos Aires. Traducción: Vanina Leschziner.

Metz, Christian (1995). *Voz yo y sonidos emparentados*. Ficha de cátedra (Análisis de películas y crítica cinematográfica). OPFyL: Buenos Aires.

Oudart, Jean-Pierre (2005). "La sutura". En *Teoría y crítica del cine. Avatares de una cinefilia*. Antoine de Baecque (comp.). Paidós: Barcelona. Traducción: Mariana Miracle.

Rampley, Matthew (2005). "The Rise and Fall and Rise of the Author". En *Exploring Visual Culture: Definitions, Concepts, Contexts*. Matthew Rampley (ed.). Edinburgh University Press: Edimburgo.

Sánchez Biosca, Vicente (1995). "La cita en la cultura de masas: entre la parodia y el pastiche". En *Una cultura de la fragmentación*. Filmoteca de la Generalitat: Valencia.

Wollen, Peter (1972). *Signs and Meaning in the Cinema*. Indiana University Press: Bloomington.

Žižek, Slavoj (1999). *El acoso de las fantasías*. Siglo XXI: México. Traducción: Clea Braunstein Saal.

Impreso por TREINTADIEZ S.A. en 2021
Pringles 521 (C1183 AEI)
Ciudad Autónoma de Buenos Aires
Teléfonos: 4864-3297 / 4862-6794

www.ingramcontent.com/pod-product-compliance
Lightning Source LLC
Chambersburg PA
CBHW080541220526
45466CB00010B/2987